ROBERT BAER

# Die Saudi-Connection

*Buch*

Was ist das für ein Land, an das Amerika für Öl und politischen Einfluss in der Golfregion seine Seele verkauft hat? Die Supermacht USA, die sich den weltweiten Feldzug für Demokratie und Freiheit auf die Fahnen geschrieben hat, sieht seit Jahrzehnten nicht nur wohlwollend über die innerstaatlichen Machenschaften des Terrorregimes hinweg, sondern verschließt auch konsequent die Augen vor der Tatsache, dass der größte Öllieferant der Welt der größte Geldgeber des globalen fundamentalistischen Terrors ist. Baer liefert zahlreiche Beweise, dass einige Millionen Dollar zur Finanzierung der Anschläge vom 11. September 2001 aus Saudi-Arabien stammten, dass dieses Land weltweit Moscheen, Koranschulen und Organisationen wie al-Qaida mit Geld und Logistik unterstützt; jene also, die dem Westen und seinen Werten den Kampf angesagt haben.

*Autor*

Robert Baer war von 1976 bis 1997 Operationsleiter der CIA und erhielt zum Abschied die »Career Intelligence Medal«. Seine Einsatzorte waren u.a. der Nordirak, Duschanbe, Rabat, Beirut, Khartum und Neu-Delhi. Er arbeitete mit Agenten, die Organisationen wie Hisbollah und die Al Qaida infiltrieren sollten. Er spricht fließend Arabisch, Farsi, Französisch und Deutsch. Heute lebt er abwechselnd in Washington, D.C., und Frankreich. Robert Baer ist seit seinem internationalen Bestseller »Der Niedergang der CIA« ein weltweit gefragter Geheimdienst- und Nahost-Experte.

# Robert Baer

# Die Saudi-Connection

## Wie Amerika seine Seele verkaufte

Aus dem amerikanischen Englisch
von Michael Müller

GOLDMANN

Das Publications Review Board der CIA hat das Manuskript des vorliegenden Buches durchgesehen, um den Verfasser dabei zu unterstützen, alle als geheim eingestuften Informationen zu streichen. Er hat den Text als nicht sicherheitsgefährdend beurteilt und daher keinen Einwand gegen seine Veröffentlichung erhoben. Das bedeutet aber nicht, dass diese Beurteilung als eine offizielle Freigabe der im Text gelieferten Informationen oder als Bestätigung ihrer Korrektheit angesehen werden kann. Ebenso wenig ist sie als Zustimmung zu den Ansichten es Verfassers zu deuten.

Der Verfasser dankt *Commentary* für die Abdruckgenehmigung eines Auszugs aus »Oil: The Issue of American Intervention« von Robert W. Tucker, der in der Ausgabe der Zeitschrift vom Januar 1975 erschienen war.

*Umwelthinweis:*
Alle bedruckten Materialien dieses Taschenbuches
sind chlorfrei und umweltschonend.

Der Wilhelm Goldmann Verlag, München, ist ein Unternehmen
der Verlagsgruppe Random House GmbH.

1. Auflage
Vollständige Taschenbuchausgabe Mai 2005
Wilhelm Goldmann Verlag, München,
in der Verlagsgruppe Random House GmbH

Orginialtitel: Sleeping With the Devil.
How Washington Sold Our Soul for Saudi Crude
Originalverlag: Crown Publishers, New York
Karten: © 2001, 2003 by Maps.com, Santa Barbara, CA
Umschlaggestaltung: Design Team München
Umschlagfoto: Corbis/Reuters (UT0149345)
Druck: GGP Media GmbH, Pößneck
Verlagsnummer: 15334
KF · Herstellung: Sebastian Strohmaier
Made in Germany
ISBN 3-442-15334-4
www.goldmann-verlag.de

*Für Danny Pearl*
*in Anerkennung seines Mutes und der Unachgiebigkeit,*
*mit der er nach der Wahrheit fahndete*

Ich möchte den Spezialisten für Saudi-Arabien, Erdölfachleuten und Islam-Wissenschaftlern dafür danken, dass sie darauf geachtet haben, dass ich nicht vom rechten Weg abirrte. Ich hoffe, dass ich es mithilfe ihrer Fachkenntnisse geschafft habe, die Geschichte der Wahrheit entsprechend zu erzählen.

Danken möchte ich auch den zahlreichen talentierten Journalisten – alles neue Freunde, mit denen ich erst Bekanntschaft gemacht habe, nachdem ich aus der CIA ausgeschieden bin –, deren Interesse am Nahen Osten sich mit dem meinen deckt. Unsere nicht enden wollenden Diskussionen haben unendlich viel dazu beigetragen, dass ich das Thema wirklich zu durchdringen vermochte. Leider sind dieser Freunde zu viele, als dass ich sie alle einzeln mit Namen nennen könnte.

Schließlich möchte ich auch ein Wort des Dankes an meine zahlreichen arabischen Freunde richten, die geduldig versucht haben, mir Saudi-Arabien, das Land und die Menschen, verständlich zu machen. Ohne sie hätte dieses Buch nicht geschrieben werden können. Ich hoffe, dass ich alles richtig begriffen und richtig dargestellt habe, und dass sie das vorliegende Werk nicht als ein antiarabisches oder antisaudisches auffassen. So streng ihnen einige meiner Urteile auch vorkommen mögen; meine einzige Absicht war es zu erklären, warum die Beziehungen zwischen Saudi-Arabien und den USA auf einem solchen Tiefpunkt angekommen sind – und sich sogar noch weiter zu verschlechtern drohen. Wie dies schon für mein Buch See No Evil (deutsch: »Der Niedergang der CIA«) zutraf, wäre auch das vorliegende nicht zustande gekommen ohne die Recherchearbeiten und redaktionellen Entscheidungen von Rafe Sagalyn, Howard Means, Kristin Kiser und Steve Ross sowie ohne die Unterstützung von Claudia Gabel, Amy Boorstein, Derek McNally und Lauren Dong. Natürlich bin aber ich als Autor letztlich für alle möglichen Irrtümer, Fehldeutungen und Flüchtigkeitsfehler, die in einem solchen Buch vorkommen können, ganz alleine verantwortlich.

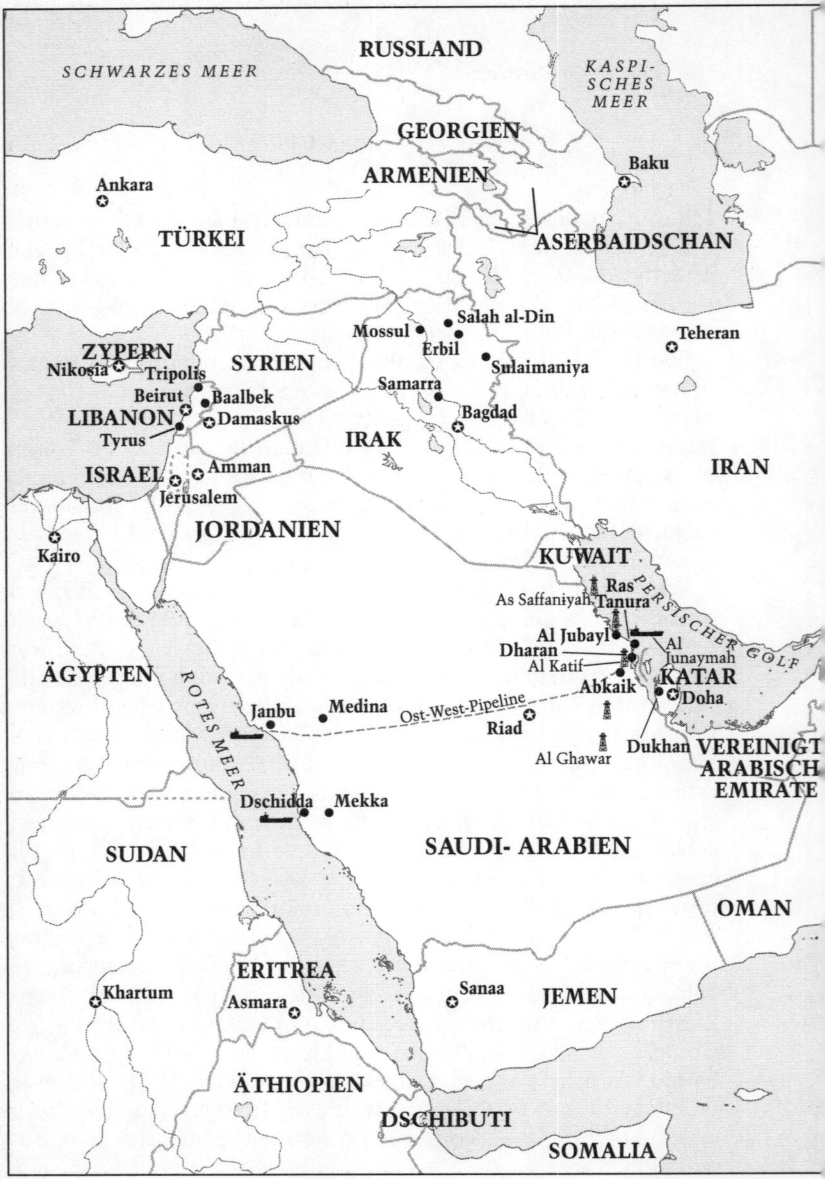

RUSSLAND
SCHWARZES MEER
KASPI-
SCHES
MEER
GEORGIEN
ARMENIEN
Baku
Ankara
TÜRKEI
ASERBAIDSCHAN
Mossul
Salah al-Din
Erbil
Sulaimaniya
Teheran
ZYPERN
Nikosia
Tripolis
SYRIEN
Beirut
Baalbek
LIBANON
Damaskus
Tyrus
Samarra
Bagdad
IRAK
ISRAEL
Amman
Jerusalem
IRAN
JORDANIEN
Kairo
KUWAIT
Ras
Tanura
As Saffaniyah
PERSISCHER GOLF
Al Jubayl
Dharan
Al Katif
Al
Junaymah
ÄGYPTEN
ROTES MEER
Abkaik
KATAR
Doha
Janbu
Medina
Ost-West-Pipeline
Riad
Al Ghawar
Dukhan
VEREINIGT
ARABISCH
EMIRATE
Dschidda
Mekka
SUDAN
SAUDI- ARABIEN
OMAN
ERITREA
Khartum
Asmara
Sanaa
JEMEN
ÄTHIOPIEN
DSCHIBUTI
SOMALIA

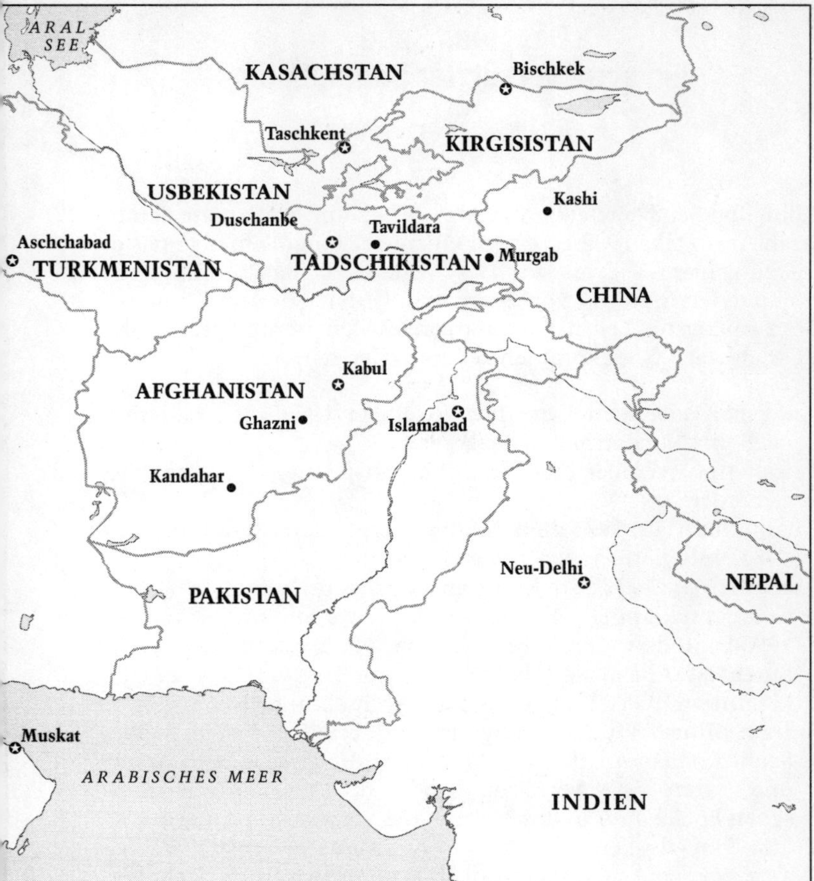
ARAL SEE
KASACHSTAN
Bischkek
Taschkent
KIRGISISTAN
USBEKISTAN
Kashi
Duschanbe
Tavildara
Aschchabad
TADSCHIKISTAN
Murgab
TURKMENISTAN
CHINA
Kabul
AFGHANISTAN
Ghazni
Islamabad
Kandahar
Neu-Delhi
NEPAL
PAKISTAN
Muskat
ARABISCHES MEER
INDIEN
INDISCHER OZEAN
N
0
300 Kilometer
Chennai (Madras)

# Das Haus Saud: Ein stark verkürzter Stammbaum

König Ibn Saud (auch als Abd Al Asis bekannt) vereinigte Saudi-Arabien im Jahr 1932 zu einem einzigen Königreich, über das er bis zu seinem Tod im Jahr 1953 regierte. Er hatte mindestens dreiundvierzig Söhne, von denen acht bereits vor dem Erreichen des zwanzigsten Lebensjahrs starben. Zu den prominentesten der überlebenden Nachkommen gehören oder gehörten:

Saud: Folgte seinem Vater im November 1953 auf den Thron nach. Im Novemver 1964 abgesetzt.

Feisal: Im November 1964 zum König ausgerufen. Im März 1975 ermordet.

Khalid: Im März 1975 zum Kronprinzen ernannt. Starb im Juni 1982 eines natürlichen Todes.

Fahd: Im März 1975 zum Kronprinzen ernannt. Im Juni 1982 zum König proklamiert. Seit einem Schlaganfall im November 1995 behindert. König Fahd hat sieben Söhne. Der jüngste von ihnen ist Abd-al-Asis (oder: »Azouzi«), dessen Mutter, die Lieblingsfrau des Königs, Jawhara Al Ibrahim heißt.

Sultan: Minister für Verteidigung und Luftfahrt, Präsident von Saudi Arabian Airlines und Inhaber zahlreicher anderer Ämter und Posten. Vater von Prinz Bandar, dem langjährigen saudischen Botschafter in den Vereinigten Staaten von Amerika.

Turki: Trat als Leiter des saudischen Geheimdienstes wenige Tage vor den Anschlägen vom 11. September zurück. Steht von allen Prinzen den Taliban am nächsten. Besuchte zur gleichen Zeit wie Bill Clinton die Georgetown University.

Salman: Seit mehr als vierzig Jahren Gouverneur von Riad und de facto Vorsitzender der saudischen Wohltätigkeitsorganisationen, die al-Kaida einen Teil ihres Geldes zukommen ließen.

Abdallah: Im Juni 1982 zum Kronprinzen ernannt. Seit 1963 Befehlshaber der Nationalgarde.

Naif: Derzeitiger Innenminister des Landes.

# Inhalt

# Prolog: Das Szenario von der Apokalypse

Der weiße Ford-Pickup rollte sanft aus und kam unter dem Tower Nummer sieben zum Stehen, einer der zehn großen zylindrischen Konstruktionen, die in Abkaik dazu dienen, dem Petroleum Schwefel zu entziehen oder, wie die Ölarbeiter es in ihrem Jargon nennen, »saures« in »süßes« Erdöl zu verwandeln. Eine schmutzige Plane bedeckte die Ladefläche, die durch extrastarke Stoßdämpfer davor bewahrt wurde, bis auf die Achse niederzusinken. Im Osten, auf der anderen Seite der saudischen Wüste, zeichnete sich ein erster schwacher Schimmer der Morgensonne am Horizont ab. Der Fahrer des Kleinlasters – einer der vielen Schiiten, die auf den saudischen Ölfeldern arbeiten – stellte den Motor ab, blickte ein letztes Mal zur Kontrolle auf seine Uhr und begann Verse aus dem Koran aufzusagen, die er vor langer Zeit einmal auswendig gelernt hatte. Die Lichter der größten Ölaufbereitungsanlage und -raffinerie der Welt blinkten überall um ihn herum.

Drei Stunden zuvor war ein mit zwei 400-PS starken Evinrude-Außenbordmotoren ausgerüstetes Fischerboot von Deyyer aus, an der Südküste des Iran, in See gestochen. Das Boot war in der Dunkelheit quer über den Persischen Golf zu der saudischen Hafenstadt Al Jubayl gerast. Von dort hatte sich der iranische Steuermann langsam, vorsichtig und immer dicht an der Küste entlang in Richtung Süden geschlichen, bis die Sea Island-Ölverladeplattform bei dem 70 Kilometer nordöstlich von Abkaik gelegenen Ras Tanura in Sicht kam. Jetzt, da die See anfing, rosa aufzuglühen, richtete er den Bug seines Fahrzeugs exakt auf die Plattform Nummer vier und schob den Gashebel ruckartig in die Position »Volle Kraft voraus«.

Auf dem Festland – genau auf der Höhe von Ras Tanura, bei Katif Junction – ließ ein ägyptischer Ingenieur seine Stablampe aufleuchten und betrachte bewundernd das Werk seiner Hände. Er war ein Mitglied der Moslemischen Bruderschaft, der die *grand tour* militanter Islamisten angetreten hatte, die von Kairo nach Teheran führte. Der Semtex-Platiksprengstoff war fachkundig um jede Rohrverzweigung gepackt sowie in jedes Ventil und auch in das allerletzte Verteilerstück gestopft. Es erforderte einige Kunstfertigkeit, alles zu einer einzigen Sprengladung zusammenzubündeln – ein schönes Werk, wie von Allah selbst geschaffen.

Westlich von Abkaik, in den Ausläufern der Aramah-Berge, beugte sich ein Saudi in seinen Mittzwanzigern in einem kleinen Beduinenlager zum hundertsten Mal, wie es ihm selbst schien, über einen Zwölf-Zentimeter-Mörser russischer Fabrikation. Er war ein Wahhabit – ein Abkömmling jener religiösen Fanatiker, die das Haus Saud an die Macht gebracht hatten – und in Afghanistan von einem Mann, der seine Ausbildung von der CIA erhalten hatte, im Umgang mit Granaten jeder Art geschult worden. Unterhalb des Lagers, am Fuß der Vorhügel, lag die Pumpstation eins – die erste Anlage dieser Art an der Pipeline, die jeden Tag nahezu eine Million Barrel extraleichtes Rohöl von Abkaik quer über die Halbinsel hinweg zum Hafen Janbu am Roten Meer beförderte.

Ein kleiner Empfänger vibrierte sanft an seiner Brust und verstummte sofort wieder. Es war Zeit. Die Al Saud würden gestürzt werden. Das Öl, mit dem sie ihre Hurerei und ihre ganze verderbte Lebensweise finanzierten, würde bald nicht mehr fließen. Der Islam würde wieder rein sein, die US-amerikanischen Teufel würden gelähmt, ihre israelischen Schützlinge von ihnen abgeschnitten sein und, auf sich allein gestellt, krepieren. Die ganze Welt würde es merken; sie würde in Mitleidenschaft gezogen werden, und zwar aus dem einfachen Grund, dass die internationale Wirtschaft ruiniert wäre!

*

Ich habe die Einzelheiten ausgeschmückt und aktualisiert, erfunden habe ich sie aber nicht. Sie wurden mir netterweise von Leuten geliefert, die die saudische Ölindustrie von Grund auf studiert haben. Seit der Mitte der Dreißigerjahre des 20. Jahrhunderts bis in die 1960er-Jahre war ganz Saudi-Arabien eine Zweigstelle der US-amerikanischen Ölgiganten – so etwas wie der Realität gewordene internationalistische Traum eines Republikaners. Die USA konnten beruhigt davon ausgehen, dass das saudische Öl immer für sie da sein würde – unter dem Sand, billig und so sicher vor jedem Zugriff anderer, als ob es in Fort Knox hinter Schloss und Riegel verwahrt würde. Die Amerikaner hatten die saudi-arabische Ölindustrie aufgebaut. Für ihre Mühen erhielten sie uneingeschränkten und ungehinderten Zugang zu dem im Land geförderten Rohöl.

Das erste Öl-Embargo der OPEC (Organisation of the Petroleum Exporting Countries) im Jahr 1973 beraubte diese Rose ihrer Blüten. Doch erst Anfang der 1980er-Jahre schlug die Angst in ausgewachsene Panik um: Das war während des iranisch-irakischen Krieges, als es so aussah, als ob der Iran auch die arabische Seite des Golfs einschließlich Saudi-Arabien mit Krieg überziehen könnte. Vom Albtraum heimgesucht, dass ein islamischer Steppenbrand die Weltwirtschaft ruinieren könnte, begannen die *disaster planners* – die Fachleute, die für die Regierung oder auch für unabhängige Institute solche Katastrophen in Gedanken durchspielen –, unangenehme Fragen zu stellen: Welches waren die Stellen der saudi-arabischen Ölinfrastruktur, die terroristischen Anschlägen am ehesten schutzlos preisgegeben waren? Und auf welche Weise könnten solche Anschläge erfolgen? Mit welchen Unterbrechungen in der Ölförderung und -versorgung würde man kurzfristig wie langfristig zu rechnen haben? Und welche Konsequenzen hätte dies für die Wirtschaft?

Beinahe ausnahmslos kamen die Fachleute zu dem Schluss, dass die Aufbereitungsanlage extraleichten Rohöls in Abkaik wohl der verwundbarste Punkt der gesamten saudischen Ölindustrie war – und das spektakulärste Ziel für terroristische Anschläge. Mit einem Ausstoß von sieben Millionen Barrel täglich ist Abkaik ein Godzilla unter den Ölraffinerien. Im Allgemeinen gingen die Expertenteams von einem fächerartigen, auf mehrere Objekte gleichzeitig zielenden Angriff auf Abkaik aus. Man sah voraus, dass die Lagertanks wie die großen sphäroiden Konstruktionen, in denen während des Raffinierens der Druck, unter dem das Öl steht, reduziert wird, schwer beschädigt würden, während der Schaden an den Stabilisierungstürmen, wo das Öl von Schwefel gereinigt wird, sich in Grenzen hielte.

Zwar wäre es vergleichsweise einfach, diese den Druck reduzierenden Sphäroiden wieder instand zu setzen. Dazu müsste man zunächst einmal eine Reihe von temporären Ventilen installieren und diese dann nach und nach durch permanente ersetzen. Auch der Schaden an den Tanks wäre kein größeres Problem: Hier und da ein paar Reparaturen, und in Null komma nichts ließe sich wieder die volle Produktionskapazität erreichen.

Anders verhielte es sich aber mit den Stabilisierungstürmen. Schwefel und Öl treten immer zusammen auf. Doch bevor der Schwefel dem Erdöl nicht entzogen wurde, kann man es nicht verwenden. Um von dem einen Zustand in den anderen überzugehen, aus »saurem« Erdöl zu »süßem« zu werden, muss das Petroleum einen Prozess durchlaufen, der als Hydrodesulfurisation bekannt ist.

In Abkaik findet diese Hydrodesulfurisation in zehn großen, zylindrischen Türmen statt. In ihrem Inneren wird dem Öl Hydrogen in genügend großen Mengen beigefügt, sodass sich der Schwefel in Schwefelwasserstoff verwandelt und an die Spitze des Behälters steigt, wo er gesammelt und wieder zu losem, umweltfreundlichem und vielfältig verwendbarem Schwefel umgewandelt wird.

Schwefelwasserstoff ist jedoch kein alltägliches Gas. Das Generationen von Oberschülern als »Furzgas« bekannte und für seinen Gestank nach faulen Eiern berüchtigte Gas ist in höchstem Maße ätzend und kann für Menschen tödlich sein. Solange das Gas nicht aus den Stabilisierungstürmen entweicht, ist alles bestens. Doch wenn man die obere Abdeckung eines Turms zerstört, ein großes Loch in ihn sprengt oder ihn ganz zum Einsturz bringt, indem man einen mit dreitausend Pfund Sprengstoff beladenen Laster an seinem Fundament in die Luft jagt, bricht ein Inferno aus: In der Atmosphäre reagiert der Schwefelwasserstoff mit der in ihr enthaltenen Feuchtigkeit, sodass das ätzende Schwefeldioxid entsteht. Diese Säure würde sich in Abkaik rasch als Niederschlag auf die Leitungen, Absperrvorrichtungen, Flanschen, Verbindungsstücke, Pumpstationen und Kontrollanlagen setzen und anfangen, sich wie eine bionische, alles verschlingende Termite durchzufressen.

Allerdings hätte die anfängliche Freisetzung von Schwefelwasserstoff noch weit gravierendere Auswirkungen: Die Agency für Toxic Substance and Disease Registry (ATSDR), eine Bundesbehörde und Schwesterinstitution der Centres for Disease Control, stuft Schwefelwasserstoff als Gift »mit Breitenwirkung« ein – also als eines, das mehrere Körpersysteme angreift. »Das Einatmen von hochkonzentriertem Schwefelwasserstoff kann schon nach ein paar Atemzügen zum Tod führen«, heißt es in einem Bericht der ATSDR. »Bereits nach wenigen Atemzügen kann sich Bewusstlosigkeit einstellen. Wenn man schwächeren Konzentrationen ausgesetzt ist, verursacht dies Reizungen der Augen, ein

Brennen im Hals im Verein mit Husten, Atemnot und Flüssigkeitsablagerungen in der Lunge. Gewöhnlich klingen diese Symptome im Laufe weniger Wochen wieder ab. Wenn man über einen langen Zeitraum geringe Mengen einatmet, dann kann das zu Erschöpfung, Appetitmangel, Kopfschmerzen, Reizbarkeit, Gedächtnisschwäche und Schwindelgefühlen führen.«

Die Occupational Safety and Health Administration (OSHA), eine Unterabteilung des US-amerikanischen Arbeitsministeriums, hat festgelegt, dass eine Konzentration von 20 ppm (parts per million) Schwefelwasserstoff im Deckenbereich eines Arbeitsplatzes akzeptabel ist und dass ein Höchstwert von 50 ppm für einen Zeitraum von zehn Minuten noch als tolerabel gilt – vorausgesetzt, dass man der Substanz »in messbarer Quantität ansonsten nicht ausgesetzt« wird. Das konservativere – in politischer Hinsicht weniger exponierte – National Institute for Occupational Safety and Health hat die Empfehlung ausgesprochen, dass ein Höchstwert von zehn ppm nicht überschritten werden sollte.

Ein auch nur teilweise erfolgreicher Anschlag auf die Stabilisierungstürme der Anlage würde Schwefelwasserstoff in einer Konzentration von 1700 ppm in die Atmosphäre entweichen lassen. Das hätte den Tod aller Arbeiter zu Folge, die sich in der unmittelbaren Nachbarschaft aufhielten, und alle anderen, die sich in der weiteren Umgebung befänden, zögen sich schwere gesundheitliche Schäden zu. Zudem fräße sich der Schwefelwasserstoff in das metallene Herz der saudischen Ölinfrastruktur, und wegen der Toxizität der Atemluft müsste auch der Beginn von Reparaturarbeiten monatelang hinausgeschoben werden.

Ein mittelschwerer bis schwerer Angriff auf Abkaik ließe in den ersten beiden Monaten danach die durchschnittliche Tagesproduktion von 6,8 Millionen Barrel auf ungefähr eine Million Barrel sinken – eine Einbuße, die annähernd einem Drittel des täglich in den USA verbrauchten Rohöls entspricht. Sogar noch sieben Monate nach einem Anschlag würde Abkaik an die vierzig Prozent weniger liefern können als davor, also ganze vier Millionen Barrel weniger als unter normalen Umständen – das entspricht ungefähr der Menge, um die alle OPEC-Partner zusammen während des verheerenden Ölembargos des Jahres 1973 ihre Produktion drosselten.

*

Das eben entworfene Szenario eines Anschlags auf Abkaik ist nur eines von vielen, mit dem sich die *disaster planners* der Reagan-Ära befassten. Jedes System zur Förderung, Produktion und Lieferung von Öl ist auf auf ein riesiges, weitgehend ungeschützt bloßliegendes Ektoskelett angewiesen. Berücksichtigt man noch die Topographie des östlichen Teils von Saudi-Arabien, wo sich die großen Ölfelder befinden – ein sanft zum Persischen Golf hin abfallendes Sandmeer, dessen sich in jede Richtung ausdehnende Oberfläche nur von Wanderdünen unterbrochen wird –, so entspricht dies dem schlimmsten Albtraum eines Sicherheitsberaters. Die Infrastruktur der saudi-arabischen Ölindustrie zu zerstören wäre ungefähr so einfach wie Fische in einem Aquarium zu harpunieren: Es ist nicht eine Frage der Gelegenheit; es hängt nur davon ab, wie gut die Pistoleros sind und was für Mittel man ihnen für ihre Arbeit in die Hand gibt.

In Saudi-Arabien sind mehr als achtzig Erdöl- und Erdgasfelder in Betrieb, und es gibt dort mehr als eintausend produktive Quellen, doch fünfzig Prozent der nachgewiesenen Ressourcen Saudi-Arabiens – 12,5 Prozent aller bekannten Ölvorräte der Welt – verteilen sich auf acht Felder. Eines davon ist Ghawar – das größte auf dem Festland liegende Ölfördergebiet der ganzen Welt. Ein anderes ist Safaniya – das größte vor der Küste gelegene Ölfeld der Welt. Ein Umstand, der Pearl Harbor 1941 zu einem so lockenden Angriffsziel machte, war, dass dort so viele amerikanische See- und Luftstreitkräfte auf engstem Raum zusammengedrängt wurden. Selbst wenn eine japanische Bombe ihr eigentliches Ziel verfehlte, jagte sie mit hoher Wahrscheinlichkeit irgendein anderes lohnendes Objekt in die Luft. Die saudischen Ölfördergebiete bieten eine ganz ähnliche Konzentration von Zielen. So kamen die Expertenteams zu dem Schluss, dass das Land im Fall eines gleichzeitig an den fünf empfindlichsten Stellen des saudischen Produktionssystems zuschlagenden Terrorangriffs für ungefähr zwei Jahre aus dem Ölgeschäft ausgeschlossen wäre.

Nachdem es aus der Erde oder dem Meeresgrund extrahiert worden ist, fließt das saudische Öl durch Leitungen von insgesamt ungefähr siebzehntausend Kilometer Länge: von der Quelle zur Raffinerie, von der Raffinerie zu Hafenanlagen an der Küste und vor der Küste, innerhalb des Königreichs und in anderen Ländern. Ein großer Teil dieses Leitungssystems verläuft über der Erde. Der im Boden versenkte Teil liegt im Schnitt nur einen Dreiviertelmeter unter der Erdoberfläche – oft in Gebieten, die von Nomadenstämmen bewohnt werden. Ein Kamel als Transportmittel, ein Spaten und ein akkubetriebener Bohrer würden ausreichen, um ein Stück der Leitung zu sabotieren.

Zwar gibt es im Königreich einen riesigen Bestand an Ersatz- und Zubehörteilen für das Leitungssystem, wodurch ein einzelner Saboteur nicht viel bedrohlicher als eine Stechmücke wäre, doch viele Saboteure, die in einer konzertierten Aktion an mehreren, weiter auseinander liegenden Stellen des Ölleitungsnetzes zuschlügen, kämen einer Mückenplage gleich – mit verheerenden Folgen. Wollte man aber einen größeren Schaden anrichten, so hätte man im explosiven Nahen Osten auch keinerlei Schwierigkeiten, an Sprengstoffe jeder Art heranzukommen: ein kleiner Sack Kunstdünger, ein Eimerchen voll Treibstoff und eine einzige Stange Dynamit wären schon genug, um das gewünschte Resultat erzielen zu können.

Trotzdem stellt die Sicherheit der Leitungen noch das geringste Problem dar. Aus einer typischen saudischen Ölquelle fließen am Tag ungefähr fünftausend Barrel einer zähflüssigen, klebrigen Masse – einer zu nichts zu verwendenden Mixtur aus Öl, verflüssigten Gasen, Schwefelverunreinigungen und dem Salzwasser, das in das Bohrloch gepumpt wird, um diesen ganzen Dreck aus ihm herauszutreiben. Von den Bohrlöchern wird diese Mixtur zu einer von fünf Gas-Öl-Trennanlagen gepumpt, die von der Arab-American Oil Company (Aramco), der staatlichen Ölgesellschaft Saudi-Arabiens, betrieben wird. In großen bauchigen Sphäroiden werden die meisten der verflüssigten Gase freigesetzt und das Salzwasser entfernt. Das übrig bleibende »saure« Rohöl wird dann zu einer von fünf Stabilisierungsanlagen gepumpt, wo der Druck weiter vermindert und das Öl anschließend in großen Tanks für die bevorstehende Entschwefelung gelagert wird.

Vom Gesichtspunkt eines Ingenieurs aus ergeben alle diese Bewegungen – der Fluss des Öls vom Bohrloch zu den verschiedenen Stationen der Aufbereitung – so etwas wie ein Ballett miteinander in Verbindung stehender Abläufe. Für die Techniker sind die Stabilisierungstürme, in denen der Schwefel neutralisiert wird, die Sphäroiden, in denen man den Druck reduziert und andere Verunreinigungen absaugt, wie auch die Tanks, in denen das Öl nach der Aufbereitung und vor seiner Verschiffung gelagert wird, wunderschöne Kathedralen eines industriellen Prozesses. Terroristen und Saboteure neigen jedoch dazu, die

Welt anders zu sehen. Für sie sind die Produktionsanlagen attraktive Ziele, die man quasi mit dem bloßen Auge ungehindert anvisieren kann – wie die Türme des World Trade Center am helllichten Tag.

Dabei gilt es auch noch den Verteilungs- und Lieferungsaspekt zu bedenken. In Saudi-Arabien gibt es ein nördliches und ein südliches Produktionsgebiet. Das im Norden geförderte Öl wird in mehreren, an unterschiedlichen Orten gelegenen Raffinerien weiterverarbeitet, dann per Pipeline zu einem der beiden Terminals am Golf gepumpt, Juaymah und Ras Tanura, und von dort zu Anlegeeinrichtungen, die vor der Küste an solchen Stellen angelegt wurden, wo das Wasser tief genug für die Tanker ist, die das Öl über die Ozeane transportieren. Das gesamte Erdöl aus dem Süden des Landes wird zur Weiterverarbeitung nach Abkaik gepumpt, das ungefähr vierzig Kilometer vom Nordende des Golfes von Bahrain entfernt im Landesinneren liegt. Von Abkaik wird es weiter nach Juaymah oder Ras Tanura befördert oder durch die Ost-West-Pipeline quer über die arabische Halbinsel und den Gebirgsgrat des westlichen Saudi-Arabien hinweg zu dem 1200 Kilometer entfernten Terminal bei Janbu am Roten Meer. (Eine andere aus Abkaik herausführende Rohrleitung, die 1700 Kilometer lange transarabische Pipeline, die bei dem libanesischen Sidon an der Mittelmeerküste endet, wird, während ich dies schreibe, gerade eingemottet, während die irakisch-saudische Pipeline schon im Jahr 1990 im Anschluss an den Einfall des Irak in Kuweit stillgelegt wurde.)

Aber gleichgültig, um was für einen Terminal an welcher Küste es sich handelt, die neuralgischen Stellen sind zu viele, als dass man sie zählen könnte. In Juaymah würde sich vor allem die *metering platform* – die elf Kilometer vor der Küste liegende Betankungsplattform mit Messeinrichtungen – für einen Angriff eignen. Vier Unterwasserleitungen befördern Rohöl und Bunkeröl aus den Tanks an Land zu dieser Plattform, die ihrerseits fünf schwimmende Anlegeeinrichtungen versorgt. Jede dieser fünf Anlagen kann am Tag 2,5 Millionen Barrel Öl oder anderen Treibstoff an Bord der Tanker pumpen.

An einem normalen Tag werden 4,3 Millionen Barrel von dem Terminal bei Juaymah aus in die Welt verschifft. Würde man die über der Wasseroberfläche gelegenen Betankungsanlagen und die Kontrollplattform zerstören, der Hälfte der schwimmenden Anlegeeinrichtungen größeren und den Tanks am Ufer geringeren

Schaden zufügen, so würde sich die Verladekapazität mindestens zwei Monate lang auf 1,7 bis 2,6 Millionen Barrel reduzieren. Um wieder die volle Kapazität zu erreichen, benötigte man nach Einschätzung von Ingenieuren möglicherweise ganze sieben Monate.

Ein mit Booten operierendes Angriffskommando könnte solche Schäden problemlos anrichten. Die Gewässer um die wüstenähnliche arabische Halbinsel waren und sind immer noch für jedes Schiff eine der gefährlichsten Seefahrtsregionen der Welt – ein Gebiet, in dem sogar ein in vielen Einsätzen erprobter Zerstörer wie die *U.S.S. Cole* von einem schnellen Zodiac-Schlauchboot, ein paar hundert Kilo Plastiksprengstoff und einem Steuermann, der wild entschlossen ist, seinem Schöpfer gegenüberzutreten, versenkt werden könnte.

Ras Tanura exportiert etwas mehr Öl als Juaymah, normalerweise etwa 4,5 Millionen Barrel täglich. Der Terminal bietet aber auch eine größere Anzahl von Zielen und mehr Möglichkeiten, einen Angriff zu unternehmen. Die 1,5 Kilometer östlich vom Nordpier in das Wasser des Golfs gebaute Sea-Island-Anlage ist für das gesamte Öl zuständig, das von diesem Terminal aus verschifft wird. Die Hälfte davon wird von Plattform vier aus an Bord der Tanker gepumpt – die einzige der insgesamt vier Plattformen, die über eigene *surge tanks* (Überlauftanks) und eigene Messeinrichtungen verfügt. Letztere befinden sich unter der Plattform, während man sich bei den anderen Plattformen der am Ufer gelegenen Messeinrichtungen und Überlauftanks bedient.) Wie bei der vergleichbaren Anlage von Juaymah würde auch ein Über- oder Unterwasserangriff auf Plattform vier mit Booten verheerende Folgen haben, und wer dazu das entsprechende Unterseeboot benötigt – auf dem globalen Waffenmarkt ist alles zu haben.

Die Sea-Island-Anlage wird von einem aus vielen Tanks, Pipelines und Pumpen bestehenden Komplex versorgt, der um der größeren Flexibilität willen per Rohrleitung mit Juaymah verbunden ist. Dieser auf dem Festland gelegene Komplex kann durch terroristische Angriffe vom Boden wie aus der Luft leicht getroffen werden: Ras Tanura liegt ungefähr einhundert Kilometer von der Nordspitze Katars entfernt, einer Brutstätte des islamischen Fundamentalismus.

Janbu am Roten Meer, so die Einschätzung der Ingenieure, soll nicht ganz so verletzlich sein – glücklicherweise braucht man nicht zu überprüfen, ob das stimmt. (Ich denke hier wie ein Saboteur, wie die CIA es mich gelehrt hat, und etwas Positives, das meine Zeit als *case officer* der Agency in einigen der brisantesten Regionen der Welt mit sich brachte, ist eine gründliche Kenntnis davon, wie man Dinge kaputtmacht.) Allerdings braucht man nur den Zufluss von ungefähr neunhunderttausend Barrel leichten und superleichten Rohöls zu blockieren, die täglich zum Terminal in Janbu gepumpt werden, um den Betrieb lahmzulegen. Dazu muss man nur die Abkaik am nächsten liegende Pumpstation eins ausschalten: Sie befördert das Öl nach oben, in den Gebirgszug von Al Aramah, damit es von dort aus seine lange Reise über die Halbinsel hinweg antreten kann, und ohne den Druck einer funktionierenden Pumpe hinter sich fließt das Öl in die falsche Richtung.

Sogar die kurze Rohrleitung von Abkaik zu den Terminals am Golf bietet Gelegenheiten zur Sabotage. Bei der ein paar Kilometer von der Küste entfernt im Landesinneren liegenden Verteilerstelle von Katif wird das Öl entweder nach Ras Tanura oder nach Juaymah geleitet (früher auch zu der jetzt stillgelegten transarabischen Pipeline). Wenn man dieser Anlage schweren Schaden zufügte, würde man den Ölfluss für Monate unterbrechen. Denn anders als bei den Leitungen, die die Terminals und Verarbeitungsanlagen miteinander verbinden, wurden in Katif keine handelsüblichen, vorfabrizierten Bauelemente verwendet, und so müsste man die Verteilerstücke und Rohrverzweigungen eigens neu anfertigen, um sie zu ersetzen.

Über die Einschätzungen der Experten, die sich mit möglichen Anschlägen auf Einrichtungen der saudi-arabischen Ölindustrie beschäftigten, wurde meistens der Deckmantel des Schweigens gebreitet. Man befürchtete, dass sonst die Ölmärkte auf der ganzen Welt erschüttert würden. Ich halte jedoch jede Wette, dass diese Fachleute nicht die Einzigen waren, die ausrechneten, wie viel Schaden man der saudischen Erdöl-Produktionskette oder dem globalen Geldfluss zufügen könnte, würde man einen der Stabilisierungstürme von Abkaik, die Plattform Nummer vier von Ras Tanura, die Pumpstation Nummer eins an der Ost-West-Pipeline oder alle drei Objekte zusammen in die Luft jagen, was vergleichsweise einfach wäre: Ein einziger Jumbojet, den man beim Start in Dubai entführte und mit einem Selbstmordattentäter am Steuerknüppel mitten in das Herz von Ras Tanura stürzen ließe, würde ausreichen, um die vom Erdöl abhängigen Wirtschaften vieler Länder in die Knie zu zwingen. Die US-amerikanische Wirtschaft wäre eine von ihnen, und ein solcher Anschlag würde in wirtschaftlicher Hinsicht mehr Schaden anrichten als eine Atombombe, die mitten in Manhattan oder auf dem Lafayette Square gegenüber vom Weißen Haus gezündet würde.

*

Die Leute, die sich für den Import von Öl aus Alaska, dem Golf von Mexiko, dem Kaspischen Meer oder Sibirien aussprechen, wiederholen immer wieder wie eine Schallplatte mit Sprung, dass die Importe aus Saudi-Arabien heutzutage sowieso nur noch acht Prozent des täglichen Rohölbedarfs der USA decken. Sie argumentieren auch damit, dass sich drei der größten Öllieferanten der USA in der westlichen Hemisphäre befinden: Kanada, Mexiko und Venezuela. Das trifft alles zu. Aber was diese Leute zu erwähnen vergessen, ist, dass Saudi-Arabien auf 25 Prozent der nachgewiesen Erdölreserven der Welt hockt, und vielleicht lässt sich dieses Öl Barrel für Barrel billiger fördern als der ganze Rest. Was noch wichtiger ist: Die Hälfte des überschüssigen Öls – zwei bis drei Millionen Barrel –, das täglich gefördert werden könnte, ist saudisches Öl. Wenn man diese überschüssige Menge aus dem Spiel nimmt, büßt der Markt seine Stabilität und Flexibilität ein. Denn selbst wenn dies nicht nach einer besonders großen Menge aussehen mag, bewahrt dieser Überschuss doch die Weltmärkte vor einer steilen Talfahrt: Je mehr Öl auf dem Markt ist, desto niedriger der Preis und umgekehrt. Gleichgültig also, aus welchem Land man sein Öl bezieht – Saudi-Arabien setzt den weltweiten Preis fest durch die Menge, die zu produzieren es sich entscheidet.

Es waren auch die Saudis, die am Ende das Öl-Embargo der OPEC im Jahr 1973 unterliefen (nachdem sie sich um Milliarden von US-Dollar bereichert hatten). Als die iranische Revolution in den lange andauernden iranisch-irakischen Krieg überging, nutzten die Saudis erneut die überschüssige Menge, die sie zu produzieren vermochten, um die Ölversorgung des industrialisierten Westens aufrechtzuerhalten. In den Jahren 1979/80 wurden vom Terminal Juaymah am Persischen Golf täglich ungefähr neun Millionen Barrel verschifft, doppelt so viel wie in normalen Zeiten.

Das Gleiche ereignete sich noch einmal während des Golfkriegs von 1990/91. Als kein irakisches und kuweitisches Öl mehr auf den Markt kam, erzeugten die Saudis – sekundiert von ein paar anderen Golfstaaten – zusätzliche fünf Millionen Barrel am Tag, sodass der Ausfall ausgeglichen wurde. Wenn es ihnen nicht möglich gewesen wäre, diese zusätzliche Menge zu liefern, wäre der Preis pro Barrel vermutlich auf über einhundert US-Dollar geklettert.

Am 12. September 2001, weniger als vierundzwanzig Stunden nach den Anschlägen auf das World Trade Center und das Pentagon, warfen die Saudis zusätzliche neun Millionen Barrel Öl auf den Markt, von dem das meiste in die USA ging. Als Folge davon blieben die Ölpreise niedrig, und die Inflation in den USA stieg trotz des verheerendsten terroristischen Anschlags, den es jemals gegeben hatte, nur unbedeutend an. Wenn man diese Flexibilität – die Fähigkeit, die Produktion kurzfristig zu steigern – mit zwanzig Pfund Plastiksprengstoff wegpustete, wären die Folgen nicht absehbar.

*

Eine Studie des International Monetary Fund vom Dezember 2000 beschäftigt sich damit, welche Auswirkungen ein hypothetischer Anstieg des Ölpreises um fünf US-Dollar pro Barrel hätte. Ihr zufolge würde das Bruttoinlandsprodukt der USA und der meisten europäischen Länder Jahr für Jahr um 0,3 Prozent abnehmen; die Finanzmärkte erlebten einen Sturz, wenn auch nicht in katastrophale Tiefen. Nationen, die mehr Rohöl exportieren als importieren, würden reicher werden, alle anderen ärmer. Die Länder des Fernen Ostens wären besonders betroffen, weil sie so wenig eigenes Erdöl produzieren.

Alle diese Berechnungen basieren auf einem – auf die damaligen Verhältnisse bezogen – ungefähr zwanzigprozentigen Anstieg des Preises für Rohöl, was allenfalls einer leichten Erschütterung der Weltwirtschaft gleichkäme und noch keine Katastrophe darstellte. Der terroristische Anschlag auf die Anlagen in Abkaik dagegen würde – so wie ihn die *disaster planners* der Reagan-Ära durchspielten – dem Weltmarkt nicht weniger als 5,8 Millionen Barrel Rohöl täglich entziehen. Das ist ziemlich genau das Doppelte der Menge, um die die Tagesproduktion während des OPEC-Embargos verringert worden war, nahezu das Doppelte dessen, was in den Jahren 1979 bis 1982 während der Revolution im Iran und dem anschließenden Krieg des Landes mit dem Irak täglich nicht zur Verfügung gestanden hatte, sowie fast das Vierfache des durchschnittlichen Tagesverbrauchs der USA.

Was lehrt uns die Geschichte hinsichtlich der Auswirkungen einer solchen Einbuße? Nun, im Verlauf des ganzen vergangenen Jahrhunderts haben die Amerikaner nur in insgesamt zehn Jahren eine zweistellige Inflationsrate hinnehmen müssen – oder sogar nur in vier Jahren, wenn man jene Perioden, in denen sich die Nachwirkungen der beiden Weltkriege bemerkbar machten, ausklammert. Es sind dies das Jahr unmittelbar nach dem Öl-Embargo, also 1974, in dem die Inflationsrate auf elf Prozent hochschnellte, und die Jahre 1979 bis 1981, in denen eine Spitzenrate von 13,5 Prozent erreicht wurde. Im Jahr 1981 betrug der Preis für ein Barrel Rohöl 53,39 US-Dollar, und an den Tankstellen in den USA bezahlte man für die Gallone (ungefähr 3,79 Liter) Normalbenzin mehr als zwei Dollar.

Das OPEC-Embargo ließ die Aktienkurse in den Keller stürzen. Als der Standard & Poor 500 im September 1974 endlich auf seinem Tiefstpunkt angekommen war, hatte er in einundzwanzig Monaten 47,7 Prozent eingebüßt, was beinahe dem Wertverfall von 47,8 Prozent in den achtundzwanzig Monaten vom März 2000 an entspricht, als die Dot.com-Blase platzte. Zwischen den Jahren 1980 und 1982, als die Unruhen im Iran und im Irak die Ölpreise in Schwindel erregende Höhen trieben, sank der Index um 27,1 Prozent.

Wenn man ganz selektiv bestimmte Einrichtungen der Öl-Aufbereitungsanlage von Abkaik schwer beschädigte, würde mit ziemlicher Sicherheit die Inflationsrate doppelt so hoch sein, und die Aktienindizes zeigten erneut steil nach unten. Ein koordinierter Angriff auf Abkaik, die Plattform Nummer vier von Ras Tanura und die Pumpstation eins der Ost-West-Pipeline – um nur einige der potenziellen Ziele zu nennen, aus denen Terroristen auswählen könnten – würde sich auf beides exponentiell auswirken und gleichzeitig das letzte bisschen Elastizität aus der globalen Ölversorgungskette heraussaugen. Mit der so genannten Strategischen Ölreserve könnte man in den USA den inländischen Markt nur noch für einen Zeitraum von einigen Monaten stützen. Danach befände man sich auch dort auf unbekanntem Terrain und beträte etwas, das der Welt nach einem alles verwüstenden nuklearen Angriff gleichkäme, wie sie Nevil Shute 1957 in seinem Bestseller *On the Beach* [deutsch: *Das letzte Ufer*] entworfen hat, nur dass die Zerstörungen nicht durch Atombomben angerichtet worden wären.

Was genau würde also mit dem Ölpreis geschehen?

Ich habe meine Kontaktpersonen in der Ölindustrie befragt, doch keine von ihnen konnte auch nur annähernd schätzen, wie hoch der Preis klettern würde. Mag sein, dass der Preis anfangs auf 80 bis 90 Dollar pro Barrel steigen und zu einem wildem, spekulativen Ankauf von Öl führen würde. Käme es gleichzeitig noch zu unvorhersehbaren Ereignissen wie ganz normalen, technisch bedingten Produktionsausfällen in Ländern wie Nigeria oder Venezuela, so würde das Öl vermutlich schon mehr als 100 Dollar pro Barrel kosten. Und wenn das in Saudi-Arabien herrschende Chaos über die Grenzen hinweg auf die anderen arabischen Scheichtümer übergreifen würde, die zusammen 60 Prozent der Weltölreserven besitzen? Meine Bekannten wollten keine Mutmaßungen darüber anstellen, doch ich nehme an, dass das Öl dann 150 Dollar pro Barrel oder noch viel mehr kosten könnte. Dann würde es nicht lange dauern, bis auch alles andere teurer würde, und in der Folge käme es zu einem Zusammenbruch der ganzen Wirtschaft, zu einer weltweiten politischen Instabilität und zu einer persönlichen Verzweiflung vieler Menschen in einem Grad, wie man sie seit der Großen Wirtschaftskrise nicht mehr erlebt hat.

Nebenbei bemerkt: Osama bin Laden hat moderatere Preiserwartungen, was das saudische Öl betrifft: 144 US-Dollar pro Barrel. Wenn man dieses Vielfache des gegenwärtigen Marktpreises nimmt, um ungefähr fünfzig Jahre in die Zeit zurückgeht, in der der Westen vom arabischen Öl abhängig wurde, und von jenem Zeitpunkt an bis heute rechnet, dann erhält man einen Vermögens-Transfer in der Größenordnung von 76 Billionen US-Dollar von den Industriestaaten auf die Länder der moslemischen Welt – mehr als 1,5 Billionen US-Dollar im Jahr. Dieser Betrag entspricht der öffentlichen Verschuldung der USA im Jahr 1985, als auch der US-amerikanische Staatshaushalt erstmals die 1,5-Billionen-Dollar-Marke übertraf.

*

Für die Experten der Ära Reagan, die die Verwundbarkeit der saudischen Öl-Infrastruktur zu beurteilen hatten, ging die Bedrohung vor allem vom Iran aus. Ein weiteres Jahrzehnt verging, und die launischen Winde der Geopolitk sollten neue potenzielle Aggressoren entstehen lassen: Dazu gehörte vor allem der Irak, der immer noch verbittert darüber war, dass die Saudis den Koalitionstruppen im ersten Golfkrieg logistische Hilfestellung geleistet hatten. Man sah es aber in jedem Fall als gegeben an, dass jede Bedrohung der saudi-arabischen Erdölproduktion von außerhalb des Königreichs kommen würde. Saudi-Arabien war Amerikas Anker im arabischen Teil des Nahen Ostens. Das Land lagerte das Öl der Amerikaner unter dem Sand seiner Wüsten. Es einzubüßen, wäre gleichbedeutend mit einem Verlust der Strategischen Reserve. Sogar wenn die Saudis irgendwann ins antiamerikanische Lager überwechseln würden, so lautete das Argument, würden sie nie aufhören, Öl für die USA zu fördern, weil sie sich damit am Ende selbst ruinierten. Zumindest gingen die Amerikaner davon aus.

Das galt aber alles nur bis zum Morgen des 11. September 2001: bis fünfzehn saudische Staatsbürger und vier Araber aus anderen Ländern vier Verkehrsflugzeuge in ihre Gewalt brachten und drei Maschinen samt aller Insassen in New York und in Washington in Gebäude hineinsteuerten, während die vierte in der Nähe von Shanksville, Pennsylvania, auf einem Acker zerschellte. Bis Osama bin Laden zum bekanntesten Saudi in der Geschichte wurde. Bis *USA Today* entdeckte, dass während des Sommers 2002 beinahe vier von fünf Aufrufen einer geheimen Al-Kaida-Website aus Saudi-Arabien kamen. Bis bekannt wurde, dass die Frau des saudischen Botschafters in Washington den Hijackern auf indirektem Wege Geld überweisen ließ. Jetzt sah das Bild plötzlich ganz anders aus. Ein vom Sicherheitsrat der Vereinten Nationen in Auftrag gegebener Bericht gab zu erkennen, dass Saudi-Arabien in den zehn Jahren seit 1992 Al Kaida eine halbe Milliarde US-Dollar zufließen ließ. Alle alten Annahmen waren vom Tisch. Und die neuen Realitäten waren alles andere als ermutigend.

Fünf Großfamilien besitzen wohl an die 60 Prozent der gesamten Ölreserven der Welt; mehr als ein Drittel davon wird aber von den Al Saud Saudi-Arabiens kontrolliert. Das heißt, dass die Familie Saud potenziell für eines von fünf Barrel, die auf der Welt verbraucht werden, kassiert. Dieses Öl ist der Angelpunkt, um den sich die Weltwirtschaft dreht. Währenddessen wird in den Moscheen Saudi-Arabiens Hass auf den Westen und die nichtislamische Welt gepredigt: mit Worten, die genauso giftig und bösartig sind wie die, die aus dem Iran zu uns drangen, als die Ayatollahs noch auf dem Höhepunkt ihrer Macht standen. Die Koranschulen des Königreichs sind zu Treibhäusern geworden, in denen militante Islamisten herangezüchtet werden, zu Brutstätten für sunnitische Terroristen. Die Ereignisse auf Bali, in Kenia, Bosnien, Tschetschenien und Lower Manhattan wiesen alle auf diese Schulen, auf den saudischen Staat zurück.

Voller Angst, dass die Fanatiker ihnen eines Tages an den Kragen gehen könnten, schaufeln die Mitglieder der Familie Saud Protektionsgelder so schnell unters Volk, wie sie es nur von ihren Schweizer Bankkonten abheben können. Vergessen Sie nicht, dass es die Al Saud sind, die letztlich die Schecks für jene Koranschulen ausstellen. Und genauso und aus demselben Grund finanzieren sie die militanten islamischen Bewegungen im Nahen Osten, in Afrika, Mittelasien und Asien. Das ist ein Schweigegeld, mit dem sie die Aufmerksamkeit der Moslems von dem Geld ablenken wollen, das sie stehlen, um für den Tag gewappnet zu sein, an dem sie aus der Wüste in ihre Paläste fliehen müssen, die sich an der Riviera aneinander reihen, in ihre Penthouses, die sich hellerleuchtet vor dem nächtlichen Himmel von Paris, London und New York abzeichnen, oder ihre hoch in den Bergen Marokkos gelegenen Raubvogelhorste, um die eine kühle Abendbrise weht. Das Haus Al Saud weiß schließlich schon, was der Westen erst langsam zu begreifen beginnt: dass da draußen Schrecken lauern, die schlimmer sind als alles, was von Osama bin Laden kommen könnte, schlimmer sogar als das, was Khalid Scheikh Muhammed aushecken könnte – vermutlich der Kopf hinter den Attentaten vom 11. September –, der Anfang März endlich in Pakistan dingfest gemacht wurde. Und die Al Saud wissen auch noch etwas anderes sehr gut: Ihre Herrschaft hängt an einem seidenen Faden, da sie über ein Land regieren, das zerrissen ist zwischen Vergangenheit und Gegenwart und sich auf gefährliche Weise in einem Krieg mit sich selbst befindet.

Das ist der Grund dafür, dass die während der Reagan-Jahre entworfenen Szenarien immer noch aktuell sind. Das ist auch der Grund dafür, dass wir im Westen – vor allem Washington – uns eingestehen müssen, dass wir selbst dazu beigetragen haben, den Virus zu züchten, von dem Saudi-Arabien immer mehr infiziert wird. Und das ist schließlich auch der Grund dafür, dass wir darüber nachdenken müssen, ob man den Wirt dieses Virus' – das Haus Al Saud – nicht einschläfern sollte, wenn es sich selbst nicht kurieren kann oder will. Zumindest müssen wir wohl in Erwägung ziehen, die Ölfelder unter unsere Kontrolle zu bringen.

Wird es wirklich so weit kommen? Ich weiß es nicht. Niemand tut das. Die Zukunft ist niemals eine absolute Größe. Vielleicht ist an dem aus Riad zu uns dringenden Gerede über demokratische Reformen wirklich etwas dran. Vielleicht wollen sich die Herrschenden damit nicht nur eine Art Feuerschutz verschaffen. Vielleicht unterminiert der Krieg, den die USA gegen den Irak geführt haben, auch abermals die alten Annahmen. Niemand weiß, was geschehen wird, wenn sich der Islam *en masse* gegen den Westen und seine ungläubigen Handlanger erhebt. Doch ich habe genügend Jahre im Nahen Ost verbracht, um zu wissen, dass in einem Land wie Saudi-Arabien alle Dinge von Natur aus so fließen, dass sie sich zu dem entzündlichsten und brisantesten Gemisch verbinden.

Es hat sich schon mehr als genug Wut gegen den Westen und das Haus Saud angestaut. In den Sukhs von Riad und Dschidda ist man fest davon überzeugt, dass die ganzen Ölmilliarden die herrschende Familie unheilbar korrumpiert haben; dass die politischen Führer die Religion verunglimpften, indem sie die Stationierung US-amerikanischer Truppen auf dem Boden des Königreichs zuließen. Wenn man die amerikanische Militärpräsenz beendete, würde das vielleicht schon helfen, doch gegen das Herrscherhaus wird noch wegen anderer Dinge Anklage erhoben als wegen seiner Verbindung mit den USA. Auf den Straßen werden die Al Saud beschimpft, weil sie es unterlassen haben, das moslemische Brudervolk der Palästinenser zu schützen, weil sie tatenlos zusehen, wie der Islam gedemütigt wird. Zu Beginn des neuen Millenniums glauben viele Saudis, dass es ihrem Land besser ginge – und der Glaube reiner wäre –, wenn jedermann zurück in die Wüste zöge und von Datteln und Kamelmilch lebte.

Die Jahre, in denen ich meinem Land als CIA-Officer in Ländern wie dem Libanon, dem Sudan, dem Nordirak und in den moslemischen Staaten Mittelasiens diente, haben mich noch etwas anderes gelehrt. Sie führten mir vor Augen, was für ein Blutbad und was für ein Leiden unweigerlich die Folgen zu sein scheinen, wenn die USA den Kopf in den Sand stecken oder wenn Dollarzeichen die Amerikaner blind machen für das, was sich direkt vor ihrer Nase abspielt. Saudi-Arabien ist kein Abstraktum. Es ist ein Pulverfass, das jederzeit in die Luft fliegen kann. Wenn das geschieht, dann könnte es Sie und mich, Ihre und meine Ersparnisse sowie Ihre und meine Sicherheit mit sich reißen.

Ein Vierteljahrhundert lang habe ich versucht herauszufinden, was eigentlich die Wurzeln für all diese Gewalttätigkeiten im Nahen Osten sind. Ich habe mit meinen Nachforschungen nicht erst nach dem 11. September begonnen, und ich habe sie gewiss nicht mit Blick auf Saudi-Arabien und sein Rohöl unternommen. Ich wollte mehr über die Moslemischen Brüder wissen; darüber, wer sie waren, wie sie operierten, warum die USA mit ihnen in so entfernten Regionen wie dem Jemen und Afghanistan gemeinsame Sache gemacht hatten. Je angestrengter ich nachforschte und je näher ich den Antworten auf meine Fragen kam, desto genauer erkannte ich, dass meine Suche zwangsläufig in zwei Richtungen führte und zu zwei Orten: nach Riad und nach Washington sowie zu dem Öl, das sie miteinander verband.

*

Meiner Meinung nach sind es drei Fragen, von deren Beantwortung alles abhängt:

- Können die Schiiten, die Moslemischen Brüder und alle anderen Personen in Saudi-Arabien, die das Haus Al Saud stürzen wollen, genügend Feuerkraft zusammenballen – also genügend Waffen in die Hand bekommen, um ihr Ziel zu verwirklichen?

- Ist das Haus Al Saud als regierende Instanz jenseits jeder Rettung, und lässt es sich auch durch Protektion nicht mehr an der Macht halten?

- Besitzt Washington die Fähigkeit, das saudische Königreich als das zu erkennen, was es ist? Oder hat es seine Hand so tief in der saudischen Brieftasche, dass es nichts sehen und nicht handeln will?

Nehmen Sie die Wut, die in den Moscheen und auf den Straßen Saudi-Arabiens herrscht; addieren Sie Waffen und die bedingungslose Bereitschaft hinzu, sie zu einzusetzen – und zwar nicht nur bei terroristischen Anschlägen gegen Ziele im Westen, sondern auch bei solchen gegen das Haus Saud und die Infrastruktur der Erdölindustrie, auf die diese Familie sich stützt: Wenn wir weiter in die andere Richtung schauen, während im Nahen Osten alles Mögliche geschieht, können wir das letzte halbe Jahrhundert vom Öl entfachter und am Leben erhaltener Prosperität nehmen und ihm einen dicken Abschiedskuss aufdrücken.

Aber wie gesagt: Alles fängt bei der »Feuerkraft« an. Damit beginnt auch der erste Teil des vorliegenden Buches. Der Grund dafür, dass ich mich an einem sonnigen Tag im Frühjahr 2001 an der israelischen Riviera wiederfand, waren nämlich ... genau: Waffen.

# Teil I

## Sag nichts Böses…

# 1 – Wir liefern in alle Welt

*Caesarea, Israel – 7. April 2001*

Der inmitten von Olivenbäumen auf dem Ufer hoch über der See liegende Marmorpalast sah aus wie all die anderen noblen Ferienhotels, die ich am Mittelmeer zu Gesicht bekommen hatte. Der glänzende neue Mercedes und der kanariengelbe Ferrari, die vor ihm geparkt waren, passten genau ins Bild. Ich wusste, dass ich, wenn ich ein wenig auf dem Gelände herumstöberte, in irgendeiner Ecke auf ein Spielcasino stoßen würde.

Ich brauchte jedoch nicht lange, um zu erkennen, dass ein paar Dinge nicht ganz stimmten. Da war zum einen die Horde kleiner blonder Jungen, die auf dem Rasen vor dem Haus spielten und einander auf Russisch etwas zuriefen, und dann waren da die jungen Mädchen am Rand des Pools, die identische knappe Bikinis trugen und in Hochglanzmagazinen blätterten, die in Moskau erscheinen. Als der Page mich auf Russisch begrüßte, war mir klar, dass es mich an einen jener russischen Brückenköpfe am Mittelmeer verschlagen hatte, von denen ich schon viel gehört hatte. Seit dem Zusammenbruch der Sowjetunion ließen sich die russische Mafia sowie Russen, die auf der Flucht vor der russischen Mafia waren, und ganz gewöhnliche reiche Russen überall an der Riviera nieder; auch an der israelischen Küste. Je schicker der Ort, desto besser. Geld schien für sie nie ein Problem zu sein. Und sie blieben gerne unter sich.

Ich war auch tatsächlich in Caesarea, um mit einem Russen zusammenzutreffen, den ich bisher nur vom Hörensagen kannte. Juri, wie ich ihn hier nennen will, handelte mit dem Tod. Er hatte in den frühen 1990er-Jahren ein kolossales Vermögen angehäuft, indem er westafrikanisches Öl gegen Handfeuerwaffen einhandelte. Im Laufe der letzten Jahre, mit genügend Kapital im Sack und freiem Zugang zu dem staatlichen russischen Waffenhandelsunternehmen Rosvoorouzhenie, hatte er in allen möglichen Ländern Zweigstellen gegründet und angefangen, dort seine Waffen zu verhökern. Angeblich konnte Juri an jede Art von russischer Eisenware herankommen, an eine MIG-31 ebenso wie an einen T-80-Kampfpanzer. Er hatte jedoch sein eigenes Berufsethos. Wenn ein Konkurrent das Gerücht verbreitete, dass Juri waffenfähiges Uran verschob, ließ er den Mann wie einen Moskito aus den Wolgasümpfen zerquetschen. Für ihn war es eine Sache, sich auf ehrbare Weise seinen Lebensunterhalt zu verdienen – indem man zum Beispiel Waffen für Bürgerkriege in Westafrika lieferte –, und eine ganz andere, mit dem wirklich schlimmen Zeug zu handeln.

Ich sah Juri aus dem Aufzug kommen. Er trug ein Paar Levi's-Jeans mit Bügelfalte, italienische Wildlederslipper, ein hauchdünnes weißes Leinenhemd und hätte für einen betuchten Touristen durchgehen können. Er war schlank, hatte rotblondes Haar, und man sah ihm seine 45 Jahre nicht an.

Wir nahmen in einem Restaurant Platz, wo Juri mit bedrücktem Gesicht darauf wartete, dass der Kellner ihm seinen Kaffee brachte. Mein Geplaudere über das Wetter, über Caesarea, über alles, von dem ich meinte, dass es unser Gespräch davor bewahren könnte, vollends zu verstummen, vermochte ihm kaum mehr als ein Kopfnicken zu entlocken. Ich hörte schließlich auf zu reden und schaute ihn mir genauer an. Seine wächserne gelbliche Haut verriet mir, dass er nicht viel Zeit am Strand oder auf dem Golfplatz verbracht hatte, und nach dem spinnwebenartigen Geflecht von geplatzten Äderchen in seinem Gesicht zu urteilen, suchte er gerne Entspannung bei einer Flasche Wodka.

Ich war zu diesem Geschäftstreffen – wenn Sie es so nennen wollen – mit Juri zusammengekommen, um einem Freund einen Gefallen zu tun. Der wollte nämlich wissen, ob der Russe daran interessiert war, einen Ölkontrakt, und zwar einen vollkommen legalen, zu finanzieren. Mein Freund dachte, dass Juri, wo er jetzt so viel Geld hatte, sich vielleicht aus dem Waffenhandel zurückziehen und seinen Ruf aufpolieren wollte.

Sobald mein Gegenüber den zweiten Espresso runtergekippt hatte, begann ich mit meinem Anliegen. Ich hatte meine Fragen zur Hälfte rausgebracht, als er eine Hand hob, um mich zu unterbrechen. »Sie sind auf dem Weg nach Syrien, wie mir unser gemeinsamer Freund erzählt hat«, sagte er.

Das stimmte. Am folgenden Tag würde ich nach Amman in Jordanien und von dort weiter nach Damaskus fliegen. Die Grenzen zwischen Syrien und Israel waren dicht, seitdem Israel vor mehr als einem halben Jahrhundert seine Unabhängigkeit erlangt hatte.

Man musste irgendwo in einem anderen Land zwischenlanden, bevor man einen Fuß auf syrischen Boden setzen konnte.

»Ich habe Bedarf an syrischem Erdöl«, erklärte Juri. »Ich nehme so viel davon ab, wie ich kriegen kann. Und wissen Sie was: Ich zahle zwei Dollar mehr, als der Marktpreis beträgt.«

Das war ein mit Effet geschlagener Ball, den ich nicht hatte kommen sehen. Ich brauchte nicht in der Ölbranche zu sein, um zu begreifen, dass Juri nicht an legales, in Syrien gefördertes Öl dachte – niemand bezahlt auf dem Weltmarkt für irgendwelches Öl pro Barrel zwei US-Dollar über dem üblichen Preis. Juri war, daran hatte ich keinen Zweifel, hinter irakischem Öl her, das trotz der Sanktionen exportiert wurde und gegenwärtig in Syrien für einen um zehn bis fünfzehn Dollar ermäßigten Preis zu haben war. Es war unmöglich, genau festzustellen, um was für Mengen es ging – Syrien veröffentlichte begreiflicherweise keine Zahlen –, doch ich hatte Schätzungen zu Gesicht bekommen, denen zufolge in einem Jahr Öl im Wert von drei Milliarden US-Dollar schwarz verkauft wurde, und damit war das Geschäft groß genug, um Juri und viele andere Geier aus der internationalen Wirtschaft anzulocken.

Der Irak war froh, einen weiteren Absatzmarkt für sein schwarz exportiertes Öl zu haben, selbst wenn er es zu einem gewaltig herabgesetzten Diskontpreis abgeben musste. Dem aus dem Land geschmuggelten Öl verdankte es Saddam Hussein, dass er seit dem Ende des Golfkriegs den Kopf über Wasser hatte halten können. Saddam verwendete die Einnahmen aus diesem Geschäft, um seine Elitekämpfer und seine Geheimdienstleute – seine brutale Prätorianergarde – zu versorgen und auszurüsten. Der Schwarzhandel mit Öl hatte begonnen, sobald das letzte amerikanische M-16 im Februar 1991 die letzte Patrone abgefeuert hatte. Zuerst war das Öl auf kleinen Lastkähnen zu den Abnehmern befördert worden, die sich auf beiden Seiten des Persischen Golfs dicht an der Küste entlangbewegt hatten und nur nachts unterwegs gewesen waren, wodurch sie der Entdeckung durch amerikanische Kriegsschiffe entgingen. Dann hatte man angefangen, das Öl auf Lastwagen außer Landes zu schmuggeln: Der größte Teil davon war in die Türkei und in den Iran gegangen. Als ich mich in den Jahren 1994 und 1995 in Kurdistan aufhielt, hatte ich die kilometerlangen Lastwagenkonvois mit eigenen Augen gesehen. Syrien war spät in das Spiel eingestiegen, hatte aber die zeitliche Verzögerung durch die große Menge, die es abnahm, mehr als wettgemacht. Es bezog das meiste Öl durch eine alte Pipeline, die in der Hafenstadt Baniyas endete; einiges kam aber auch per Tankwagen.

Mit den ganzen Einnahmen aus dem irakischen Öl, das nicht im Rahmen des von den Vereinten Nationen zwangsweise verhängten »Öl-für-Nahrungsmittel«-Programms verkauft wurde, kam Saddam sehr gut zurecht. Er konnte nicht nur die Gardeeinheiten finanzieren, die verhinderten, dass er gestürzt wurde, sondern auch anfangen, seine regulären Streitkräfte neu auszurüsten. Jeden Tag trafen ganze Schiffsladungen der neuesten Prachtstücke aus russischen Waffenschmieden ein. Es blieb sogar noch so viel Geld übrig, dass sich die Mitglieder des engeren Kreises um den Diktator – einschließlich seines gemeingefährlichen Sohnes Udai, der die Ölgeschäfte überwachte – keine Sorgen zu machen brauchten, dass ihnen eventuell die kubanischen Zigarren ausgingen oder sie sich vielleicht keine Sportwagen und Prostituierte mehr leisten könnten. Das gewöhnliche Volk sah natürlich keinen roten Heller von diesem Schwarzgeld.

Auch Syrien fuhr nicht schlecht mit diesem Geschäft. Indem es das illegal importierte irakische Öl auf dem einheimischen Markt verkaufte, konnte es das Öl, das auf seinen eigenen Feldern an die Oberfläche gepumpt wurde, im Ausland zu den regulären Weltmarktpreisen verkaufen. Im Jahr 2000 stieg die Menge des exportierten syrischen Öls steil an: von 320 000 auf 450 000 Barrel am Tag. Natürlich bestritt man, dass diese Zunahme etwas mit der Einfuhr von irakischem Öl zu tun habe, sondern behauptete trotz aller gegenteiligen Beweise, dass die zusätzlichen 130 000 Barrel gewissermaßen aus den eigenen Ölfeldern herausgequetscht würden. Tatsache war, dass Syrien jedes Jahr hunderte Millionen von US-Dollar mit dem illegal eingeführten irakischen Öl verdiente. Für ein Land, dessen Wirtschaft kurz davor gestanden hatte, einen gewaltigen Einbruch zu erleiden, war dieses Öl ein Geschenk Gottes.

Auch für die Makler und Händler, die bei dieser schönen Umgehung der von den Vereinten Nationen über den Irak verhängten Sanktion die Hand im Spiel hatten, fiel reichlich Geld ab – mehr als genug, um sich neue herrschaftliche Anwesen in Saint-Tropez oder an der spanischen Goldküste zuzulegen. Vielleicht war auch Juri hinter einem solchen Besitz her: Er schien Gefallen an Panoramablicken aufs Mittelmeer gefunden zu haben.

Der Einkauf von irakischem Öl bereitete keine Schwierigkeiten, wohl aber sein Transport. Obgleich es ein offenes Geheimnis war, dass dieser Handel mit irakischem Rohöl stattfand, wollte Syrien niemandem die Chance geben, in aller Öffentlichkeit Anklage zu erheben, weil ein Tankschiff voll von dem Zeug aufgebracht wurde. Syrien konnte nie sicher sein, dass nicht ein einflussreicher Kongressabgeordneter auf das State Department und die US-Navy einzuhämmern begann, um sie zu zwingen, etwas gegen den Ölschmuggel zu unternehmen. Wenn sich die Antriebsschrauben ihrer Schiffe erst einmal drehten, würde die Navy nicht lange brauchen, um einen syrischen Tanker im Mittelmeer aufzuspüren. Von solch einer niederschmetternden Aussicht ernüchtert, würden die Syrer es nicht zulassen, dass die Irakis noch einen Tropfen ihres Öls exportierten. Juri würde dann mit einem wirklich effizienten Schmiermittel herausrücken müssen, um die Syrer zum Umdenken zu bewegen.

Illegale Ölgeschäfte sind nicht meine Sache, doch ich bin von Berufs wegen neugierig, also spielte ich mit. In Langley, dem Ausbildungszentrum für CIA-Agenten, haben sie uns beigebracht, dass Mitspielen der erste Schritt zum Begreifen ist.

»Wie können wir denn etwas verdienen, wenn wir zwei Dollar mehr zahlen, als nötig ist?«, fragte ich.

Juri schnitt mir das Wort ab, bevor ich weiterreden konnte. »Überlassen Sie das Rechnen mir.« Er schwieg eine Minute lang; vermutlich versuchte er zu einem Schluss zu kommen, wie viel er mir gefahrlos erzählen konnte. Wie beim Spionagegeschäft hält man sich auch beim Öl- und beim Waffenhandel an die Regel, dass man den anderen nur in das einweiht, was er unbedingt wissen muss. »Rück nur mit dem raus, was absolut notwendig ist«, lautet die Devise.

»Was Sie wissen sollen, ist dies«, fuhr Juri dann fort, »ich werde mein Angebot in einer netten und hübschen Geschenkverpackung überreichen. Ich rede von PMU-300-Systemen. Ich könnte morgen schon meine Hand auf zwanzig TEL und hundert Bleistifte legen. Sie öffnen mir in Damaskus die Türen, und ich werde die Syrer davon überzeugen, dass dies ein Deal ist, den sie einfach nicht ausschlagen können.«

Jetzt fing es wirklich an, interessant zu werden. Im Jargon der Waffenhändler ist ein TEL ein *Transporter-Erector-Launcher*, ein fahrbares Raketenabschussgerät, und Bleistifte sind die dazu gehörenden Raketen. PMU-300 ist die Bezeichnung für ein technisch-ausgefeiltes Boden-Luft-Raketensystem.

Ich war nicht überrascht darüber, dass Juri diese Waren anbot, schließlich verdiente er sich mit dem Verkauf von russischen Waffen seinen Lebensunterhalt. Was mich überraschte, war, dass er sie hier in Israel anpries. Rein formell betrachtet führten Israel und Syrien Krieg gegeneinander. Wenn Syrien in den Besitz von PMU-300-Systemen käme, könnte dies das Gleichgewicht der Kräfte zwischen den beiden Ländern durcheinander bringen. Ich vermochte mir nicht vorzustellen, dass die Israelis erfreut sein würden, wenn sie herausfänden, dass einem Erzfeind an einem sonnigen Morgen auf ihrem eigenen Boden, in einem Ort auf halbem Weg zwischen Tel Aviv und der libanesischen Grenze, fortschrittliche Waffensysteme verkauft wurden. Doch Geld ist sehr hilfreich dabei, eine Menge unangenehmer Wahrheiten zu verhüllen.

Mir war klar, dass ich kein geschmuggeltes irakisches Öl kaufen und auch keine Waffen für Syrien erwerben würde, doch langsam kam ich der Antwort auf eine Frage näher, die mich schon lange Zeit beschäftigte: Wenn Juri bereit war, seine Boden-Luft-Raketen von Typ PMU-300 aus einem luxuriösen Ferienhotel in Caesarea heraus, nur mit einem Handy für internationale Gespräche und einem dicken Rolodex ausgerüstet, zu verschachern, was sonst könnte er dann noch alles verkaufen? Und an wen? Man muss kein ehemaliger CIA-Mann sein, um zu wissen, dass Globalisierung nicht nur Diesel-Jeans, Sony-PlayStations und Mercedes-Limousinen betrifft. Was ich in Erfahrung bringen wollte, war, wie globalisiert genau der Waffenhandel der schmutzigeren Art geworden war.

In meiner Zeit als CIA-Agent habe ich wenige Grenzen kennen gelernt, über die hinweg oder um die herum man keine Waffen hätten verschieben können. [redacted]

[redacted]

[redacted] Während der ganzen 1990er-Jahre wurden Waffen mit Flößen über den Grenzfluss Amu Darya aus dem ehemals sowjetischen Zentralasien nach Afghanistan gebracht. Ein paar Boden-Luft-Raketen vom Typ Stinger fanden ihren Weg in die ehemalige Sowjetunion hinein. Eine auf Abwege geratene Rakete sowjetischer Bauart schaffte es sogar bis nach Mombasa in Kenia; Ende November 2002 versuchte man damit ein israelisches Passagierflugzeug abzuschießen, doch verhinderte eine Fehlzündung, dass dies gelang.

Auch Westeuropa ist vor solchen Transaktionen nicht bewahrt geblieben. Am 2. September 2001 kamen zwei junge Immigranten aus Nordafrika zu dem Schluss, dass sie die Nase voll von Frankreich beziehungsweise von den französischen Behörden hätten. Bis an die Zähne bewaffnet unternahmen sie einen militärischen Angriff auf das Bürgermeisteramt von Beziers. Nachdem sie einen Mitarbeiter des Bürgermeisters, der wartend in einem Auto saß, mit einem Kalaschnikow-Sturmgewehr erschossen hatten, feuerten sie eine Rakete von einem Abschussgerät russischer Fabrikation auf ein leeres Polizeiauto ab, das in Flammen aufging. Sie versuchten, das Gleiche mit einem zweiten Polizeiauto zu machen, in dem vier Gendarmen saßen. Dieses Geschoss erwies sich aber als Blindgänger. Die Polizisten konnten am Ende nur die Köpfe schütteln: Munition, wie sie eigentlich nur das Militär verwendete, auf dem Schwarzmarkt zu kaufen, war anscheinend einfacher, als an Rauschgift heranzukommen. Noch vor zehn Jahren hätte sich ein unternehmungslustiger französischer Krimineller glücklich preisen können, wenn es ihm gelungen wäre, eine nichtregistrierte Handfeuerwaffe zu bekommen – und die hätte ihn ein Vermögen gekostet. Heutzutage kann er in einem der Pariser Vorstadt-Ghettos für fünfhundert US-Dollar eine Kalaschnikow erstehen und für dreihundert schon einen Raketenwerfer mit dazugehöriger Rakete bekommen. Dabei hat Frankreich so restriktive Waffengesetze wie wenige andere Länder auf der Welt.

Es hat aber schon stets Grenzen gegeben, die sogar die Juris der Welt nicht zu überwinden vermögen. Als ich ihm jetzt zuhörte, fragte ich mich, ob das wohl immer noch so war.

Was den Waffenhandel betrifft, so kommt man nicht leicht an Fakten heran. Die Männer, die ihn betreiben, tun dies hinter verschlossenen Türen. Sie sprechen nicht mit Journalisten oder Forschern, veröffentlichen keine Fachzeitschrift, lassen sich auch nicht bei der Handelskammer eintragen. Um herauszufinden, was vor sich geht, bleibt einem beinahe nichts anderes übrig, als einen Waffenhändler zu rekrutieren, ihn als Agenten einzusetzen und dort nachschauen zu lassen, wohin man selbst nicht vorzudringen vermag.

Während der ersten Hälfte meiner Karriere legte die CIA großen Wert darauf, dass man so etwas zustande brachte. Wie ein Spürhund die Fährte zu verfolgen, die Semtex, von der Schulter abgefeuerte Boden-Luft-Raketen und Kalaschnikows hinterließen, war Teil des Jobs, wie es für die Leute, die Watergate untersuchten, Teil ihres Jobs war, herauszufinden, wohin das Geld geflossen war. Diese Einstellung änderte sich vollkommen in den 1990er-Jahren, als man im Büro des *general counsel* der CIA anfing, Überstunden einzulegen, um sich auch ausgiebig genug Sorgen darüber machen zu können, dass Waffenhändler möglicherweise auf die Idee kommen könnten, mit »Graymail«-Mitteln gegen die Agency vorzugehen. »Graymail« ist eine milde Form von »Blackmail«, von Erpressung also, und funktioniert folgendermaßen: Ein Waffenhändler bietet der CIA seine Dienste an, indem er vorgibt, ein Patriot zu sein, der die bösen Buben, die es in seinem Gewerbe gibt, aussondern will. Er liefert ein paar verlockende Informationsbröckchen über den einen oder anderen Deal, der über die Bühne gehen soll; die Untersuchungen enden aber alle in einer Sackgasse, weil der Waffenhändler in Wirklichkeit nur hinter einer Versicherungspolice her ist. Er will die CIA als eine Art Schutzschirm benutzen und setzt darauf, dass die Agency ihn bei allem deckt, was er tut – ob dies nun legal ist oder illegal. Wenn er eines Tages das Pech hat, dabei erwischt zu werden, wie er Waffen an ein Land verhökert, über das ein Embargo verhängt wurde wie gegen Syrien oder den Irak, kann er fälschlicherweise behaupten, dass sein Einsatzoffizier bei der CIA (also jemand, wie ich es war) ihm grünes Licht gegeben habe. Und weil Undercover-Agenten der CIA nicht vor Gericht aussagen können, kommt der Waffenhändler ungeschoren davon.

War es eine berechtigte Sorge, dass so etwas passieren könnte? Mit Sicherheit. Waffenhändler steigen nicht aus Patriotismus ins Geschäft ein. Doch beim Einziehen von Informationen geht es wie beim Kauf von Aktien zu. Man kann viel riskieren und bereit sein, mit den Gewinnen auch Verluste hinzunehmen. Oder man kann Staatsanleihen kaufen und Coupons schneiden, was man in Langley ganz eindeutig bevorzugen würde.

Um Ihnen eine Vorstellung davon zu geben, wie verrückt alles wurde: Nicht lange bevor ich im Dezember 1997 aus der CIA ausschied, hatte ich die Gelegenheit, einen Waffenhändler zu rekrutieren, der wie Juri im Nahen Osten russische Waffensysteme verkaufte. Zu jener Zeit begann die CIA gerade zu begreifen, was für eine riesige Gefahr die alten Einrichtungen der Sowjetunion zur Entwicklung strategischer Waffen und die Anlagen zu ihrer Erprobung darstellten. Überall fehlte Material aus ihren Beständen. Bei einem Routinebesuch einer ehemaligen sowjetischen Anlage dieser Art namens Vozrozhdeniye, die auf einer Insel im Aralsee errichtet worden war, fanden wir Behälter mit als Waffen einsetzbaren Anthraxerregern auf dem Boden herumliegen. Anthraxerreger! Das Gelände war unbewacht, und jeder hätte die Behälter mitgehen lassen können. Auf solche Dinge wollte ich den Waffenhändler, von dem ich sprach, ansetzen.

Damals waren die Zeiten für die Leute seiner Branche hart. Das Angebot stand nicht mehr im Einklang mit der Nachfrage. Der Bursche, den ich aufs Korn genommen hatte, war nur zu glücklich darüber, dass die CIA für seine Reisekosten und die anderen Ausgaben aufkommen wollte. Er würde seine Geschäfte – ganz legitime, wie er mir versicherte – abwickeln und es mich wissen lassen, wenn Dinge wie Anthraxerreger auf den Markt kamen. Ich dachte, dass das eine recht klar umrissene und überdies noch billige Operation sein würde, doch sobald meine Vorgesetzten erfuhren, was ich vorhatte, ging das große Händeringen los. Zuerst verboten sie mir kurzerhand, mit dem Burschen zusammenzukommen, und sie gaben erst nach, als ich mich bereit erklärte, einen Anwalt aus dem Büro des *general counsel* mit zu dem Treffen zu schleifen.

Sie können sich vorstellen, dass die Begeisterung des Mannes über die Zusammenarbeit sofort gewaltig abkühlte. Informanten sind von Natur aus im Dunklen aktiv – wie Ratten. Wenn man einen Scheinwerfer auf sie richtet, indem man beispielsweise einen in Regierungsdiensten stehenden Anwalt auf sie aufmerksam macht, dann huschen sie so schnell wie möglich in ihre Löcher zurück.

Die Leute von der Chefetage in Langley hatten aber ihre Prioritäten. Wenn der Bursche uns an der Nase herumzuführen versuchte, dann wollte die Führungsriege der CIA den Rechtsanwalt vor Gericht auftreten lassen. Niemand schien es zu kümmern, dass wir auf diese Weise am Ende nichts über das Anthrax, das in Vozrozhdeniye herumlag, oder irgendeines der anderen Dinge, die in den Depots für strategische Waffen der ehemaligen Sowjetunuion fehlten, erfahren würden.

Nachdem ich meinen Abschied genommen hatte, hörte ich, dass man den Informanten fallen gelassen hatte – dass er »ausgeschaltet« worden sei, wie es im Insiderjargon heißt – und dass die CIA Waffenhändler nun wieder wie Aussätzige behandelte. Damit verschloss sie sich den besten Zugang, den wir zum internationalen Waffenmarkt hatten, und nahm uns die beste Möglichkeit, etwas gegen die tödliche Geißel der unkontrollierten Verbreitung gefährlichen Kriegsmaterials zu unternehmen

Jetzt, da ich in Caesarea einem wahren Titanen des Waffenhandels von Angesicht zu Angesicht gegenübersaß, wollte ich diese neue Gelegenheit keinesfalls ungenutzt vorübergehen lassen. Mehr als alles andere brannte ich darauf zu hören, was Juri mir über Saudi-Arabien und Waffen erzählen konnte.

Im Jahr 2001 wusste jeder, der sich näher mit Saudi-Arabien beschäftigte, dass das Land dabei war, den Bach runterzugehen. In den vergangenen zwanzig Jahren war das Pro-Kopf-Einkommen um mehr als 60 Prozent gesunken. Die Geburtenrate war hingegen gestiegen und gehörte mittlerweile zu den höchsten auf der Welt. Die groteske, völlig korrupte und an tausendundeine Nacht erinnernde Lebensweise der königliche Familie verlangte von den gewöhnlichen Leuten immer mehr Opfer. Volkstümliche Prediger forderten überall im Land ganz offen zu einem Dschihad gegen den Westen auf – wobei der Westen, das kann ich Ihnen versichern, auch eine Metapher für das Königshaus war, das in den Kreis der Feinde mit einbezogen wurde. Es gab immer mehr Anzeichen dafür, dass in Saudi-Arabien bald alles drunter und drüber gehen würde. Im Jahr 1995 wurde ein Bombenanschlag auf die Kaserne der Nationalgarde verübt, die fünf Amerikanern das Leben kostete. Weniger als ein Jahr später verloren bei einem zweiten terroristischen Anschlag auf amerikanische Militärkasernen in Al Khobar neunzehn US-Soldaten das Leben. Im Jahr 2000 entführten zwei saudische Sicherheitsoffiziere ein nach London fliegendes saudisches Verkehrsflugzeug und zwangen es zur Landung in Bagdad: »Wir sind ganz gewöhnliche Menschen und fordern für das saudische Volk das Recht auf eine anständige Erziehung, auf eine anständige Gesundheitsfürsorge und andere Versorgungsleistungen dieser Art«, erklärte einer der beiden Entführer, als die Maschine im Irak gelandet war.

Ich versuchte Juri dazu zu bringen, mir zu erzählen, ob jemand die Fähigkeit besaß, die unzufriedenen Massen zu mobilisieren, um zum Beispiel die Sippe Al Saud zu stürzen – diesen halb sesshaften, weltfremden Beduinenclan, der seine Abstammung bis ins 18. Jahrhundert zurückverfolgt. Um so etwas zu tun, würde man Waffen brauchen, und zwar in großer Mengen.

Auf die Zahl der Einwohner des Landes bezogen gibt die saudische Staatsführung vermutlich mehr Geld für Waffen aus als die Regierung irgendeines anderen Landes der Welt. (Offiziell gibt sie zu, 13 Prozent des Bruttoinlandsprodukts für militärische Ausgaben zu verwenden, doch ist in Wirklichkeit die Hälfte aller Staatseinnahmen dafür bestimmt.) Dabei braucht sie im Grunde nicht selbst für die Verteidigung des Landes gegen Feinde von außen aufzukommen. Marinegeschwader der US-Navy, zu denen jeweils ein Flugzeugträger gehört, und F-15-Kampfjets der US-Air Force, die den Luftraum über dem Golf überwachen, übernehmen diese Aufgabe. (Und dabei schaffen die USA es immer noch, weniger als vier Prozent ihres Bruttoinlandsprodukts für militärische Zwecke auszugeben.) Saudi-Arabien hat sich auch von 1948 bis heute nie an einem Krieg anderer arabischer Staaten gegen Israel beteiligt. Ja, das saudische Militär hat seit den Dreißigerjahren des 20. Jahrhunderts überhaupt keine Kämpfe mehr ausgefochten.

Um einschätzen zu können, wie gewaltig die Verteidigungsausgaben des Königreiches sind, genügt es, einen Blick auf Frankreich zu werfen. Obwohl Frankreich eine moderne, einsatzbereite Armee unterhält, die in eine Hand voll Buschkriege in Afrika verstrickt ist, und sich an Friedensmissionen überall in der Welt beteiligt, gibt es nur 2,57 Prozent seines Bruttoinlandsprodukts für militärische Zwecke aus.

Wohin fließt also das Geld, das die Saudis für die Landesverteidigung ausgeben? Eine Menge davon versickert irgendwo im tiefen Schlund der Korruption, eine ebenso große Summe verschlingt aber auch der persönliche Schutz der Königsfamilie. Die saudische Nationalgarde ist so gut ausgerüstet wie die schlagkräftigsten Armeen der Welt und auch so gut bezahlt wie sonst kaum eine Truppe; vermutlich handelt es sich um die kostspieligste Leibwache, die es zurzeit überhaupt irgendwo gibt. Jedesmal wenn Sie den Tank Ihres Wagens mit Treibstoff füllen, der aus saudischem Rohöl gewonnen worden ist – und von der Statistik her ist dies jedes fünfte bis sechste Mal der Fall, wenn Sie an einer Zapfsäule vorfahren –, tragen Sie mit ungefähr einem US-Dollar dazu bei, dass in Saudi-Arabien die königlichen Häupter fest auf den dazugehörigen Hälsen sitzen bleiben.

Im Laufe der Jahre, in denen ich im Nahen Osten Dienst getan habe, nahm ich die beruhigende Versicherung meiner Regierung immer für bare Münze, dass die Al Saud aufgrund des ganzen Geldes, das sie für die Bewaffnung ihrer Bodyguards ausgegeben haben, die Sicherheit ihrer eigenen Personen (und unseres Öl) gewährleisten könnten; dass sie also ihr eigenes Volk daran hindern könnten, die nötigen Waffen für einen Sturz des Regimes zu besorgen. Jetzt begann ich langsam zu bezweifeln, dass das wirklich stimmte.

Juri wusste vermutlich mehr über schmutzige Waffengeschäfte als irgendein anderer Mensch auf Erden. Wie konnte ich aber von ihm erwarten, dass er mir in aller Eile einen Auffrischungskurs zukommen lassen würde? Wenn er gerne unterrichtete, dann hätte er besser daran getan, in Moskau zu bleiben und sich eine Stelle an irgendeiner Schule zu suchen. Ich würde ihn davon überzeugen müssen, dass ein bisschen Geld für ihn dabei herausspränge. Da ich nicht im Waffengeschäft tätig war, würde ich mir eine Geschichte ausdenken müssen. Mitzuspielen mag der erste Schritt zum Begreifen sein, doch um mitspielen zu dürfen, muss man manchmal erfinderisch sein, was die Fakten betrifft.

»Anderes Thema, Juri«, begann ich vorsichtig. »Ich brauche ein bisschen Kleinkram, wissen Sie, Plastiksprengstoff, Raketenwerfer, Gewehre.«

In Juris Augen blitzte es auf. Der »Kram«, von dem ich sprach, hatte ihm in Westafrika ein Vermögen eingebracht. Er konnte ein solches Geschäft nicht einfach ablehnen, ohne vorher mehr erfahren zu haben.

Aber bevor er etwas erwidern konnte, sprach ich mit leiser Stimme weiter: »Das müsste alles nach Saudi-Arabien hinein geliefert werden.«

Juri wartete, wie mir schien, eine volle Stunde lang, bevor er antwortete. Er saß einem ehemaligen CIA-Officer gegenüber, den er gerade erst kennen gelernt hatte. Ihm muss die Frage durch den Kopf geschossen sein, ob er nicht schon zu viel über seine Geschäfte ausgeplaudert hatte. Arbeitete ich am Ende immer noch für die Agency? War ich an die israelische Riviera gekommen, um ihn in ein schmutziges Spiel zu verwickeln und so zu fangen?

»Ich persönlich würde die Finger davon lassen«, sagte Juri schließlich mit einem dünnen Lächeln. »Doch wenn es Ihnen ernst ist, werde ich Ihnen die Nummer von einem Geschäftspartner in Moskau geben. Der hat so was schon gemacht.«

»Was hat er schon gemacht?«

»Waffen nach Saudi-Arabien hinein geliefert. Wie Domino's, er liefert überall hin, zu jeder Zeit. Er bringt es sogar zu den verrückten Wahhabiten.«

»Sie sprechen von Pistolen, Gewehren, Munition?«, fragte ich.

»Ja, aber auch von den schweren Kalibern. Wenn Sie das nötige Kleingeld haben, dann hat er die Eisenwaren.«

Das hätte mich eigentlich nicht überraschen sollen. Sechs Monate später tötete irgendjemand in den Vereinigten Staaten fünf Menschen mit Anthraxerregern – mit dem gleichen Zeug, das man in Vozrozhdeniye einfach auf dem Boden hatte herumliegen lassen, das aber auf so raffinierte Weise in eine tödliche Waffe verwandelt worden war, dass ein Laboratorium des Verteidigungsministeriums an die fünf Jahre dazu benötigen würde, es nachzumachen.

Vor kurzem erst ist eine Schiffsladung demontierter Scud-Raketen auf einem nordkoreanischen Frachter entdeckt worden, der ohne Landesflagge in Richtung Sana, der Hauptstadt des Jemen, unterwegs war. Waren die vermutlich in Nordkorea gebauten Raketen für den Jemen bestimmt, oder sollten sie von Sana aus auf dem Landweg in den Irak transportiert werden – in ein Land, das der Jemen im letzten Golfkrieg unterstützt hat? Waren sie von einem Privatmann gekauft worden, und der Frachter lief Sana nur aus praktischen Gründen an? Vielleicht waren sie ja auch von irgendeiner militanten Splittergruppe erworben worden, die in der arabischen Wüste eine eigene Abschussanlage im Sand versteckt hatte: Im Nahen Osten sind alle Alliierten nur dann wirklich Verbündete, wenn es ihnen gerade passt, und es waren jemenitische Staatsangehörige, die Bin Laden dabei geholfen hatten, ein Loch in der Größe eines Hauses in den gepanzerten Rumpf der *U.S.S. Cole* zu sprengen. Es ist sehr gut möglich, dass wir nie die ganze Wahrheit erfahren werden. Vielleicht könnte sogar Juri sie nicht ausschnüffeln. Mir kommt jede der aufgezeigten Möglichkeiten so wahrscheinlich vor wie die andere. Wenn man heutzutage etwas von den wirklich schweren Waffen haben will, kann man sie bis vor die eigene Haustür – oder die der anderen – liefern lassen.

## 2 – Den Abfluss runter

Ich habe mich nie bei Juris Kontaktmann in Moskau gemeldet und werde wahrscheinlich nie mit Sicherheit wissen, ob er mithilfe seines Netzwerks wirklich Waffen nach Saudi-Arabien hinein hätte liefern können. Mein Bauch sagt mir jedoch, dass er das gekonnt hätte. Und wenn nicht er, dann irgendjemand anderer.

Ich hatte ohnehin schon russische Waffenhändler im Verdacht gehabt, innerhalb der Grenzen des Königreiches zu operieren. Wahrscheinlich begannen sie damit sofort nach dem Kollaps der Sowjetunion im Jahr 1991. In den frühen 1990er-Jahren war Victor Bout der wichtigste »Versorgungsoffizier« Osama bin Ladens gewesen. Bout ist ein ehemaliger Offizier der Roten Armee, der in Angola gedient hat, wo er in Waffenschmuggel und Ölgeschäfte verstrickt wurde. Wie Juris Partner stand er im Ruf, alles überallhin liefern zu können – auch das wirklich schlimme Zeug. Über eine Lufttransportgesellschaft namens Air Cess, der eine der größten Flotten von Frachtmaschinen der Welt gehört, bediente Bout die Länder, die zu den anspruchsvollsten und schwierigsten Kunden gehören – den Iran, Liberia, Angola, Sierra Leone, den Irak und Serbien. Für seine Geschäfte machte er sich die Existenz solch entlegener Flugplätze wie Sharjah in den Vereinigten Emiraten und Burga in Bulgarien zunutze. Es hieß, dass er einem – wenn der Preis stimmte – vielleicht sogar eine Atombombe besorgen und bis ins Geschäftsviertel von Riad liefern könnte.

Obwohl Bouts Verbindung zu Bin Laden von der Presse aufgedeckt wurde, operiert der Mann weiterhin von Dubai aus. Das ist der Hauptlagerplatz der Saudis für Kontrabande und der Ort, den sie zur Abwicklung dubioser finanzieller Transaktionen bevorzugen. Auf dortigen Banken lag auch der größte Teil des Geldes, das zur Durchführung der Anschläge vom 11. September benötigt wurde.

Bout gilt als so gut wie »kugelfest«, weil der russische Auslandsspionagedienst (der SVR) Miteigner von Air Cess ist. Überdies ist Waffenschmuggel von Russland aus beinahe so etwas wie ein legales Geschäft geworden. Der saudische Verteidigungsminister Sultan bin Abd-al-Asis hat versucht, in diese Branche einzusteigen. Er hat sogar den Gastgeber gespielt, als der Chef von Rosvoorouzhenie, der staatlichen Waffenhandelsfirma Russlands, Saudi-Arabien besuchte.

Dass sich die 4431 Kilometer langen Grenzen des Königreichs auf dem Festland und seine 2640 Kilometer lange Küste nicht verteidigen lassen, hätte ich auch ohne Juri gewusst. Schon seit grauer Vorzeit, lange bevor es schriftliche Aufzeichnungen gab, haben sich nomadische Beduinen und Schmuggler ungehindert und ohne kontrolliert zu werden über die gesamte arabische Halbinsel bewegt. Goldschmuggler aus Indien segeln immer noch den Golf hinauf und entladen heimlich jede Nacht ihre Boote. Juris verrückte Wahhabiten hatten sich im Jahr 1979 großartig mit Waffen ausgerüstet, bevor sie die Große Moschee in Mekka stürmten.

Frei verfügbare Waffen und offene Grenzen sind niemals ein gutes Zeichen, doch sie besagen nicht notwendigerweise, dass ein Land dabei ist, in einen Bürgerkrieg abzugleiten oder in den Untergang zu stürzen. Was nötig ist, um ein Regime wie das der Al Saud zu Fall zu bringen, ist die Bereitschaft der Bürger, diese Waffen zu ergreifen und einzusetzen, für ihre Überzeugung zu kämpfen und zu sterben – in diesem Fall gegen eine schwer bewaffnete, vorzüglich besoldete und zahlenmäßig starke Palastgarde. Bis zum 11. September haben viele Beobachter des politischen Geschehens im Nahen Osten, ich selbst eingeschlossen, nicht geglaubt, dass der durchschnittliche Saudi eine solche Bereitschaft an den Tag legen könnte. In unseren Gehirnen hatte sich das Klischee vom jungen Ölmillionär festgesetzt, der seine philippinischen Dienstboten anbrüllt, sie sollten ihm gefällig seine Bonbons auswickeln. Für etwas so Abstraktes wie eine Überzeugung zu kämpfen und zu sterben, schien außerhalb ihrer Möglichkeiten zu liegen.

Der 11. September hat – was mich betrifft – dieses Klischee zerstört. Die fünfzehn saudischen Hijacker genügten für mich als Beweis dafür, dass das Königreich über ein Reservoir an jungen Männern verfügt, die im Angesicht des Todes nicht kneifen – ob es sich nun darum handelt, Flugzeuge gegen Wolkenkratzer zu fliegen oder schweren Waffen die Familie Al Saud beziehungsweise die Anlagen der Ölindustrie des Landes unter Beschuss zu nehmen. Der militante Islam hat junge Saudis mit einer Energie erfüllt, wie wir es nie für möglich gehalten hätten.

Was ist mit der Gardearmee der saudischen königlichen Familie, mit allen ihren Panzern und Flugzeugen? Die sind doch sicherlich in der Lage, es mit den Fanatikern aufzunehmen?

Das ist ebenfalls ein Mythos, den nur ein so erschütterndes Ereignis wie das vom 11. September zerstören kann. Schauen wir uns aber einmal das uns vorliegende Beweismaterial an. Saudi-Arabiens unerbittlicher Sheriff, Innenminister Naif, ist an nichts anderem interessiert, als dafür zu sorgen, dass die Al Saud weiterhin die ganze Macht in der Hand halten – koste es, was es wolle. [redacted] Um seinen Standpunkt unmissverständlich klar zu machen, ging Naif dem Direktor des FBI, Louis Freeh, möglichst aus dem Weg. Als Freeh nach Saudi-Arabien kam, um die Untersuchungen des Bombenattentats auf die US-Kaserne in Khobar anzukurbeln, rührte Naif sich nicht von Bord seiner Yacht, die bei Dschidda dicht vor der Küste im Roten Meer verankert lag. Freeh traf also nur mit zwei rangniedrigen Mitarbeitern des Amtes für innere Sicherheit zusammen, von denen keiner etwas über das Attentat wusste. Das war in etwa so, als würde Naif nach Washington reisen und dort von Freehs Chauffeur empfangen. Aber Naif hatte noch nicht einmal genügend diplomatisches Gespür, um seinen Hass auf die Amerikaner aus der Presse herauszuhalten. Nach dem 11. September, zum denkbar ungünstigsten Zeitpunkt also, verkündete Naif, dass die USA – jene »große Macht, die die Erde kontrolliert« – jetzt »ein Feind der Araber und Moslems« seien. Tatsächlich war aber alles noch viel schlimmer, als selbst die fanatischsten Saudi-Gegner, die bei jeder Gelegenheit verbal auf sie einprüeln, argwöhnten. [redacted]

[redacted] Al Rajhi ist der geschäftsführende Direktor einer Banking und Investment Corporation, die seinen Namen trägt und nahezu vierhundert Zweigstellen in Saudi-Arabien sowie im Ausland unterhält. Das im Jahr 1987 gegründete Geldinstitut ist eines der finanzstärksten seiner Art im ganzen Königreich und unterstützt wohltätige Organisationen wie die International Islamic Relief Organization (IIRO), die Geld an Osama bin Laden und andere militante Saudis weiterschleuste.

Niemand vermochte etwas gegen Naif auszurichten, auch König Fahd nicht. Naif leitete das Innenministerium, als ob es sein persönliches Reservat wäre. Als leiblicher Bruder Fahds ist Naif ein »geschützter« Prinz und kann nicht geschasst werden – auch dann nicht, wenn er seinen Privatkrieg gegen die USA weiter eskalieren lässt und Geld aus militanten Wahhabiten herauspresst. Ich habe mich oft gefragt, warum der Mann die USA derart hasst. [redacted]

Öffentlich hat sich Louis Freeh nie über Khobar und Naifs Verhalten in dieser Angelegenheit geäußert. Ich nehme an, dass er damals nicht sonderlich überrascht war – er hatte schon Schlimmeres erlebt. Mitte der 1990er-Jahre gewährte Katar zehn Al-Kaida-Terroristen Unterschlupf, die heute auf der Liste der meistgesuchten Verbrecher stehen. Als Freeh einen absolut zuverlässigen Bericht erhielt, der in überzeugender Manier nachwies, dass sich der gefährlichste und mordlustigste aller Al-Kaida-Mitglieder, Khalid Sheikh Muhammed, unter den Terroristen befand, die die Regierung von Katar beherbergte, übersandte der FBI-Direktor dem Außenminister des Landes eine Demarche, mit der er Katar aufforderte, seiner Verpflichtung nachzukommen und Muhammed an das FBI auszuliefern.

Freeh war vor allem deswegen so daran interessiert, Muhammed hinter Schloss und Riegel zu bringen, weil er der Onkel von Ramzi Yousef ist – dem Mann, der 1993 das Attentat mit einem mit Sprengstoff beladenen Lastwagen auf das World Trade Center geplant hatte. Muhammed hatte auch vorgehabt, elf US-amerikanische Flugzeuge über dem Pazifik zur Explosion zu bringen. Er »übte« diesen Anschlag im Jahr 1994 sogar an einer philippinischen Maschine, die sich mitten im Flug befand, wobei ein junger japanischer Passagier umkam. Einer von seinen Komplizen, der auf den Philippinen verhaftet wurde, gab an, dass Muhammed schon früh den Plan unterstützt habe, Flugzeuge zu entführen und in US-amerikanische Gebäude einschließlich des Hauptquartiers des FBI hineinrasen zu lassen.

Freehs Ersuchen an den Minister von Katar ließ keinen Zweifel daran, dass er Muhammed als einen psychotischen Mörder betrachtete. So heißt es in einem Brief Freehs, der mir von einem ranghohen arabischen Geheimdienstoffizier gezeigt wurde: »Muhammeds mutmaßliche Verwicklung in terroristische Komplotte bedroht ganz klar amerikanische Interessen. Seine Aktivitäten in Katar bedrohen ebenso die Interessen Ihres Landes. Sie haben während unseres Treffens sogar angedeutet, dass er dabei sein könnte, einen Sprengkörper herzustellen, der möglicherweise das Leben von Bürgern Katars in Gefahr bringen wird. Darüber hinaus haben Sie darauf verwiesen, dass Muhammed über mehr als zwanzig falsche Pässe verfügt.«

Die Antwort Katars?

Obwohl Muhammed damals staatlicher Angestellter des Landes und ironischerweise im Amt für öffentliche Wasserversorgung tätig war, behauptete die Regierung, dass man ihn nicht aufzuspüren vermöge. Ja, sie schaffte ihn sogar heimlich außer Landes, während sich ein Trupp von FBI-Leuten im Sheraton-Hotel von Doha die Beine in den Bauch stand.

Freehs Verzweiflung muss in Wut umgeschlagen sein, als er herausfand, dass Katar zwischen den Jahren 1997 und 1999 23 938 994,20 US-Dollar in einem Washingtoner Anwaltsbüro hinterlegt hatte und weitere 689 806,16 Dollar in einer K-Street-Public-Relations-Agentur*, die das Image des Landes verbessern und ihm die Flanken decken sollte, derweil es als Reservat für einige der gefährlichsten Leute der Welt diente. Die Krone wurde dem Ganzen aufgesetzt, als der US-Botschafter in Doha – der Mann, dessen Auftrag es war, die Kataris dazu zu bewegen, Muhammed auszuliefern – sich entschloss, *für* diese zu arbeiten. Auf diese Weise gewann Muhammed Zeit, die Attentate vom 11. September zu planen.

Was hat Katar mit Saudi-Arabien zu tun, abgesehen von der Tatsache, dass es eine gemeinsame Grenze mit dem Königreich

* Die K-Street führt durch das Geschäfts- und Bankenviertel von Washington.

hat und dass seine Bevölkerung in ähnlicher Weise zu einer militanten, fanatischen Auslegung des Islam neigt?

Machen Sie sich einmal Folgendes bewusst: Als Khalid Sheikh Muhammed im März 2003 in Pakistan aufgegriffen wurde, befand er sich in der Gesellschaft von Mustafa Ahmed Hawsawi, einem saudischen Mittelsmann der Hijacker vom 11. September, der für sie Geld von Konten in den Vereinigten Arabischen Emiraten abgehoben hatte. Einem Sicherheitsbeamten am Golf zufolge, mit dem ich sprach, kam Hawsawi aus dem Königreich nach Katar herüber, um die Überweisungen an die Entführer zu tätigen.

Mit anderen Worten: Dieses Netzwerk des Terrors kennt keine festen Grenzen. Osama bin Laden hat vor seiner Höhle – wo auch immer sie liegen mag – keine Landesflagge aufgezogen. Wut auf den Westen und vor allem auf die Vereinigten Staaten von Amerika brandet im ganzen Reich des Islam auf. Es gibt aber bestimmte Gruppierungen, auf die man in diesem Zusammenhang immer wieder besonders aufmerksam wird – die Wahhabiten, die Moslemische Bruderschaft und natürlich Al Kaida –, und es gibt kein Land, das sie in größerem Rahmen unterstützt als Saudi-Arabien.

Übrigens scherte es die Regierung Clinton überhaupt nicht, dass ihr eigener FBI-Direktor in Katar düpiert und an der Nase herumgeführt wurde. Sie legte noch nicht einmal Beschwerde beim Außenminister des Landes ein, der im Weißen Haus aus und ein ging, als ob er dort arbeite. Mich persönlich wies man einmal an, das Büro von Al Gores nationalem Sicherheitsberater zu räumen, damit der Vizepräsident dort ebendiesen Außenminister treffen konnte, als dieser wieder einmal unangemeldet erschien.

Naif allein war jedoch nicht das Problem. Das Haus Al Saud und das Königreich, über das es herrscht, drückten schon Mitte der 1990er-Jahre auf die *Mute*-Taste und haben seitdem nicht mehr den Finger von ihr genommen. Im Jahr 1996 lehnte die saudische Regierung ein Angebot des Sudan, Osama bin Laden auszuliefern, schlichtweg ab.

Die Erklärung, die Riad dafür abgab?

Der Mann sei in Saudi-Arabien zu populär, seine Verhaftung würde eine Revolution entfachen.

Seit dem 11. September ist von saudischer Seite aus keine Anklage mehr gegen irgendjemanden wegen terroristischer Betätigung erhoben worden, ja es ist von dort noch nicht einmal mehr ein nützlicher Hinweis auf mutmaßliche Terroristen gekommen. Die Informationssperre wird derart rigide gehandhabt, dass man dem FBI nicht einmal gestattet hat, verdächtige Personen – darunter die Familienangehörigen der fünfzehn saudischen Hijacker – zu befragen. Lange nach dem 11. September weigerte sich Saudi-Arabien, im Voraus Listen der Passagiere zu veröffentlichen, die Flüge zu Zielen in den USA gebucht hatten – ein grundlegender Verstoß gegen alle Sicherheitsbestimmungen, der fatale Folgen haben kann.

Wenn Saudi-Arabien auch nur ansatzweise ein freies und problemlos zugängliches Land wäre, könnte uns die Presse vielleicht darüber aufklären, warum Naif im Krieg mit Amerika liegt – doch von ein paar Ausnahmen abgesehen stellt man US-amerikanischen Journalisten keine Visa für einen Besuch des Königreichs aus. Die wenigen, die einreisen dürfen, müssen dort feststellen, dass sie auf Schritt und Tritt von der Geheimpolizei überwacht werden.

Erwarten Sie sich aber auch keine großartige Aufklärungsarbeit vom angeblich neu organisierten und wesentlich verbesserten FBI: Das Büro der Organisation in Riad ist – oder war zumindest vor kurzem noch – mit zwei moslemischen Agenten besetzt; aber nicht, weil diese in einem arabischen Land einen einfacheren Zugang zum »Mann auf der Straße« hätten. Dem FBI war viel mehr daran gelegen zu demonstrieren, in welchem Maß es den Empfindlichkeiten der Saudis Rechnung trägt: Behüte uns Gott davor, die Al Saud möglicherweise zu brüskieren, indem wir einen Ungläubigen ausschicken, um sie zu überwachen.

*

Für die meisten Amerikaner bedeutete der 11. September eine nationale Katastrophe, einen unvorstellbaren Horror und ein jähes Erwachen. Vielen Amerikanern war es beinahe unmöglich, gedanklich zu verarbeiten, dass fünfzehn der Flugzeugführer aus Saudi-Arabien stammten – aus einem Land, das nach Israel ihr zuverlässigster Verbündeter im Nahen Osten war. Jedenfalls hatte man ihnen das bis dahin immer so erzählt.

Im Herbst 2002 jedoch, als Saudi-Arabien begann, die Kampagne der Araber gegen einen Krieg im Irak anzuführen – vor allem deshalb, weil es um die Stabilität im eigenen Land besorgt war –, fingen die Amerikaner an, sich mit der Tatsache abzufinden, dass man ihnen in Bezug auf Saudi-Arabien etwas vorgelogen hatte.

Ein Jahrzehnt früher, während des ersten Golfkriegs, hatten die Saudis den US-Streitkräften weit die Türen geöffnet. Im Jahr 2002 hingegen fanden sich die USA in der Rolle eines Bettlers wieder, der Katar demütig ersuchen musste, den Stützpunkt für die amerikanischen Invasionstruppen zu liefern. Und als ob das alles noch nicht Beweis genug wäre, sind ungefähr zwei Drittel der schätzungsweise 650 Al-Kaida-Anhänger, die in Camp Delta, dem Gefangenenlager im Marinestützpunkt Guantanamo auf Kuba, festgehalten werden – Männer, die Verteidigungsminister Donald Rumsfeld zufolge zu den »Schlimmsten der Schlimmsten« gehören –, saudische Staatsbürger.

Jeder Tag schien neue negative Enthüllungen über Saudi-Arabien mit sich zu bringen, von denen viele irgendwie mit der königlichen Familie in Zusammenhang standen:

- Die Frau des saudischen Botschafters in den Vereinigten Staaten von Amerika hatte Geld zur Verfügung gestellt, das unter Umständen bei zweien der Flugzeugentführer vom 11. September gelandet war.
- Bei einer Durchsuchung der Hamburger Wohnung eines mutmaßlichen Komplizen der Hijacker war die Visitenkarte eines saudischen Diplomaten aufgetaucht.
- Die beiden Hijacker, die über Los Angeles einreisten, wurden von einem Saudi abgeholt, der für eine Gesellschaft arbeitete, die vom Verteidigungsministerium unter Vertrag genommen worden war.
- Andere Saudis fütterten die ATM-Maschinen für die Hijacker.
- Als NATO-Soldaten eine Razzia in den Büroräumen der von Prinz Salman gegründeten Saudi High Commission für die Bosnienhilfe durchführten, fanden sie Voher-/Nachher-Fotos der zerstörten US-Botschaften in Kenia und Tasania sowie Aufnahmen vom World Trade Center, wie es aussah, als es noch stand, Aufnahmen von der *U.S.S. Cole* sowie Unterlagen über die Verwendung von Flugzeugen für die Schädlingsbekämpfung und Materialien, die dazu dienten, US-amerikanische Personalausweise zu fälschen.
- Im November 2002 zeigte die saudische Botschaft in Washington dem State Department und amerikanischen Gesetzeshütern den Vogel, indem sie der Ehefrau eines mutmaßlichen Al-

Kaida-Sympathisanten einen neuen Reisepass ausstellte und sie mitsamt ihrer fünf Kinder aus den USA herausschmuggelte, nachdem sie vorgeladen worden war, vor einer Anklagejury des Bundes auszusagen.

Als immer mehr Fakten zusammenkamen, die Riad belasteten, konnten die Saudis nicht mehr einfach alles abstreiten. Stattdessen reagierten sie äußerst heftig. Bei einer der raren Pressekonferenzen in der Botschaft des Königreichs in Washington beschwerte sich Adel Al Jubeir, ein außenpolitischer Berater der Krone: »Wir sind als Samenkern des Bösen, als Brutstätte des Terrorismus angeprangert worden. Unser Glaube ist auf eine Art und Weise verteufelt worden, wie ich es mir von Amerikanern nie erwartet hätte.«

Naif behauptete weiterhin, dass Saudi-Arabien nichts mit den Anschlägen zu tun habe. Achtzehn Monate nach den Ereignissen ist immer noch kein einziger Saudi im Zusammenhang mit den Attentaten vom 11. September verhaftet, der uns geholfen hätte, der Sache auf den Grund zu gehen.

Offen gesagt sollte uns nichts von alledem überraschen. Das Rechtssystem der Saudis erweckt den Anschein, von Dschingis Khan ersonnen worden zu sein. Was die Zahl öffentlich vorgenommener Enthauptungen anbelangt, liegt Saudi-Arabien in der Welt an erster Stelle. Der Schauplatz für viele dieser Hinrichtungen ist ein Platz in Riad, der im Volk als »Hackebeilchen-Ort« bekannt ist. Die Oberschulen und Universitäten des Landes sind zu Militärakademien des weltweiten Terrorismus geworden. Die »Muttawa« genannte Polizeitruppe, die für die Wahrung des öffentlichen Anstands zuständig ist, hat null Interesse daran, Bürger des Landes davon abzuhalten, voller Selbstgerechtigkeit Mordanschläge im Ausland vorzubereiten. Sie kümmert sich um wichtigere Dinge, indem sie zum Beispiel Ladenbesitzer dazu zwingt, während der Gebetszeiten ihre Geschäfte zu schließen, oder Frauen mit Schlägen auf Arme und Beine traktiert, wenn ihre Gewänder zu kurz sind. Im März 2002 versperrten sie in Mekka die Ausgänge einer Mädchenschule, in der ein Feuer ausgebrochen war, weil die Schülerinnen nicht züchtig genug gekleidet waren: Vierzehn der Mädchen kamen in dem Feuer um.

Ausländische Arbeiter besitzen in Saudi-Arabien praktisch keine Rechte. Niemand, ob Einheimischer oder Besucher, kann im Gebiet des Königreichs eine andere Religion ausüben als die islamische. Wenn jemand dabei erwischt wird, wie er einen Adventskranz aufhängt, wird er mit Peitschenhieben bestraft.

Sogar das State Department der USA musste einräumen, dass – was die Freiheit der Religionsausübung betraf – in Saudi-Arabien nicht alles zum Besten stand. Es erwog, das Königreich mit auf eine Schwarze Liste derjenigen Länder zu setzen, die die religiöse Freiheit beschneiden. Unter diesen Ländern befinden sich auch der Iran, der Irak, China, Burma, der Sudan und Nordkorea. In dem vom State Department vorgelegten »International Religious Freedom Report« für das Jahr 2002 ist davon die Rede, dass in Saudi-Arabien Christen festgesetzt, Bibeln konfisziert oder zensiert und Christen von der Religionspolizei schikaniert werden. Am Ende konnten die Verantwortlichen sich jedoch nicht dazu entschließen, das Königreich auf diese Liste zu setzen.

Die Dinge stehen aber noch viel schlimmer, als es zunächst den Anschein hat. Es gibt in dem Königreich keine bürgerlichen Rechte, genauso wie es kein Parlament und keine Verfassung gibt. Werfen Sie einmal einen Blick in den Pass eines Saudis: Dort heißt es, dass der Inhaber der königlichen Familie »gehört«. Ein gewöhnlicher Saudi ist ein Leibeigener; er ist im *Besitz* der Al Saud – nicht anders als einer ihrer Paläste in Dschidda oder einer ihrer Rolls-Royce Silver Cloud.

Das wäre vielleicht alles gerade noch zu ertragen, wenn Saudi-Arabien von einem weisen, gutmütigen König regiert würde und von einer königlichen Familie, die sich an die Maxime hielte: *noblesse oblige*. So ist es aber nicht.

Wenn man einmal ganz oben anfängt: König Fahd ist so gut wie dement, seitdem er im Jahr 1995 einen Schlaganfall erlitten hat. Wie sehr er in seiner Koordination beeinträchtig ist, wurde unter anderem deutlich, als der König einmal vor den Augen seiner Familie während einer Physiotherapiesitzung in den Pool schiss.

Sein Halbbruder, Kronprinz Abdallah, vertritt Fahd nach außen hin; er besitzt aber keine wirkliche Macht.

Die ranghöheren Fürsten – die Minister des Kabinetts – misstrauen ihm und verachten ihn; seine Autorität wird bei jeder Gelegenheit beschnitten.

Fahds Lieblingsfrau, Jawhara al-Ibrahim, und ihr verzogener, dem Größenwahn anheim gefallener Sohn Abd-al-Asis – Azouzi oder »Liebchen«, wie Fahd ihn nennt – regieren in Wirklichkeit das Land. Einzig und allein Jawhara kann sich dem König vierundzwanzig Stunden am Tag nähern. Sie entscheidet darüber, wer von ihm empfangen wird und wer nicht, welche Verfügungen ihm vorgelegt werden und welche nicht. Sie bestimmt in der Praxis den Kurs der saudi-arabischen Innen- und Außenpolitik. Wer weiß, ob sie nicht auch Anweisungen gibt, wie viel Öl an die Erdoberfläche gepumpt wird? Vielleicht befiehlt sie eines Tages, die Förderung ganz einzustellen!

Demenz, Palastintrigen und Neid prägen die Geschichte der Sippe Al Saud. Und nicht nur das: Ihre Mitglieder sind so gewalttätig und rachsüchtig wie die einer Mafiafamilie. Der erste Saudi, der ein Buch schrieb, in dem er sein Land zu kritisieren wagte, wurde in den frühen 1970er-Jahren in Beirut entführt und vermutlich ermordet. Nachdem ich die CIA verlassen hatte, erfuhr ich, dass Mitte der 1990er-Jahre zumindest zwei Anschläge auf das Leben von Mohammed Al Masari – den Leiter des in London beheimateten Komitees für den Schutz gesetzlich verbriefter Rechte – stattfanden; hinter diesen Mordversuchen stand niemand anderer als Naif. Das sollte Anlass genug für Al Masari sein, sich mit anderen zu einem bewaffneten Aufstand gegen die Al Saud zusammenzuschließen – mit Osama bin Laden zum Beispiel.

Zu erwähnen wäre auch noch der Fall von Abdul-Karim Marei Nashkabandi, einem Syrer, der ein Mitglied der königlichen Familie verärgerte und im Jahr 1996 in Riad auf offener Straße geköpft wurde, obwohl sich Menschenrechtler auf der ganzen Welt für ihn eingesetzt hatten. Die Anklage gegen ihn lautete tatsächlich auf Hexerei! *Alles* kann in Saudi-Arabien zu einem Kapitalverbrechen werden, wenn es nicht den Interessen eines einheimischen Dons entgegenkommt.

Wie alle Royals der Welt haben auch die Al Saud eine enorme Abneigung gegenüber jedem Wandel, jeder Veränderung. Sie wollen nicht zugeben, wie sehr ihr Königreich heruntergekommen ist. Vor allem wollen sie nicht darüber reden, dass es im ganzen Land, seitdem Fahd seinen Schlaganfall erlitt, drunter und drüber geht, was es korrupten Prinzen möglich macht, durch illegale Unternehmungen jeder Art – vom Verkauf von Visa und Alkohol bis hin zum Diebstahl fremden Eigentums – große Vermögen anzuhäufen. Sie wollen auch nicht darüber reden, dass viele junge Saudis aufgrund der Tatsache, dass man so viele Fremdarbeiter ins Land holte, keine Arbeit finden, was sie dazu veranlasst, ihre Zeit in den Moscheen zu verbringen, wo sie indoktriniert und dazu aufgehetzt werden, in den Dschihad zu ziehen und »gerechte« Morde zu begehen.

[redacted]

Jeder saudische Prinz erhält eine dicke Apanage. Trotzdem ist ihnen das Geld nie genug. Deshalb bessern viele von ihnen ihre Bezüge auf, indem sie sich bestechen lassen, wenn es um die Vergabe von Bauaufträgen geht (von denen die meisten von der Familie Bin Laden durchgeführt werden) oder um den Ankauf von Waffen. Viele bereichern sich aber auch – wie Talal – durch den unverhohlenen Diebstahl von Besitz ihrer Untertanen. Außer Visa verkaufen sie Alkohol und Drogen. Im Juli 2002 wurde Naif bin Sultan bin Fawaz Al Shaalan von einer Anklagejury des Staates Florida beschuldigt, im Jahr 1999 sein Privatflugzeug dafür verwendet zu haben, zwei Tonnen Kokain von Caracas nach Paris zu transportieren. Dieser Vorfall überraschte sogar mich: Ich kenne die Famile Shaalan seit mehr als einem Jahrzehnt, und bis zu jenem Zeitpunkt hatten die Familienmitglieder es geschafft, von den Gepflogenheiten, die gemeinhin im Königreich herrschen, Abstand zu nehmen.

Es gibt endlos viele Geschichten von der Verschwendungssucht der Al Saud. Fahds jüngster Sohn Azouzi sprengte aber den bis dahin üblichen Rahmen, als er sich außerhalb von Riad einen riesigen Themenpark anlegen ließ – angeblich, weil er sich für »Geschichte« interessiert. Besuchern erzählte er, der Park habe 4,6 Milliarden US-Dollar gekostet. Auf dem Gelände ist unter anderem das alte Mekka in Originalgröße nachgebaut – komplett mit Schauspielern, die vierundzwanzig Stunden am Tag die Moscheen besuchen und Gebete anstimmen. Dann finden sich dort noch Nachbauten der Alhambra, des alten Medina und ein halbes Dutzend anderer herausragender Stätten des Islam. Dem Brauch entsprechend eignete sich Azouzi den Grund und Boden einfach an, auf dem der Park angelegt wurde.

Mit seiner Verschwendungssucht folgt aber auch er nur einer alten Familientradition. Wenn König Fahds Familienangehörige sich zu einem Besuch in ihrem Palast in Marbella aufhalten, geben sie in den Geschäften des Ortes im Schnitt täglich fünf Millionen US-Dollar aus – so viel, dass die dortigen Geschäftsinhaber eine Straße nach dem König benennen wollen.

Das Interesse der Al Saud beschränkt sich jedoch nicht nur auf die vielen Luxusgegenstände, die man mit Geld kaufen kann – Diamanten, Yachten, Paläste, Flugzeuge –; die Fleischeslust lieben sie noch viel mehr. Einfach ausgedrückt: Die Al Saud sind von Sex besessen, von dem mit Prostituierten bis hin zu dem mit kleinen Knaben. Auch Innenminister Naif hat Sex im Kopf und verbringt seine freie Zeit damit, sich mit Ärzten zu beraten, was man gegen seine Impotenz tun könnte. Anscheinend hatte sein Leiden auch Auswirkungen auf die Launen seiner Frau Maha, die ein ernsthaftes Problem damit hat, ihre Wut unter Kontrolle zu halten. Im Jahr 1995 fiel sie während eines Besuches in Orlando, Florida, über einen Diener her, den sie bezichtigte, beim Diebstahl von Bargeld und Juwelen im Wert 200 000 US-Dollar assistiert zu haben. Maha fügte dem Mann vor den Augen von Mitarbeitern des Sheriffbüros, die in ihrer dienstfreien Zeit Mahas Bewachung übernommen hatten, blutige Wunden zu, und niemand rührte auch nur einen kleinen Finger. Sie genoss diplomatische Immunität. Allerdings zog man aus dem Vorfall doch eine Lehre: Sechs Jahre später wurde ebenfalls in Orlando eine andere saudische Prinzessin angeklagt, eine Dienerin nicht nur geschlagen, sondern auch noch eine Treppe hinuntergestoßen zu haben, und diese Dame kam nicht so ungeschoren davon, obwohl die saudische Botschaft geltend machte, dass sie durch ihre diplomatische Immunität geschützt sei. Sie wurde von der Polizei der schweren Körperverletzung angeklagt, wozu noch eine Anklage wegen schweren Diebstahls kam, da sie ihrem ehemaligen Chauffeur elektronische Geräte im Wert von 6000 US-Dollar gestohlen hatte.

Doch ich war beim Thema Sex.

*

Die gewöhnlichen Saudis sind vermutlich sexuell in einem Maße unterdrückt wie kein anderes Volk auf der Welt. Frauen werden bis zu dem Tag rigoros von allen Männern fern gehalten, an dem sie heiraten. Nach diesem frohen Ereignis werden sie von ihren Ehemännern zu Hause hinter Schloss und Riegel gehalten, bis sie sterben. Nur fünf Prozent der Frauen gehen einem Beruf nach. Eine Frau darf nicht Auto fahren – nicht einmal mitfahren, wenn sie nicht von einem Vetter ersten Grades, einem Bruder oder ihrem Vater chauffiert wird. Sogar in Begleitung eines solchen Beschützers darf sie nur Frauen vorbehaltene Einkaufszentren, Restaurants oder Schwimmbäder aufsuchen. Falls ihr das Unglück widerfahren sollte, beim Ehebruch ertappt zu werden, wird sie gemeinsam mit ihrem Liebhaber gesteinigt. Für junge Männer ist es einfacher, per Anhalter nach Afghanistan zu reisen, als sich mit einem jungen Mädchen zu verbandeln. Ein Trick, zu dem sie in ihrer Verzweiflung greifen, besteht darin, ihre Handy-Nummer auf einen Zettel zu schreiben und mit Klebeband an der Rückscheibe ihres Autos zu befestigen. Das sieht dann so aus, als ob sie den Wagen zum Verkauf anböten. Die Fantasievorstellungen der Besitzer gehen aber dahin, dass irgendein kesses – um nicht zu sagen: schamloses – Mädchen sich bei ihnen melden wird. Da an die 380 000 junge Männer in Saudi-Arabien arbeitslos sind, können Sie sich vorstellen, wie da in der Gegend herumgefahren wird – in der Hoffnung, dass endlich der erlösende Anruf kommt.

Wie überall auf der Welt lassen sich auch viele Saudis nicht so ohne weiteres mit einem »Nein« oder »Es geht nicht« abspeisen. Weibliche Hausangestellte von den Philippinen und aus Indonesien, die im Königreich tätig sind, leben in ständiger Furcht vor einer Vergewaltigung. Da Ausländer, die im Land arbeiten und wohnen, ganz von den Launen der Saudis, die ihre Gehälter zahlen, abhängig sind, haben diese Frauen Angst, sich an die Polizei zu wenden. Niemand hat daher eine Vorstellung davon, zu wie vielen Vergewaltigungen es kommt. Entsprechende Statistiken werden nicht veröffentlicht, doch wenn sexuelle Frustration Gold wert wäre, bräuchten die Saudis nicht mehr ihr vieles Öl.

*

In den frühen 1970er-Jahren, als die Petrodollars ins Land zu fließen begannen, fingen unternehmungslustige Libanesen an, Freudenmädchen für die Adligen ins Land zu schmuggeln. Da die Frauen sich als Stewardessen der Middle East Airlines ausgaben und ohne Umwege vom Flughafen zu den königlichen Palästen gebracht wurden, vermochten die Muttawa nichts dagegen zu unternehmen. Nachdem sie auf diese Weise einen Brückenkopf in dem Königreich eingerichtet hatten, erweiterten viele der libanesischen Zuhälter ihre Tätigkeit und verdienten sich als Innenarchitekten oder Bauunternehmer noch etwas hinzu. Da kaum ein Mitglied der königlichen Familie weiß, wie man vernünftig mit einem Scheckheft umgeht, wurden diese Libanesen irrwitzig reich. Mehr als eine Hand voll von ihnen kehrte in ihre Heimat zurück, wo sie anfingen, sich mit ihrem Vermögen eine politische Karriere aufzubauen.

Saudis, die diesen Strom von Prostituierten, der sich in die königlichen Paläste ergießt, nicht anzuzapfen vermögen, nehmen sich stattdessen mehrere Frauen. Je jünger, desto besser. Es ist an der Tagesordnung, dass siebzigjährige Männer Mädchen heiraten, die um die fünfzehn und jünger sind. Andere reiche Saudis fahren einfach ins Ausland, um sich dort mit Huren zu vergnügen. Man braucht nur ein Flugzeug zu besteigen, das die Golfregion verlässt, um mitzuerleben, wie die wallenden Gewänder ablegt werden und auf einmal Zigaretten sowie Gläser mir alkoholischen Getränken in den Händen gehalten werden: Diese Herren sind eindeutig auf dem Weg zu einer Party. Besuchen Sie mal die mondänen Nachtclubs an der Côte d'Azur oder in Monte Carlo, und Sie werden auf genügend junge saudische Männer – und Frauen – treffen, die bis zum Morgen durchmachen und jede Minute ihrer Freiheit in vollen Zügen genießen. Auch die Etablissements in Londons Rotlichtviertel und die dortigen Call-Girl-Agenturen zählen in erster Linie Saudis sowie Araber aus anderen Golfstaaten zu ihren Kunden.

Über die saudischen Touren durch europäische Freudenhäuser berichtet die US-amerikanische Presse mit einem unterdrückten Kichern; Leitartikler nehmen die Nachricht zum Anlass, über Frauenrechte zu predigen. Doch damit scheint man das Wesentliche nicht zu erfassen, dass nämlich Saudi-Arabien einen atemberaubend hohen Prozentsatz seines Bruttoinlandsprodukts für Sex ausgibt. Wenn wir jedesmal, sobald wir den Tank unseres Autos mit aus saudischem Rohöl gewonnenem Benzin füllen, einen US-Dollar für den Unterhalt der königlichen Leibwache beitragen, dann stiften wir zugleich vermutlich noch einmal die

Hälfte dieser Summe dafür, dass die Saudis es wild im Bett treiben können.

Es braucht wohl nicht eigens gesagt zu werden, dass die königliche Familie den Löwenanteil der Summe ausgibt, die für Sex draufgeht. Überall an den Rändern des Mittelmeeres kann man ihre Brunstburgen finden – Paläste, die nur dazu gebaut wurden, dass man sich in ihnen mit Prostituierten vergnügen kann.

Da königliches Blut in seinen Adern fließt, kann sich ein saudischer Prinz nicht mit einer schäbigen *garçonnière* begnügen – er bedarf aller Annehmlichkeiten, die er auch zu Hause gewohnt ist. Der Legende zufolge unterbreitete der Verwalter von König Fahds Palast in der Nähe von Antibes der französischen Regierung einen Vorschlag, über den man dort heute noch spricht: Er wollte, dass man die Trasse der Eisenbahnstrecke Paris – Nizza vom Palast wegverlegte. Dabei war es ohne Bedeutung, dass die existierende Trasse gar nicht so nahe am Palast vorbeiführte und ihre Verlegung Millionen kosten würde. Seine Majestät, so erklärte der Verwalter, würde sich auch durch das Geräusch ganz in der Ferne vorbeifahrender Züge gestört fühlen, wenn er durch seinen Garten schlenderte. Die Franzosen, die für die Angelegenheit zuständig waren, schüttelten nur ungläubig den Kopf – sie wussten, dass Fahd den Palast bei Antibes seit über einem Jahrzehnt nicht mehr benutzt hatte.

*

In den frühen 1970er-Jahren kam das ausgelassene Herumgetolle der Al Saud an der Riviera zu einem abrupten Ende, nachdem Fahd angeblich in einer einzigen Nacht in einem Spielkasino von Nizza sechs Millionen US-Dollar verloren hatte und zusammen mit einer ganzen Phalanx jugendlicher Schönheiten fotografiert worden war. Daraufhin musste sich die königliche Familie nach einem neuen Spielplatz umsehen, und sobald König Hassan von Marokko erfuhr, dass die Saudis den Immobilienmarkt erkundeten, rief er in Riad an. Er hatte keine andere Wahl, er war total abgebrannt: Da Marokko über keine Ölvorkommen verfügte und das, was die marokkanischen Gastarbeiter in Europa nach Hause überwiesen, nur ein Tropfen auf den heißen Stein war, hätte er sonst die Unterhaltskosten für seine zwanzig Paläste nicht aufbringen können.

König Hassan erteilte also Dutzenden von saudischen Prinzen

die Genehmigung, in seinem Reich exklusive Wohnsitze anlegen zu lassen, von denen viele ganz abgeschieden in den zerklüfteten Bergen rund um Tanger liegen. Dieses Gebiet – es handelt sich um das Rif-Gebirge – war nicht nur wild, sondern dort achtete auch keiner auf die Einhaltung irgendwelcher Gesetze: die ideale Gegend, um, geschützt vor den spähenden Augen der Wahhabiten daheim und der neugierigen Presseleute in den alten Vergnügungsorten Europas, Saufgelage zu veranstalten.

Ein Journalist, der versuchte, an eine Geschichte oder an Fotos zu kommen, riskierte, dass man ihn kidnappte oder ihm die Kehle durchschnitt. Als ich mich für die CIA in Marokko aufhielt, kam uns zu Ohren, dass ein saudischer Prinz, der einflussreiche Freunde in Washington besaß, in seiner trunkenen Ekstase einer jungen Marokkanerin die Brust abgebissen hatte. König Hassan sorgte in aller Hast dafür, dass dieser Vorfall vertuscht wurde. Die Familie des Mädchens erhielt ein Schweigegeld, und ihr selbst sagte man, wenn sie nicht den Mund halte, werde sie für den Rest ihres Lebens im Gefängnis sitzen. Diese Einschüchterungstaktik funktionierte: Offiziell wurde nie etwas über den Vorfall bekannt.

Um die Marokkaner für ihr einfühlsames diplomatisches Verhalten zu belohnen, luden die Saudis und Araber aus anderen Golfstaaten haufenweise Geld in dem nordafrikanischen Staat ab. Es lässt sich nicht ermitteln, wie viel es genau war, doch es gibt Indizien für die Höhe der Summe – und die wirft einen wirklich um! So erwarb der saudische Verteidigungsminister Sultan im Jahr 1998 für insgeheim 420 Millionen US-Dollar die Societé Anonyme Marocaine de l'Industrie du Raffinage, die staatliche Ölaufbereitungs-Gesellschaft. Diese Transaktion wurde über eine Vielzahl von Bevollmächtigten, Scheinfirmen und Mittelsmännern abgewickelt, um Sultans Namen aus den Zeitungen herauszuhalten. Die Saudis stellten auch, wie es heißt, eine Milliarde US-Dollar für die gewaltige Moschee von Casablanca zur Verfügung. Das war aber nur das offizielle Antlitz ihrer Hilfmaßnahmen. [redacted]

[redacted]

[redacted]

[redacted]

*

Wenn Sie dieser teuflischen Logik bis hierher gefolgt sind, dann ist es für Sie nur ein kleiner Schritt bis zu der Schlussfolgerung, dass sowohl wir im Westen als auch die Herrscher über Saudi-Arabien sich in ernsthaften Schwierigkeiten befinden. Alle Voraussetzungen, die für einen Aufstand nötig sind, sind gegeben. Die Grenzen sind durchlässig, Waffen sind ohne weiteres zu erhalten, die Herrscher sind ihrem Volk entfremdet, man kennt keine rechtsstaatlichen Prinzipien, die Polizeitruppe ist völlig korrupt, die Regierenden werden verachtet; das Pro-Kopf-Einkommen sinkt rapide, während es immer noch sagenhaft reiche Potentaten gibt, die den Armen bewusst machen, *wie* arm sie sind, die Umwelt wird zunehmend zerstört, die Nachbarn werden immer dreister, und man hat auf eigenem Boden eine Menge junger Radikaler herangezüchtet, denen mehr daran liegt, einen »gerechtfertigten« Mord zu begehen, als ihr Leben zu leben. Die Schulen des Königreichs entlassen in einem solchen Tempo Fanatiker, dass diese Schwierigkeiten haben, Kriege zu finden, in denen sie kämpfen können. Burma, Vietnam, Kambodscha, Nicaragua, Angola, Somalia und Sierra Leone stürzten ins Chaos, als die Lage in diesen Ländern weit weniger explosiv war. Warum sollte Saudi-Arabien diesem Schicksal entgehen?

# 3 – Ein Abkommen, Stillschweigen zu wahren

Man sollte denken, wenn die Fäulnis in Saudi-Arabien schon so weit vorangeschritten ist, müsste auf jeder Landkarte, die in einem Washingtoner Büro hängt, ein rotes Fähnchen neben »Riad« stecken, damit die Regierungsangestellten ständig daran erinnert werden, dass das Land auf lebenserhaltende Maßnahmen angewiesen ist. Genau das Gegenteil trifft zu. Jetzt, Anfang 2003, da ich dies niederschreibe, behauptet Washington weiterhin hartnäckig, dass Saudi-Arabien ein stabiles Land sei, dass seine Zentralregierung die unangefochtene Kontrolle über das gesamte Territorium besitze und auch in der Lage sei, die Grenzen zu schützen, dass seine Polizei wie seine Armee effizient, loyal und seine Einwohner gut gekleidet, ernährt, ausgebildet seien.

Fangen wir einmal beim State Department an. Ihm fällt mehr Verantwortung dafür zu als jeder anderen Regierungseinrichtung in Washington, dass so viele und so große Lügen über das Königreich verbreitet werden. Wenn man dem Gerede zuhört, könnte man fast meinen, Saudi-Arabien wäre Dänemark. Schauen Sie sich nur einmal an, wie sich das State Department bei der Ausstellung von Einreisevisa für Saudis verhalten hat. Dem Gesetz nach ist es im Ausland für die Erteilung von Visa zuständig; es stellt sie in unseren Botschaften und Konsulaten aus. Der Immigration and Nationality Act aus dem Jahr 1952 macht ganz klar, wer für die Erteilung einer Einreisegenehmigung infrage kommt. In dem Abschnitt 214 (b) des Gesetzes zur Gewährung von Touristenvisa heißt es: »Jeder Ausländer soll als Immigrant angesehen werden, bis er zur Zufriedenheit der Konsulatsbeamten nachweisen kann, dass [...] er das Anrecht auf den Status eines Nichtimmigranten besitzt.« Mit anderen Worten: Ein Ausländer, der keinen Grund hat, in sein Heimatland zurückzukehren – weil er arbeitslos, unverheiratet und bankrott ist –, besitzt kein Anrecht auf die Erteilung einer Einreisegenehmigung, da man davon ausgehen muss, dass er in den USA bleiben wird.

Dem Gesetz nach hätten die Visa-Anträge aller fünfzehn Saudis, die an den Anschlägen vom 11. September beteiligt waren, abgelehnt werden müssen. Da ungefähr 30 Prozent der männlichen Einwohner des Königreichs ohne Arbeit sind und sich das Pro-Kopf-Einkommen im freien Fall befindet, muss man wohl alle Saudis mit Ausnahme der Royals und ihrer Bediensteten als potenzielle Einwanderer ansehen. Weil die meisten Saudis, wenn sie einer Teilzeitarbeit nachgingen, immer noch mehr verdienen würden als in ihrer Heimat, ist stets das Risiko gegeben, dass sie in den USA bleiben. Ganz einfach ausgedrückt: Sie erfüllen nicht die vom Gesetz vorgeschriebenen Bedingungen für die Erteilung eines Einreisevisums. Doch es kommt noch schlimmer: Bis zum 11. September 2001 war es für Untertanen des Königreichs noch nicht einmal erforderlich, sich in der US-Botschaft in Riad oder dem Konsulat in Dschidda zu einem Gespräch mit den Regierungsangestellten zu präsentieren, die über die Gewährung eines Visums entschieden. Ein »Visa-Express« genanntes Bewilligungssystem verlangte von einem saudischen Staatsbürger nichts anderes, als dass er seinen Pass, ein ausgefülltes Antragsformular und die Gebühr für die Bearbeitung an eine Reiseagentur übersandte, um eine Einreisegenehmigung zu erhalten. Die saudischen Mitarbeiter dieser Agentur fungierten mit anderen Worten als Vertreter der US-amerikanischen Regierung. Eine kurze Wartezeit, und jeder Saudi, der das Geld für ein Flugticket hatte, war auf dem Weg nach New York, wo er spurlos untertauchen oder mit einem Flugzeug gegen einen Wolkenkratzer rasen konnte. Konkret: Indem es fünfzehn arbeitslosen Saudis Visa ausstellte, hat das State Department das Gesetz gebrochen. Gewiss, auch vier Hijacker aus anderen Ländern gelangten in die USA, doch mussten wir es der Mehrzahl der Mitglieder der Angriffstruppe so einfach machen, ihre Stellungen zu beziehen?

Dann ist da noch das Problem, dass das State Department anscheinend kein politisches Gespür hat. Osama bin Laden ist Saudi von Geburt. Saudische Staatsbürger jagten im Jahr 1995 die Unterkünfte der Nationalgarde in die Luft und ein Jahr später die Kasernen in Khobar. Zwei Saudis entführten im Jahr 2000 ein Flugzeug nach Bagdad. Saudis verbargen sich mit größter Sicherheit hinter dem Anschlag auf die *U.S.S. Cole*, und Saudis waren in Hunderte von anderen terroristischen Attentaten verstrickt – in Tschetschenien ebenso wie in Kenia und Tansania.

Wie viel mehr Beweismaterial brauchte das State Department, um zu erkennen, dass Saudis die neuen Terroristen auf der Welt waren und unbedingt strengstens überwacht werden mussten?

Solange das State Department am Visa-Express-System festhielt, hätte sogar Osama bin Laden unbemerkt ins Land schlüpfen können.

Die leichtfertige Erteilung von Visa war jedoch nicht das einzige Problem. Das State Department erteilte den saudischen Herrschern beinahe in jeder Angelegenheit einen Freibrief. Es schirmte sie von Gruppierungen ab, die für Menschenrechte eintraten. Es unterstützte sie bei der Weltbank und dem Internationalen Währungsfonds. Es tat die Anschläge auf die Nationalgarde und die Soldaten in Khobar als Verirrungen einzelner Fanatiker ab.

Nehmen Sie sich nur einmal den im Jahr 1999 vom State Department vorgelegten Bericht »Patterns of Global Terrorism« vor. In dem Saudi-Arabien betreffenden Abschnitt liest man: »Die Regierung von Saudi-Arabien bekräftigte auf allen ihren Ebenen, dass sie an ihrem Engagement bei der Bekämpfung des Terrorismus festhalten werde.«

Und nachdem man schon einmal so einen heuchlerischen Ton angeschlagen hatte, konnte man getrost weiterschwindeln und behaupten: »Die Regierung von Saudi-Arabien setzte ihre Untersuchung des Bombenanschlags auf die Khobar-Towers vom Juni 1996 fort.«

Wir wissen, dass das eine faustdicke Lüge ist. Naif rührte zu keinem Zeitpunkt auch nur einen Finger, um der Sache auf den Grund zu gehen.

Doch im Jahr 1999 ereigneten sich noch viele andere Dinge, über die das State Department uns in Unkenntnis lassen wollte. In diesem Jahr ordnete Naif die Freilassung von zwei Geistlichen aus der Haft an, die *fatwas* gegen Amerikaner ausgesprochen, also zu deren Tötung aufgerufen hatten. Einer von den beiden, Safar Al Hawali, war der geistige Lehrer Osama bin Ladens. Im gleichen Zeitraum wurden anscheinend in den Moscheen des Landes die fünfzehn späteren Hijacker angeworben und indoktriniert – so viel zu Saudi-Arabiens »Engagement«, was die Bekämpfung des Terrorismus betrifft.

Das State Department schenkte Amerikanern, die nach Saudi-Arabien aufbrachen, nie reinen Wein ein. Angehörigen amerikanischer Staatsbürger wurde nie angeraten, das Land zu verlassen. Saudi-Arabien wurde nie gemahnt, bei der Bekämpfung des Terrorismus zu kooperieren. Wenn ich gegenüber Kollegen vom State Department die Ansicht äußerte, das Königreich könne eines Tages kollabieren, sagten sie immer nur von oben herab: »Es gibt dort keine Probleme.« Dann warfen sie mir noch den alten saudischen Spruch an den Kopf: »Die Mitglieder der königlichen Familie sind wie die Finger einer Hand. Bedrohe sie, und sie ballen sich zur Faust zusammen.« Aber die Wahrheit ist heute: Wenn die Al Saud bedroht werden, dann öffnen sie die Hand und machen noch mehr Geld für die Fanatiker locker – und das State Department gibt noch mehr Visa aus.

Das State Department verschloss nicht nur die Augen vor der radikal-islamischen Außenpolitik, die Saudi-Arabien betrieb – gelegentlich leistete es dieser Politik sogar noch Vorschub. Es wusste, dass der Plan der Saudis, Erdgas- und Erdöl-Pipelines quer durch Afghanistan hindurch von Zentralasien bis nach Pakistan zu führen, den Taliban dabei helfen würde, an der Macht zu bleiben, und auf diese Weise zugleich dafür sorgen würde, dass Osama Bin Laden ein sicheres Schlupfloch behielt. Trotzdem ermunterte es sogar noch die amerikanische Gesellschaft United Oil of California (Unocal), sich daran zu beteiligen.

Einen kurzen Einführungskurs in die Pipeline-Politik erhielt ich, als ich am 4. Februar 1997 [redacted] vorgestellt wurde, dem [redacted] für den Bau der Pipeline in Afghanistan. Er war vom State Department und dem National Security Council entsandt worden, um mich auf den neuesten Stand zu bringen, was die Pläne seiner Gesellschaft betraf. Obwohl in Afghanistan ein Bürgerkrieg tobte und die Taliban das Land immer mehr in ihren Griff bekamen, wollte Unocal den Bau beider Pipelines weiterbetreiben. Man hatte ausgerechnet, dass die Anlage einer Erdgas-Pipeline, die von Turkmenistan bis nach Pakistan führte, um die zwei Milliarden US-Dollar kosten würde. Eine parallel zu dieser ersten verlaufende Pipeline für Erdöl würde weitere zweieinhalb Milliarden US-Dollar verschlingen. Eine derartig gewaltige Summe für ein Projekt in einem Land auszugeben, das mitten in den Wirren eines Bürgerkriegs war, schien mir doch eine recht riskante Investition zu sein. Ich fragte [redacted] ob man bei Unocal nicht nervös sei.

Er schaute mich ein paar Sekunden lang schweigend an, als ob er mich für unterbelichtet hielt. »Mit Garantien vonseiten der US-Regierung und einer Finanzierung durch die Weltbank sind wir nicht nervös«, antwortete er schließlich.

[redacted] traf den Nagel auf den Kopf, als er sagte, dass Unocal nicht so blöd sei, das allein durchziehen zu wollen. J. P. Morgan und das Cambridge Energy Research Institute hatten eine Studie über die Zahlungsstrukturen von Regierung zu Regierung vorbereitet, um sicherzustellen, dass die Weltbank einen Kredit bewilligte. Unocal gewann auch den früheren US-Botschafter Bob Oakley für sich – einen der besten Freunde, die Saudi-Arabien in Washington besitzt. Einer Schar gigantischer Korporationen – darunter auch Fluor Daniel – wurde eine Beteiligung an dem Projekt in Aussicht gestellt. Unocal handelte mit offiziellem Segen.

Eine Woche später, am 13. Februar 1997, traf [redacted] zu Gesprächen mit den Taliban in Afghanistan ein. Sie verlangten, dass Unocal eine Straße von Torghundi nach Spin Boldak anlegen ließ und Geld in die Schulen von Kandahar investierte – ohne Zweifel waren das Koranschulen. Ich habe keine Ahnung, ob Unocal diese Straße jemals bauen ließ, doch wenn das so war, dann frage ich mich, ob Osma bin Laden sie nicht zur Flucht benutzen konnte.

Sogar nach den Anschlägen im Jahr 1998 auf die US-Botschaften in Kenia und Tansania, die bin Laden von Afghanistan aus organisiert hatte, hörte Saudi-Arabien nicht auf, diejenige Gruppierung zu unterstützen, die den Mann in ihrer Mitte aufgenommen hatte – die Taliban. Im Juli 2000 berichtete *Petroleum Intelligence Weekly*, die Bibel der internationalen Erdölindustrie, dass Saudi-Arabien nicht weniger als 150 000 Barrel Öl täglich nach Afghanistan und Pakistan liefere – eine Art inoffizieller Entwicklungshilfe. Für diese Taktik – kostenloses Öl anstelle von Geld zur Verfügung zu stellen – gab es in Saudi-Arabien bereits Präzedenzfälle. In den frühen 1990er-Jahren hatte man die Türkei, Pakistan und Marokko auf ähnliche Weise unterstützt, und Bahrain erhielt aufgrund eines Hilfsabkommens seine eigenen 150 000 Barrel am Tag.

Wir können nur Vermutungen darüber anstellen, was das Haus Saud dazu bewegte, dieses ganze Geld auszugeben, während es gleichzeitig ein lähmendes finanzielles Defizit anhäufte. Von Mitte der 1970er-Jahre an ließ Saudi-Arabien über eine Milliarde US-Dollar nach Pakistan fließen, um zur Entwicklung einer »islamischen« Atombombe beizutragen, mit der man der Bedrohung durch die »Hindu«-Atombombe, über die das benachbarte Indien verfügte, entgegenwirken konnte. Und das Haus Saud schaffte es sogar, diese abenteuerliche Politik bis in die frühen 1990er-Jahre hinein vor seinen amerikanischen Verbündeten verborgen zu halten.

Eine verdeckte Hilfe der beschriebenen Art – jeden Tag eine Öllieferung im Wert von ungefähr zwei Millionen US-Dollar – ließen die Saudis den Taliban bis unmittelbar vor den Anschlägen auf das World Trade Center und das Pentagon zukommen. Das State Department protestierte in keiner Weise dagegen. Ich sollte also wohl nicht überrascht sein, dass es bis zum 11. September auch auf mündliche Befragungen der Leute, die ein Visum beantragten, verzichtete: »Sie wollen die USA besuchen? Sehr schön, schicken Sie uns doch mal eine Ansichtskarte, wenn Sie angekommen sind. Amüsieren Sie sich und lassen Sie's dort doch mal so richtig krachen!«

Die CIA ließ das State Department bei diesem Walzertanz die Führung übernehmen. Die in politischer Hinsicht versierte Agency entschied, dass es am sichersten sei, Saudi-Arabien zu ignorieren, indem man so tat, als ob alles, was dort geschehe, ein inneramerikanisches Problem sei und daher ihren Statuten zufolge nicht in ihren Zuständigkeitsbereich falle. Die CIA-Direktoren hatten schon lange zuvor mitbekommen, dass die Tür zum Oval Office für den saudischen Botschafter in den USA, Bandar bin Sultan, immer offen stand, für sie selbst hingegen nicht. Während die Oberspione des Landes Monate auf ein persönliches Gespräch mit dem Präsidenten warten mussten, brauchte Bandar nur auf die Selbstwahltaste seines Telefons zu drücken, um vorgelassen zu werden.

Im Direktorium der CIA flachste man während der Regierungszeit Clintons, wenn der Direktor sich nur am Beispiel Bandars orientieren würde und sich mit einer Schachtel der kubanischen Lieblingszigarren des Präsidenten im Weißen Haus blicken ließe, würde er viel öfter aufgefordert werden, wiederzukommen. Jahre später erzählte mir Jim Woolsey, der erste CIA-Direktor unter Clinton, als ein Irrer ein kleines Flugzeug ins Weiße Haus hineingesteuert hatte, habe man in der Pennsylvania Avenue Nr. 1600 gewitzelt, das sei er – Woolsey – gewesen, der versucht habe, mit dem Präsidenten zu sprechen. Übrigens war Woolsey einer der wenigen CIA-Direktoren, die die Karten aufdeckten und die Wahrheit über Saudi-Arabien erzählten.

Mit Bandar bin Sultan war nicht zu scherzen – sogar der CIA-Direktor des Präsidenten durfte sich ihm gegenüber nichts herausnehmen. Wenn Bandar Verdacht schöpfte, dass die CIA die Interessen des Königreichs in irgendeiner Weise unterminierte, beschwerte er sich nicht nur bei Clinton persönlich, sondern ließ anschließend auch eine Meute rabiater K-Street Lobbyisten auf die Agency los.

Nehmen wir einmal an, ein *case officer* versuchte, beispielsweise in Berlin, einen saudischen Diplomaten »aufzugabeln« – also den Mann als Spion für die CIA anzuwerben. Wenn es ihm gelungen wäre, den Diplomaten zu rekrutieren, hätte dieser der CIA etwas darüber berichten können, was die Abteilung für religiöse Angelegenheiten in der Berliner Botschaft so trieb – dass sie vielleicht terroristische Zellen in Hamburg mit Geld versorgte oder so. Gehen wir aber einmal davon aus, dass der Saudi sich nicht einwickeln lassen und die Affäre nach Riad melden würde. Dann würde der *case officer* von Berlin aus hören können, wie in Washington das Porzellan in Scherben geht. Kaum dass der Präsident den Telefonhörer wieder aufgelegt und seine Ohren sich von Bandars Gekreisch erholt hätten, würde ein neuer Anruf kommen. Diesmal würde ein Lobbyist am anderen Ende sein, möglicherweise einer der alten politischen Genossen des Präsidenten: »Mr. President«, würde der Mann ins Telefon schnurren, »wir müssen wirklich die Cowboys da draußen in Langley besser im Auge behalten. Sie wissen, dass Boeing kurz vor diesem großen Geschäftsabschluss steht, und falls Bandar …«. Der Vorhang zum dritten Akt würde sich dann vierundzwanzig Stunden später heben, wenn der junge *case officer* ein Flugzeug zurück nach Washington besteigen müsste, um dort seinen neuen Job anzutreten: in den Fitnessräumen im Souterrain des CIA-Hauptquartiers die Handtücher auszugeben.

Von immer den gleichen unausgesprochenen Ängsten heimgesucht und niedergedrückt, vermieden es die Mitglieder des Direktoriums der CIA-Nachrichtenbeschaffungsabteilung, Reporte abzufassen, in denen Beurteilungen über Saudi-Arabien abgegeben wurden. Denn solche Berichte – die so genannten *national intelligence estimates*, die auf Informationen der gesamten Geheimdienstgemeinde basieren, also der CIA selbst, der Defense Intelligence Agency und anderer Organisationen – finden oft ihren Weg auf die Titelseiten der US-amerikanischen Zeitschriften. Und diese Zeitschriften landen dann auf Bandars Frühstückstablett, wo sie neben dem Väschen mit der frischgeschnittenen Rose, dem Croissant und der Tasse Earl-Grey-Tee zu liegen kommen.

Das Direktorium wusste auch, dass der Präsident es hasste, negative Nachrichten über das Königreich zu lesen. Wenn Ruanda ins Klo gespült wurde, okay, aber seinen guten Freunden, den Al Saud, durfte das nicht passieren. Ich glaube daher, dass die CIA gar nicht so falsch lag, wenn es die saudi-arabischen Probleme als inneramerikanische behandelte.

Nur: Was haben die Saudis gegen den Präsidenten oder das State Department in der Hand?

Ich möchte zunächst einmal feststellen, dass ich nicht an Verschwörungen glaube – ich bin der Ansicht, dass Washington noch nie ein Geheimnis für sich behalten konnte. Hinter dem Ganzen verbirgt sich etwas viel Subtileres und Heimtückischeres: das, was ich als Sillschweigeabkommen bezeichne oder was man, höflicher formuliert, »Rücksichtnahme« nennen könnte (ein Ausdruck, den auch gewisse Ex-Botschafter in Saudi-Arabien bevorzugen, die sich entschieden haben, blind für die Auflösung zu sein, die das Königreich ergiffen hat). Zuallererst geht es um das schnelle Geld und das billige Öl. Saudi-Arabien besitzt *viel* Geld und *viel* Öl. Das Land hat auch immer wieder unter Beweis gestellt, dass es ebenso willens ist, das Geld auszugeben, wie die Ölhähne aufzudrehen, wenn die Amerikaner darum bitten. In einer Landeshauptstadt, die süchtig nach schnell verdientem Geld und billigem Öl ist, würde es als schlechtes Benehmen aufgefasst, wenn man über die missliche Situation klagte – das wäre ungefähr so, als hätte man in den Dorfbrunnen gepinkelt. Niemand wollte etwas darüber hören, und niemand wollte etwas daran ändern. Die Einzigen, die bereit waren, die Wahrheit zu sagen, befanden sich politisch gesehen am Rand, und diese wurden von der Mehrheit ganz selbstgefällig als Spinner abgetan.

## 4 – Saudi-Arabien und Washingtons Rentenplan

Wenn Sie sich jemals zu mehr als zu einem flüchtigen Besuch im Nahen Osten aufgehalten haben, wissen Sie, dass es dort so gut wie unmöglich ist, in einem Restaurant selbst die Rechnung zu begleichen. Gewöhnlich läuft es so ab, dass Ihr arabischer Freund nach dem Ende des Essens so tut, als ob er zur Toilette gehe, aber einen Schwenk macht, um den Geschäftsführer in eine nicht einzusehende Ecke zu ziehen und dort zu zahlen. Oder Ihr Freund lotst Sie in ein Restaurant, dessen Inhaber er kennt: Dann gibt es für Sie wirklich gar keine Möglichkeit, selbst zu zahlen. In der Levante ist dieses Verhalten ein Zeichen für Gastfreundschaft; selten will man sich damit etwas erkaufen. Für die Saudis und andere reiche Araber vom Golf geht es aber immer genau darum, und was sie kaufen – oder verkaufen – wollen, sind andere Menschen. Wer sich selbst für das Alphamännchen hält, der muss zusehen, dass er die Rechnung auf irgendeine Weise doch selbst bezahlt, um die anderen Hunde daran zu erinnern, wo ihr Platz im Rudel ist.

Während der einleitenden Phase zum Golfkrieg im Jahr 1991 hielt ich mich in Paris auf und konnte das Bezahlritual aus nächster Nähe studieren. Eines Abends lud ich vier prominente kuweitische Oppositionsführer zum Dinner in das Ritz ein, das vielleicht das schickste Pariser Hotel ist. (Prinzessin Diana und Dodi Al Fayed hatten dort ihr letztes Stelldichein kurz bevor sie bei dem Autounfall ums Leben kamen.) Das Restaurant des Ritz war normalerweise zu teuer für mein CIA-Spesenkonto, doch der rüde Charme der Lokale, die ich für gewöhnlich in Paris aufsuchte, wäre auf die Kuweitis verschwendet gewesen. Sie waren vielleicht keine Royals, aber sie waren sagenhaft reich.

Als wir gerade bestellen wollten, betrat der kuweitische Erölminister Ali Al Sabah das Restaurant. Er zog ein ganzes Gefolge hinter sich her, und als er unseren Tisch passierte, nickte er meinen kuweitischen Freunden im Vorübergehen kurz zu, blieb dann aber wie angewurzelt stehen, als er mich zu Gesicht bekam. Normalerweise bleiben Araber vom Golf unter sich, wenn sie in

Städten wie Paris und London abends ausgehen. Ich war an diesem Tisch definitiv deplatziert.

Daraufhin kam der Erdölminister näher und schüttelte uns allen die Hand – mir ganz pointiert als Letztem, um mich glauben zu machen, dass er an nichts so wenig interessiert sei wie an meiner Wenigkeit. Ich stellte mich vor, nannte aber nur meinen Namen. »Soll der Bastard sich doch einmal bemühen, herauszufinden, was ich tue, um mir den Lebensunterhalt zu verdienen«, dachte ich im Stillen.

»Und was führt Sie nach Paris?«, fragte er schließlich.

Der Minister schluckte schwer, als ich ihm erzählte, dass ich für die amerikanische Botschaft arbeitete. In jenen dunklen Tagen, bevor sich die Koalitionstruppen zusammenscharten, musste es einem kuweitischen Ölminister den Tag verderben, wenn er auf einen Mitarbeiter der US-amerikanischen Regierung stieß, der sich mit Oppositionsmitgliedern traf.

Es war nicht nur so, dass die herrschende Elite Kuweits sich fragte, ob sie ihr Königreich zurückbekommen würde; sie war sich auch im Ungewissen darüber, ob man ihr erlauben würde, weiter zu regieren, wenn die Invasoren vertrieben worden waren. Nachdem Saddams Truppen durch Kuweit gefegt waren, ohne auf mehr als einen Hauch von Widerstand zu treffen, könnte der Diktator auf die Idee kommen, am Emir vorbei mit dem Volk von Kuweit ein Abkommen zu schließen und sich mit genau solchen Leuten wie denen, an deren Tisch ich saß, die Regierungsgewalt zu teilen. Doch dazu könnte es nur mit der Einwilligung der USA kommen: Dies erklärte das große Interesse an meiner Person.

Der Minister machte eine kurze Pause und tat dann das, worauf er sich am Besten verstand: Er versuchte, dem Problem mit Geld beizukommen. Mit gekrümmtem Finger rief er den Geschäftsführer zu sich. »Diese Herren sind meine geschätzten Gäste«, sagte er laut genug, dass das halbe Lokal es hören konnte. »Bringen Sie Ihnen alles, was sie haben möchten.«

Bevor der Geschäftsführer wieder entschwinden konnte, packte der Minister ihn am Arm und hielt ihn fest. »Und für meinen amerikanischen Freund: Ihre beste Flasche Bordeaux.«

Den Bruchteil einer Sekunde lang erwog ich, dem verehrten Ölminister zu sagen, dass der Emir zwar vielleicht einerseits in der Lage sei, den US-Staatsschatz zu kaufen und zu verkaufen, dass andererseits unsere Air Force seinen Sandhaufen aber immer noch in geschmolzenes Glas verwandeln könnte, wenn sie das wollte. Mit Rücksicht auf meine Gäste durfte ich das allerdings nicht sagen. Ein Gerangel mit dem Erdölminister darum, wer die Rechnung übernehmen durfte, könnte ihnen für die nächsten Jahre ernsthafte Probleme bereiten. Und was den Bordeaux anbelangte: Als wir das Dinner zur Hälfte hinter uns gebracht hatten, tat ich so, als ob ich zur Toilette gehen müsste, um einen Blick in die Weinkarte werfen zu können. Die Flasche kostete Ali Al Sabah schlappe 5200 US-Dollar – eine Summe, die in Kuweit City noch nicht einmal ein müdes Achselzucken hervorruft.

Die Verführung Washingtons durch Saudi-Arabien lief auf genau die gleiche Weise ab. Die Saudis gaben, die Amerikaner nahmen, und jedermann sonst wandte höflich die Augen ab.

Alles begann mit einer Lektion, die die Saudis im kalifornischen San Clemente nach der Präsidentsschaftswahl im Jahr 1968 lernten: Amerika war vielleicht die mächtigste Nation auf Erde, aber seine politischen Führer vermochten nicht Nein zu sagen.

⋆

Adnan Khashoggi ist Saudi und beinahe so etwas wie die Karikatur eines Geschäftsmannes, der sich ganz eigener und ungewöhnlicher Methoden bedient. Er ist ein ehemaliger Anlage-Jongleur und Vermittler von Waffengeschäften, absurd reich (auch an plötzlichen Anwandlungen und Launen), ohne das Gefühl zu haben, sich in irgendeiner Weise dafür rechtfertigen zu müssen. An einem Tag erscheint sein Name in den Zeitungen, weil er beschuldigt wird, einen illegalen Kredit in Höhe von 64 Millionen US-Dollar von der Bankrott gegangenen Bangkok Bank of Commerce erhalten zu haben; am nächsten Tag taucht er in den Gesellschaftskolumnen der New Yorker Blätter auf, weil er in den Hamptons Wohltätigkeitsbälle besucht und Millionen zur Unterstützung amerikanischer Farmer stiftet.

Khashoggi, der Sohn des Leibarztes von Ibn Saud, der im Jahr 1932 das moderne saudische Königreich begründete, war Mitte der 1970er-Jahre als Mittelsmann an schätzungsweise 80 Prozent aller Waffengeschäfte der USA mit Saudi-Arabien beteiligt. Von der Firma Lockheed allein flossen in den Jahren 1970 bis 1975 106 Millionen US-Dollar an Kommissionen in seine Tasche. Andere Lieferanten von Kriegsmaterial ließen ihm in den 1970er-Jahren weitere Hunderte von Millionen zukommen.

Vertreter von Northrop erklärten einem Unterausschuss des Senats, der Zahlungen ins Ausland von US-amerikanischen Unternehmen untersuchte, dass man Khashoggi 450 000 US-Dollar übergeben habe, mit denen er saudische Generäle bestechen sollte, die Erzeugnisse der Gesellschaft zu kaufen – eine Aussage, die die Regierung Reagan nicht davon abhielt, Khashoggi während der Zeit des Iran-Contra-Fiaskos als eigenen Unterhändler einzusetzen. (Da er in den 1970er-Jahren dem Schah von Persien als eine Art Kuppler gedient hatte, kannte Khashoggi sich besser als die meisten anderen Menschen mit schmutzigen Geschäften aus.)

Ende der 1970er-Jahre wollte Khashoggi drei angesehenen Colleges im Raum Philadelphia – Swarthmore, Haverford und Bryn Mawr – fast 600 000 US-Dollar stiften, damit an diesen Institutionen Lehrveranstaltungen zum Nahen Osten abgehalten wurden, die ein besseres Verständnis und mehr Sympathie für den arabischen Standpunkt entstehen lassen sollten. Aber dieser Plan verlief im Sand, als die Northrop-Bestechungsgeschichte publik wurde. Von diesem Fehlschlag in keiner Weise entmutigt, widmete sich der so sozial eingestellte Khashoggi im Jahr 1984 wieder dem Bereich der höheren Bildung und stiftete der American University (AU), die in Washington an der Massachusetts Avenue auf halbem Weg zwischen dem Weißen Haus und dem Beltway liegt, fünf Millionen US-Dollar. Die AU hatte geplant, Khashoggi – oder seinem Geld – Ehre zu erweisen, indem man das neue Sportzentrum und den Versammlungssaal nach ihm benannte, doch als Reaktion auf die Anhörungen zur Iran-Contra-Affäre besannen sich die Mitglieder des Verwaltungsrats dann doch eines Besseren.

Im Januar 1987, als das *Time-Magazine* Khashoggi als Prototypen des neuen international operierenden Geschäftsmannes auf sein Cover setzte, hielt er sich regelmäßig in Marbella auf, dem Urlaubsort des Jet Sets an der Spanischen Riviera, wo er sich einen etwa 200 Hektar großen Besitz zugelegt hatte. Außerdem besaß er noch Immobilien in Paris, Cannes, Madrid, Rom, Beirut, Riad, Dschidda, Monte Carlo und auf den Kanarischen Inseln; ihm gehörte eine etwa 720 Hektar große Farm in Kenia und ein 30 Millionen US-Dollar teures riesiges Apartment an der New Yorker Fifth Avenue mit einem Pool, von dem aus man auf die Türme der Saint Patrick's Cathedral schauen konnte. Wenn er zu einem seiner vielen Wohnsitze gelangen wollte, konnte Khashoggi zwischen verschiedenen Transportmitteln wählen: der 90 Meter langen Nabila – jener Yacht, die für den James-Bond-Film »Never Say Never Again« [deutsch: *Sag niemals nie*] verwendet worden war –, einer DC-8, in der er auf einem drei Meter breiten Bett unter einer 200 000 US-Dollar teuren Decke aus russischem Zobel ruhen konnte, zwei weiteren Verkehrsflugzeugen, zwölf Stretch-Limousinen der Marke Mercedes und so weiter. (Das *Time-Magazine* schätzte, dass es Khashoggi 250 000 Dollar am Tag kostete, diesen Lebensstil aufrechtzuerhalten – eine Summe, die ungefähr einem Viertel des Jahreshaushalts von Haiti entspricht; immerhin ein Staat mit sieben Millionen Einwohnern.) In Marbella gab es ein kleines Lagerhaus, das nur dafür da war, die Garderobe des Saudis zu beherbergen: allein über tausend maßgefertigte Anzüge, gereinigt, gebügelt, fein säuberlich in Plastikhüllen verstaut und jederzeit bereit, zu jedem goldenen Gestade geschickt zu werden, an das es ihren Besitzer für ein paar oder mehr Tage verschlagen könnte.

Nichts von alledem würde die Amerikaner normalerweise in irgendeiner Weise berühren. In Amerika wächst man mit Geschichten über den sagenhaften Reichtum arabischer Scheichs und ihrer Wesire auf. Khashoggis Geld erlangte jedoch für die Amerikaner Bedeutung, als es anfing, nach Washington oder genauer San Clemente hineinzusickern. Ende 1968, wenige Tage nach Richard Nixons Einzug ins Weiße Haus, war Khashoggi einer der Ersten, die herbeigeflogen kamen, um dem neu gewählten Präsidenten zu gratulieren. Er dachte natürlich auch daran, Grüße von Innenminister Fahd zu übermitteln – dem Prinzen, der ihn damals nach San Clemente geschickt hatte und der heute König von Saudi-Arabien ist. Als Khashoggi sich erhob, um sich zu verabschieden, »vergaß« er seine Aktentasche, die zufällig mit Hundertdollarnoten im Gesamtwert von einer Million US-Dollar voll gestopft war. Niemand verlor ein Wort darüber. Khashoggi begab sich in sein Hotel, um dort auf einen Telefonanruf zu warten. Dieser Anruf kam nicht und sollte nie kommen. Ein paar Tage später wusste Khashoggi, dass der Trick funktioniert hatte: Washington war käuflich. Wie der biblische Sündenfall änderte das alles.

In Geschichtsbüchern werden Sie nichts über diese Episode finden. Es wird Ihnen auch kaum gelingen, jemanden aufzutreiben, der noch lebt und den Vorfall bestätigen oder bestreiten kann. Da er in seinem Leben so viele Schmier- und Bestechungsgelder ausgezahlt hat, wird Khashoggi sich vielleicht selbst nicht mehr daran erinnern. Ich habe die Geschichte von jemandem, der unmittelbar in die Sache verwickelt war.

Ob sie stimmt? Ich weiß es nicht. Doch in den Palästen von Riad und Dschidda hält man sie für so wahr wie das Wort Gottes. Aufgrund dieser Geschichte und zahlloser ähnlicher glauben die Saudis, dass Washington nichts anders ist als Rabat, Paris, London oder jede andere Hauptstadt, die milde Gaben entgegennimmt. Und falls irgendjemand Zweifel hegt: Der erste Staatsmann, der Nixon besuchte, war Fahd. Nixon brachte ihn im Blair House unter, dem ausschließlich für ausländische Staatsoberhäupter reservierten Gästehaus der amerikanischen Regierung. Sehen Sie: Ausschlaggebend war nur das Geld.

Fünf Jahre später, als Nixons Finanzminister William Simon sich aufmachte in der Hoffnung, dem neuerdings von Petrodollar überschwemmten Land Schatzwechsel und Schatzanweisungen verkaufen zu können, hatte er sich für die Gespräche gewappnet, indem er sich Verkaufsargumente zurechtlegte wie ein Werbefritze. »Investitionen direkt beim US-Schatzamt können große Annehmlichkeiten und Schutz vor den widrigen Kursschwankungen bieten, mit denen sonst ein Investor rechnen muss, wenn er große Summen anlegt oder wieder flüssig macht«, stand auf einem der Dias, die man für Simons Vorträge präparierte. Im Kern ging es darum, dass die Saudis das Haushaltsdefizit der USA ausgleichen sollten. Und da die Saudis sehr daran interessiert waren, der Geldverleiher zu werden, an den Amerika sich in der letzten Not wandte, und entsprechenden Einfluss zu gewinnen, schnappten sie nach dem Köder und schluckten ihn frohgemut hinunter.

Bald darauf riefen William Simon und Außenminister Henry Kissinger die saudisch-amerikanische »Gemeinsame Kommission für Wirtschaftliche Zusammenarbeit« ins Leben, die eine Infrastruktur nach US-amerikanischem Vorbild für »das neue Saudi-Arabien schaffen« sollte. Die Saudis zeigten sich auch davon begeistert, und in gewisser Hinsicht verrichtete die Kommission durchaus ihre Arbeit – ein Wunder angesichts der Tatsache, dass Saudi-Arabien ein theokratischer tyrannischer Staat ist, in dem der Einzelne keinen privaten Besitz und keine persönlichen Rechte hat. Was jedoch einzig und allein zählte, war, dass die Saudis für alles aufkamen: für die Gehälter der amerikanischen wie der saudischen Kommissionäre, für die Unterhaltskosten der amerikanischen Mitarbeiter, die nach Saudi-Arabien abkommandiert wurden – für all das zahlten sie über eine Milliarde US-Dollar auf ein Konto des amerikanischen Schatzamtes ein.

In Washington erkennt man sofort, wenn sich mit einer Sache schnelles Geld verdienen lässt, doch so etwas hatte man noch nie erlebt. Das Füllhorn schien nicht zu versiegen. Es dauerte nicht lange, bis die Saudis überall mit ihrem Geld herumwarfen – wie Bauern den Dung auf einem winterlichen Feld verteilen. Das Weiße Haus begann, Lieblingsprojekte zu finanzieren: solche, die der Kongress nicht finanzieren wollte oder für die er nicht das Geld hatte – vom Krieg in Afghanistan bis zu dem in Nicaragua. Jede »Denkfabrik« in der Hauptstadt, vom angeblich parteilosen Middle East Institute bis hin zum Meridian International Center, nahm saudisches Geld an. Die niedrigeren Chargen – K-Street-Lobbyisten, Mitarbeiter von Public-Relations-Agenturen und Rechtsanwälte – lebten quasi davon, auch die vorwiegend von Frauenverbänden ins Leben gerufenen »Blaustrumpf«-Wohltätigkeitsorganisationen wie das *John F. Kennedy Center for the Performing Arts*, das *Children's National Medical Center* und so gut wie jede *presidential library*, die in den vergangenen dreißig Jahren eröffnet worden war. Die Saudis stifteten eine Viertelmillion US-Dollar für ein Wintersportzentrum zur therapeutischen Versorgung behinderter amerikanischer Kriegsveteranen, und saudisches Geld sickerte auch in den ganzen Verwaltungsapparat ein. Jeder Washingtoner Bürokrat mit einem durchschnittlichen IQ weiß, dass er sich irgendwie und irgendwann zum Futtertrog der Saudis durchschlagen kann, wenn er sich entsprechend verhält: ein Beratervertrag von Aramco, ein Lehrstuhl an der American University, ein Job bei Lockheed – irgendetwas wird schon für ihn abfallen. Es gibt kaum einen lebenden ehemaligen stellvertretenden Staatssekretär für den Nahen Osten, CIA-Direktor, Angehörigen des Stabs des Weißen Hauses oder Kongressabgeordneten, der nicht irgendwie auf der Gehaltsliste der Saudis gelandet ist. Und wenn so viel Geld da draußen auf sie wartet, haben natürlich die wenigsten Washingtoner Bürokraten das Rückgrat, sich auf eine Auseinandersetzung mit Saudi-Arabien einlassen; jedenfalls sieht es manchmal so aus.

Was geht hier also vor?

So wie ich es sehe, läuft das Ganze darauf hinaus, dass den US-Amerikanern eine zusätzliche, indirekte und illegale Steuer auferlegt wird. Saudi-Arabien erhöht den Preis für Benzin, überweist dann Washington einen großen Prozentsatz vom Mehrgewinn, aber eben nur Washington und nicht jedem Bürger. Ein großer Teil des Geldes fließt in Lieblingsprojekte des Weißen Hauses, ein weiterer Teil landet in den Taschen ehemaliger Regierungsangestellter und Politiker, die über alles, was das Königreich betrifft, den Mund halten. Und eine Menge wird dafür verwendet, dass unsere Rüstungsindustrie auch in schlechten Zeiten fröhlich bleibt. Zählen Sie das alles zusammen, und Sie verstehen, warum Saudi-Arabien für Washington einer der größten Champions ist.

In Washington bezeichnet man dies alles gerne mit einem harmlos-neutralen ökonomischen Fachausdruck: als »Recycling von Petrodollar«. In Wirklichkeit handelt es sich um ganz altes, gewöhnliches Sicherkaufen von Einfluss. Und diese zweite Art der Besteuerung ist übrigens viel effizienter als die normale, direkte. Die Saudis übernehmen sowohl das Eintreiben als auch das Ausgeben der Gelder, und sie halten die Washingtoner Bürokraten aus beidem heraus.

★

Das heutige Saudi-Arabien ist nicht mehr die Goldmine, die es in den Siebziger- und frühen Achtzigerjahren des 20. Jahrhunderts war, als es dort mehr Bargeld als Sand zu geben schien. Damals rissen die großen Zahlungen an die USA kein Loch in das Staatsbudget. Das wurde alles anders, als der Golfkrieg den ganzen Haushaltsüberschuss Saudi-Arabiens verschlang. Seitdem hat das Land auf Pump gelebt und um Geld gebettelt. Doch Riad wusste, dass man sich nicht einfach zurückziehen und aufhören konnte, Washington zu zusätzlichen Geldern zu verhelfen. Die mächtigen Männer in Washington zu verärgern, wäre genauso gefährlich gewesen, wie die Fanatiker im eigenen Land zu verärgern.

Hier ist ein Beispiel dafür. Die ganzen 1990er-Jahre hindurch bezahlten Amerikaner (und Europäer) weniger für saudisches Öl als Asiaten, und zwar war das Barrel für sie im Schnitt einen Dollar billiger. Im Jahr 2001 differierten die Preise noch mehr – angeblich zahlten die Amerikaner da 4,83 Dollar weniger pro Barrel. Das käme einem Rabatt von 2,8 Milliarden Dollar im Jahr gleich – gegenüber dem zumindest, was auf den asiatischen

Märkten bezahlt werden muss. Und im September 2001 – nach den Anschlägen vom 11. des Monats – stieg die Preisdifferenz angeblich auf 9,66 Dollar pro Barrel an.

Fachleute aus dem Ölgeschäft und Analytiker, mit denen ich gesprochen habe, halten die Vorstellung für irrig, dass Saudi-Arabien Öl an die USA billiger abgebe. Sie ließen mich wissen, dass der Ölmarkt extrem komplizierten Gesetzen gehorche und dass es logische, eben marktbedingte Gründe dafür gebe, dass man in Asien von Zeit zu Zeit mehr für saudisches Öl zahle. Asiaten seien zum Beispiel bereit, einen gewaltigen Aufschlag zu zahlen, um ihre Versorgung mit dem Rohstoff zu sichern, und schlössen sogar ungünstige Kontrakte ab, wenn der Markt unbeständig und die Preise in starker Bewegung seien. Es gebe aber auch noch andere Faktoren, so die Experten, die eine Rolle spielen: Transportkosten und unterschiedliche Marktstrukturen sowie die Tatsache, dass Asien so gut wie kein eigenes Öl produziert und Saudi-Arabien in die Weiterverarbeitung des Öls in den USA investiert. Diese Faktoren, so wurde mir versichert, seien auch für die so stark differierenden Preise im September 2001 verantwortlich. Einer der Herren erklärte es folgendermaßen: »Es ist einfach so, dass Asien einen Aufpreis für das Öl bezahlt. Es gibt keinen Discount für saudisches Öl, das in die USA geliefert wird.«

Das mag so sein. Worauf es aber ankommt, ist, dass Saudi-Arabien permanent darauf verzichtet hat, große Gewinne zu machen, wenn die Marktlage angespannt war – wie zum Beispiel nach dem 11. September. Wenn die Saudis auch nur eine kleine Menge ihres Öls am Nachmittag des 11. September vom Markt genommen hätten, anstatt mehr davon zu fördern, hätten sie Milliarden machen können. Ähnliches geschah schon im Jahr 1990, als Saudi-Arabien und die Verbündeten am Golf die Hähne weiter aufdrehten und den Verlust von fünf Millionen Barrel täglich an irakischem und kuweitischem Öl wettmachten. Wenn es in ihrer Absicht gelegen wäre, hätten sie dafür sorgen können, dass der Ölpreis bei über 100 Dollar pro Barrel geschwebt hätte, und die Teilnahme an der Operation Desert Storm hätte ihnen einen Riesengewinn anstatt eines ungeheuren Defizits eingetragen.

Saudi-Arabien will nicht, dass die USA vergessen, wer ihr verlässlichster Öllieferant ist. Das Land hat nicht nur viel investiert, um sich diese Position zu sichern, es hat sich auch gegenüber immer schriller vorgetragenen Beschwerden von asiatischer Seite über den »Asien-Aufschlag« taub gestellt. Während ich dies schreibe, hat Russland Pläne ausgearbeitet, Pipelines nach Osten, durch Sibirien hindurch, zu bauen, was eines Tages dazu führen könnte, dass Saudi-Arabien den asiatischen Markt verliert. Worauf es den Saudis aber im Moment wirklich ankommt, ist, dass Washington diese Botschaft empfängt: »Ihr braucht euch keine Sorgen zu machen. Stimmt schon, wir haben die Kontrolle über unser Land verloren, und unsere Staatsbürger schlachten die euren ab, doch ihr könnt euch darauf verlassen, dass wir weiterhin dafür sorgen, dass eure Autos über die Straßen fahren und es in euren Häusern warm ist. Und übrigens, ihr werdet euch besser fühlen, wenn ihr nicht an die unangenehme Realität denkt, dass eure Ölbank auf gefährlichem Treibsand ruht.«

Die saudischen Subventionsgelder prasselten nicht unvermutet wie ein merkwürdiger, gutartiger Meteoritenschwarm auf Washington hernieder. Die Welt des Big Business ist voll von solchen Deals, die alle nachdrücklich daran erinnern, dass sogar apokalyptische terroristische Anschläge sich nicht notwendigerweise negativ auf die Geschäfte auswirken müssen. Im Jahr 1997 leitete die saudische Firma Aramco ein Joint Venture mit Texaco in die Wege – später kam Shell noch als dritter Partner hinzu –, bei dem es um die Raffinage von achthunderttausend Barrel saudischen Rohöls täglich ging. Ein Jahr später, 1998, schlossen sich dieselben drei Gesellschaften zusammen, um Motiva Enterprises zu bilden, eines der größten US-amerikanischen Unternehmen zur Aufbereitung und Vermarktung von Erdöl. AT&T wurde mit einem Vier-Millarden-US-Dollar-Vertrag ins Spiel gebracht: Die Gesellschaft sollte das saudische Telekommunikationsnetzwerk erweitern. Sogar Lucent Technologies, ein früherer Star des künstlich aufgeblähten High-Tech-Aktienmarkts in den USA, der nach dem Platzen der Dot.com-Blase abgestürzt war, zog im Juli 2002 einen Auftrag zum Ausbau des Mobilfunknetzes an Land, der 240 Millionen US-Dollar wert war.

Im Mai 2001 erteilte der saudische Höhere Wirtschaftsrat seine Zustimmung zum Abschluss von langfristigen Verträgen mit US-amerikanischen Ölfirmen, die den Saudis zufolge »mehrere zehn Milliarden Dollar wert waren«. Diese Firmen wurden beauftragt, Meerwasser-Entsalzungs-Anlagen und Kraftwerke zu bauen sowie die Erdgasvorkommen des Landes weiter zu erschließen. Ein paar Monate zuvor erteilte die saudische General

Investment Authority einem Konsortium von amerikanischen Unternehmen die Bevollmächtigung zum Bau von dreitausend neuen Schulen für eine Gesamtsumme von 3,5 Milliarden US-Dollar. Allah allein wusste, wo die Saudis das ganze Geld herbekommen sollten, doch das schien weder auf der einen noch auf der anderen Seiten des Atlantiks irgendjemanden zu stören. Es war einfach so, dass die USA ohne die Finanzspritze der Saudis nicht mehr auskommen konnten.

Dass die Saudis ganze Schiffsladungen voller Geld in den Vereinigten Staaten ausgeben würden, war von Anfang an Teil der Abmachung: Die USA sollten dem Haus Saud sein Öl abkaufen, dafür Schutz und Sicherheit liefern, und die Saudis sollten ihre Waffen, Kommunikationssysteme und Bohrausrüstungen von den USA kaufen und US-amerikanische Baufirmen mit Aufträgen versorgen. (Wenn man einzig und allein den Ziffern nach ging, war dieses ganze Recycling so etwas wie ein wahr gewordener Traum. Das Handelsvolumen zwischen den beiden Staaten wuchs von 56,2 Millionen im Jahr 1950 auf 19,3 Milliarden im Jahr 2000.)

Mit Geld allein erreicht man aber nicht alles. Im Profisport wimmelt es nur so von stinkreichen Teambesitzern, die weder für Geld noch für gute Worte einen Meisterschaftstitel zu kaufen vermögen. Was das saudische Geld so effektiv gemacht hat, ist die Tatsache, dass es genau an die richtigen Adressen fließt, und vor allem in Washington haben die Saudis Anschluss an eine Kultur gefunden, die willens scheint, beinahe alles zu tun, um etwas davon zu bekommen.

Nennen Sie es eine poetische Koinzidenz, doch genau zu dem Zeitpunkt am 11. September 2001, als im Washingtoner Ritz-Carlton Hotel die Anlegerjahresversammlung der Carlyle-Gruppe begann, krachte nur vier Kilometer weiter südlich die Maschine von United Airlines Flug 77 ins Pentagon. Wenn die Maschine von Flug 93 in das Weiße Haus, das von den Terroristen anvisierte Ziel, gestürzt wäre, hätten selbst die Versammlungsteilnehmer die Erschütterung gespürt – und dabei handelt es hier sich um eine Gruppe von Menschen, die relativ immun gegen Erschütterungen sind. An dem Treffen nahm auch der höchste Berater der Firmengruppe teil, James Baker, Innenminister im Kabinett von George Bush senior; außerdem waren zugegen der Präsident von Carlyle, Frank Carlucci, der letzte Verteidigungsminister unter Ronald Reagan, der davor als nationaler Sicherheitsberater gedient hatte, und Shafik bin Laden als Repräsentant der Bin Laden-Gruppe, einer der größten Baufirmen der Welt. Shafik ist der Bruder von Osama bin Laden, und diese Versammlung veranschaulicht in perfekter Weise die seltsame Liaison, die Washington mit Riad eingegangen ist.

Die Carlyle Group wurde nach dem luxuriösen Hotel in Manhattan benannt, wo diese private Investment-Gruppe im Jahr 1987 ersonnen wurde. Zur Familie Saud unterhielt sie schon lange sehr einträgliche Beziehungen. Im Jahr 1991 landete sie einen ersten großen Coup, indem sie Prinz Al Walid den Weg zum Ankauf von Citicorp-Anteilen im Wert von fast 600 Millionen US-Dollar ebnete. Der Neffe von König Fahd wurde von *Forbes* im Jahr 2001 in der Liste der reichsten Männer der Welt an sechster Stelle geführt; vor allem über seine in Riad sitzende Holding-Gesellschaft Kingdom verfügt er über Vermögenswerte in Höhe von 20 Milliarden US-Dollar.

Prinz Al Walid hat ein besonderes Geschick dafür, zur rechten Zeit und am rechten Ort das zu sagen, was er denkt. Kurze Zeit nach den Anschlägen vom 11. September flog er nach New York, um zehn Millionen US-Dollar für den Twin Tower Fund zu spenden, den der New Yorker Bürgermeister Rudy Giuliani zur Unterstützung der Hinterbliebenen der Opfer eingerichtet hat. Dabei konnte sich Al Walid den hilfreichen Ratschlag nicht verkneifen, die Vereinigten Staaten von Amerika sollten »ihre Politik im Nahen Osten neu überprüfen und eine ausgewogenere Haltung gegenüber der Sache der Palästinenser einnehmen«: Anscheinend hatten die Leute von der Carlyle Group vergessen, ihn darüber zu informieren, dass man in New York überwiegend *pro* Israel eingestellt ist und dass wir es nicht schätzen, daran erinnert zu werden, von der Mildtätigkeit der Saudis abhängig zu sein und dass unsere Außenpolitik käuflich ist. Rudy Giuliani war jedoch nicht auf die Carlyle Group angewiesen, um sich die Realität der US-amerikanischen Politik bewusst zu machen. Er sagte dem Prinzen sofort, wo er sich seinen Scheck hinstecken könne. Das Weiße Haus aber wollte die Solidarität mit Giuliani nicht so weit treiben, dass es etwa die Öl-Subventionsgelder in Höhe von 2,8 Milliarden US-Dollar zurückgezahlt hätte.

Was das Management der Carlyle Group anbelangt, so ist eines sicher: Es hat bislang nie eine Gelegenheit versäumt, Geld zu machen. Es macht keine Modetorheiten mit, wie Dot.com-Aktien oder Technologiewerte zu kaufen. »Lasst uns am ununterbrochenen Strom saudischen Öls und amerikanischer Waffen partizipieren«, so lautete ihre Philosophie, »dann können wir nicht falsch liegen.« Sehen Sie sich ein paar Deals der Gruppe an, und Sie werden verstehen, was ich meine: Für die 1990er-Jahre unterzeichnete das Unternehmen für Wehrtechnik und militärische Beratung, BDM International, die Carlyle damals mitkontrollierte, einen Vertrag über 50 Millionen US-Dollar. Das Unternehmen verpflichtete sich dafür, bei der Ausbildung der saudi-arabischen Nationalgarde, der Leibwache der Al Saud, mitzuwirken und sie bei der Durchführung und der logistischen Planung ihrer Operationen zu beraten. (Carlyle verkaufte seine Beteiligung an BDM Ende 1997 an TRW.) Bis wenige Tage nach dem 11. September diente Carlyle auch der königlichen Familie als Berater bei der Durchführung des Economic-Offset-Programms. Der offiziellen saudischen Lesart nach soll dieses Programm Ausländer dazu anregen, im Königreich zu investieren, und dazu beitragen, sicherzustellen, dass eine unverzichtbare Menge seiner Einnahmen aus dem Erdöl im Land bleibt. Inoffiziell sichert dieses Programm jedoch, dass ein bestimmter Prozentsatz der Gewinne aus allen Waffenverkäufen an Saudi-Arabien für Gebühren und Kommissionszahlungen an Firmen, die beinahe ausschließlich im Besitz der königlichen Familie sind, abgezweigt wird.

Die Carlyle Group hat auch ein Vermögen erwirtschaftet, indem sie kleinere Rüstungsfirmen aufkaufte und gewinnbringend an Branchenriesen wie Boeing, Lockheed und TRW International, einem wichtigen Waffenlieferanten für die Saudis, weiterverschachterte. *En passant* gründete sie dabei ihr eigenes Rüstungsunternehmen, United Defense, das elftgrößte seiner Art in den USA. Als weltweit größter Kunde von amerikanischen Rüstungsgütern ist Saudi-Arabien der zweitgrößte Absatzmarkt für in den USA produzierte Kampfflugzeuge, Raketen, Panzer, gepanzerte Fahrzeuge und andere Waffen sowie für unterstützende Dienstleistungen. Saudi-Arabien war auch – nach dem US-Militär – der zweitgrößte Abnehmer des Bradley Fighting Vehicle, das viele Jahre lang für United Defense das wichtigste Erzeugnis ihrer Produktpalette war.

Wenn man in Washington auf die »Drehtür«, die zwischen den Angehörigen und Mitarbeitern der Regierung sowie den Vertretern des internationalen Big Business steht und ständig in Bewegung ist, zu sprechen kommt, dann ist das so, als ob man über Inzest in der eigenen Familie reden würde. Aber trotzdem machen sich Washingtons Franchise-Jongleure sofort auf den Weg zum

Personalbüro der Carlyle Group, sobald sie aus dem Regierungsdienst ausscheiden.

Der Konzern ist nicht nur eine Heimstatt für James Baker und Frank Carlucci, sondern er beschäftigt auch Arthur Levitt, den ehemaligen Leiter der Securities and Exchange Commission, William Kennard, der in der zweiten Amtszeit von Präsident Clinton den Vorsitz über die Federal Communications Commission innehatte, Afsaneh Beschloss, die frühere Schatzmeisterin und oberste Investmentbeauftragte der Weltbank, die mit dem Historiker Michael Beschloss verheiratet ist und regelmäßig in der Sendung *The NewsHour with Jim Lehrer* auf PBS zu sehen ist, und Richard Darman, der unter Präsident Bush senior das Office of Mangement and Budget leitete und dem Präsidenten wie dem stellvertretenden Finanzminister als Assistent diente. Und als ob man damit beweisen wolle, dass Carlyle wirklich ein internationaler Konzern ist, hat man den ehemaligen britischen Premierminister John Mayor zum Vorsitzenden von Carlyle Europa ernannt.

Niemand in Washington besitzt bessere Kontakte oder wusste diese besser zu nutzen als Frank Carlucci. Carlucci hatte nicht nur die Ämter des Verteidigungsministers und nationalen Sicherheitsberaters inne, sondern war außerdem in den Jahren 1978 bis 1980 stellvertretender Direktor der CIA, nachdem er die USA vorher als Botschafter in Portugal vertreten hatte. Er war auch Mitglied des Ringerteams der Princeton University, trat als solcher gegen Donald Rumsfeld an und blieb seitdem mit ihm freundschaftlich verbunden. [redacted]

Im Jahr 1972 war Carlucci Stellvertreter von Caspar Weinberger in Richard Nixons Office of Management and Budget. Damals meldete sich auch ein neues Mitglied der Clique im Weißen Haus zum Dienst, eine Leihgabe der US-Army namens Colin Powell. Acht Jahre später, als Ronald Reagan Weinberger zum Verteidigungsminister machte, holte dieser sich Powell als obersten militärischen Berater. Im Jahr 1987 wurde Carlucci, der dem Präsidenten als Assistent in Angelegenheiten der nationalen Sicherheit gedient hatte, Nachfolger Weinbergers als Verteidigungsminister, während Powell an Carluccis Stelle zum nationalen Sicherheitsberater aufrückte. (Carlucci bezeichnet sich selbst gern als »Paten« Colin Powells.)

Die Carlyle Group in ihrer Gesamtheit trat auch als Pate von George W. Bush auf. Im Jahr 1990, als der zukünftige Präsident auf der Suche nach einer Karrierechance durch Texas schweifte, brachte der Republikaner Fred Malek Bush im Aufsichtsrat von Caterair unter, einem Catering-Unternehmen für Fluggesellschaften und Tochtergesellschaft von Carlyle. Ein Jahrzehnt später, als Bush II. Gouverneur von Texas war, legte der Pensionsfonds der Lehrer dieses Bundesstaats 100 Millionen US-Dollar bei der Carlyle Group an.

Carlyles berühmtester Berater ist jedoch niemand anderer als George Herbert Walker Bush, der einundvierzigste Präsident der Vereinigten Staaten von Amerika. Bush und John Mayor, die beide wegen der Entschlossenheit, mit der sie den Golfkrieg durchzogen, in den Kreisen der wohlhabenden Saudis und Kuweitis sehr bewundert werden, sind häufig für Carlyle in beide Länder gereist und haben dort die Türen zu einigen der betuchtesten Investoren geöffnet. Im Jahr 2000, als sein Sohn gerade mitten im Wahlkampf um das Präsidentenamt war, flog Papa Bush zu einer außerhalb von Riad mitten in der Wüste liegenden noblen Anlage, um mit Kronprinz Abdallah über die Geschäftsbeziehungen zwischen den beiden Ländern zu sprechen. Carlyle beteuert hartnäckig, dass Bush bei dieser Reise nicht das Portfolio der Investment-Firma dabei hatte; der Aufmerksamkeit seiner superreichen Gastgeber kann es aber nicht entgangen sein, dass G.H.W. Bush ein getreuer und sehr geschätzter ranghoher Berater von Carlyle war – und dessen Sohn gerade einen Anlauf in das Weiße Haus unternahm.

Wie viele Berater für große Investment-Unternehmen, wird auch G.H.W. Bush für die Zeit, die er opfert, den Ruf, den er einbringt und für die Mühe, die es ihn kostet, seine Rolodex-Datenbank zu bedienen, mit Anteilen an den Investitionen, die er zu realisieren hilft, entschädigt. Bush darf das Geld, das er verdient, indem er für Carlyle Reden hält – im Allgemeinen zwischen 80 000 und 100 000 US-Dollar –, in Investmentfonds der Firma stecken. Denn Carlyle ist ein Privatunternehmen und Bush I. ein Privatmann. Wieder einmal wird also keine Auskunft darüber verlangt oder erwartet, was er insgesamt einnimmt, doch es wäre blauäugig anzunehmen, dass der Ex-Präsident weniger als eine siebenstellige Summe – bleiben wir ruhig im mittleren Bereich – durch seine schon ein Jahrzehnt währende Verbindung mit dem Investment-Unternehmen verdient hat, wobei der größte Teil des Geldes auf direktem oder indirektem Weg von Saudi-Arabien aus in seine Taschen geflossen ist. Von einem geringeren Gewinn auszugehen, wäre schon beinahe despektierlich gegenüber dem ehemaligen Staatsoberhaupt.

Da Carlyle in Privatbesitz ist, wissen nur die Direktoren, wie viel von seinem Kapital – im November 2002 waren es 13,9 Milliarden US-Dollar, die das Unternehmen verwaltete – von saudischen Investoren stammt. Die Familie Bakr bin Laden hatte lumpige zwei Millionen US-Dollar in den Carlyle Partners II-Fonds investiert; dieses Portfolio schloss Aktien von United Defense und anderen Rüstungsfirmen wie auch Luft- und Raumfahrtunternehmen ein. Als die Verlegenheit auf beiden Seiten wuchs, beendeten Carlyle und die Bin Ladens im Oktober 2001, ungefähr fünf Wochen nach den Anschlägen auf das World Trade Center und das Pentagon, ihre geschäftliche Verbindung. Man nimmt aber an, dass sich unter den Investoren der Gruppe noch zirka ein Dutzend anderer Saudis befindet.

Der Carlyle-Konzern ist auch nicht verpflichtet, offen zu legen, wie viel Geld er jährlich seinen Partnern zahlt. In einem Artikel, der am 5. März 2001 in der *New York Times* erschien, wurde die Vermutung ausgesprochen, dass der Anteil von Jim Baker sich auf annähernd 180 Millionen US-Dollar belaufen könnte, doch auf diese Summe kam man, indem man einfach die geschätzten 3,5 Milliarden Eigenkapital der Firma zwischen ihren achtzehn Partnern und einem Investor aufteilte. (Das war, bevor Carlyle die Hälfte der Anteile von United Defense übernahm und dabei, Berichten zufolge, einen Gewinn von nahezu 700 Millionen US-Dollar machte.) Sie können gewiss sein, dass man bei Carlyle nicht um Pfennige pokert. Als Frank Carlucci im November 2001 als Präsident zurücktrat, übernahm der ehemalige CEO von IBM, Lou Gerstner, den Posten.

Ein Partner von Carlyle bestätigte mir die Details, die ich über Prinz Azouzis 4,6 Milliarden US-Dollar teure Palastanlage herausgefunden hatte. Im August 2002 besuchte ich in Südfrankreich einen Freund, der in der Nähe von Cannes ein kleines Segelboot hat. Wir machten gerade an unserem Liegeplatz fest, als wir direkt neben uns auf einer brandneuen Yacht unter amerikanischer Flagge einen Mann bemerkten, den mein Freund zufällig kannte. Er sagte, dass er für die Carlyle Group tätig sei. Wir begannen eine Unterhaltung über den schmalen Streifen Wassers, der uns trennte, hinweg und kamen auf Saudi-Arabien zu sprechen. Bei der ersten Gelegenheit erkundigte ich mich nach Azouzis Palast. Der Mann wusste davon und erzählte, dass er sich vor kurzem in ihm aufgehalten habe. Er bestätigte mir, dass die Summe, die der Vergnügungspark meinen Ermittlungen nach gekostet hatte, korrekt war, und fragte dann, warum ich mich dafür interessiere. Als ich sagte, dass ich dabei sei, ein Buch über Saudi-Arabien zu schreiben, wurde er plötzlich von der Seekrankheit gepackt und verschwand unter Deck.

★

Für eine Stadt voller vermeintlich stumpfsinniger Bürokraten ist Washington erstaunlich erfindungsreich, wenn es darum geht, die saudischen Gelder einzusetzen. Zwischen seinen Amtsperioden als Verteidigungsminister und als Vizepräsident war Dick Cheney als CEO von Halliburton tätig, einem Unternehmen, das sowohl während als auch nach der Zeit, in der er diesen Posten innehatte, häufig von saudischen Bauprojekten profitierte. Ende 2001, als Cheney nur noch einen Schritt von der Vizepräsidentschaft entfernt war und seine alte Firma aufgrund von skandalösen Bilanzmanipulationen ins Wanken geriet war, zog Halliburton einen Auftrag in Höhe von 140 Millionen US-Dollar zur Erschließung eines neuen saudischen Ölfelds an Land. Die Tochtergesellschaft von Halliburton, Kellog, Brown & Root, erhielt zusammen mit zwei einheimischen Partnerunternehmen den Zuschlag für den Bau einer neuen Anlage zur Erzeugung von Äthylen in Japan. Auftragswert: insgesamt 40 Millionen.

Wie die Saudis bekundete auch Cheney, als Privatmann wie als Inhaber öffentlicher Ämter, reges Interesse für Öl aus Zentralasien. Als Präsident von Halliburton verteidigte er den starken Mann von Aserbaidschan, Geidar Alijew, gegen die Anschuldigungen, gewohnheitsmäßig gegen die Menschenrechte zu verstoßen; gleichzeitig geißelte er die Regierung Clinton für ihr »Unvermögen [...], den strategischen Wert des Öl- und Gasgeschäfts zu erkennen«. Im Jahr 1993 half Cheney als Mitglied des Beratergremiums von Kasachstan Oil, einen Deal der Firma

Chevron mit Kasachstan unter Dach und Fach zu bringen. Als Präsident von Halliburton unterstützte er die von Skandalen erschütterte Tyumen-Ölgesellschaft dabei, Kreditbürgschaften in Höhe von 489 Millionen US-Dollar von der Export-Import-Bank zu bekommen. Tyumen, ein russisches Unternehmen, das zur Nutzbarmachung der Erdöllager im Gebiet um das Kaspische Meer gegründet worden war, soll laut *Moscow Times* den größten Teil dieser Bürgschaften, nämlich 292 Millionen US-Dollar, dafür verwendet haben, von Halliburton die nötigen Maschinen und Anlagen zur Erschließung des Ölfeldes von Samotlor zu erwerben. Halliburton schloss zudem einen voluminösen Vertrag über die Bereitstellung von Maschinen und Geräten mit BP Amoco – jenem Unternehmen, das an der Spitze des kaspischen Konsortiums steht.

Als Vizepräsident der USA hat Cheney dafür gesorgt, dass die Export-Import-Bank weiterhin in Freundeshänden blieb. Deren neuer Präsident, Philip Merrill, war während der Präsidentschaft von Bush senior stellvertretender Generalsekretär der Nato und ist ein enger Freund von Dick Cheney und dessen Frau Lynne. Obwohl diese Tatsache in ihrem offiziellen Lebenslauf verschwiegen wird, arbeitete Lynne Cheney in den frühen 1980er-Jahren für Philip Merrills Magazin *Washingtonian*. Im Dezember 2002 wurde Merrill bei einer Zeremonie in der offiziellen Residenz des Vizepräsidenten, zu der nur geladene Gäste zugelassen waren, auf seinen Posten als neuer Boss der Ex-Im-Bank vereidigt.

Während des »düsteren Interregnums« – den acht Jahren der Regierung Clintons – gesellten sich Donald Rumsfeld und Colin Powell als Direktoren der Gulfstream Aerospace Corporation zu den ehemaligen Außenministern Henry Kissinger (unter Nixon und Ford) und George Shultz (unter Reagan) sowie zu anderen Berühmtheiten. Gulfstream Areospace, ein Hersteller luxuriöser Privatflugzeuge, wurde im Jahr 1990 von einem Investoren-Team gekauft, dem Teddy Forstmann vorstand, der zwei Jahre später Co-Leiter der erfolglosen Wiederwahlkampagne von Bush senior war. Die Aufgabe von Rumsfeld und Co. war grundsätzlich die gleiche, die Bush I. für die Carlyle Group erfüllte, nämlich die Türen zu Kunden aus Regierungskreisen und zu superreichen Privatleuten zu öffnen. Zu den Letzteren zählten vor allem auch viele Saudis und Kuweitis, und in beiden Ländern besitzen die vier genannten Politiker die Anziehungskraft von Stars. Im Jahr

1998 belohnte Forstmann seine Direktoren, indem er sie zu 43 US-Dollar pro Anteilschein Aktien einlösen ließ, die sie für drei bis 28 Dollar gekauft hatten. Kissinger strich nach nur fünf Monaten in Direktorium von Gulfstream Aerospace und nach Abzug seiner Unkosten 867 000 Dollar ein, wie Thomas Toch in der Ausgabe der *New Republic* vom 21. Dezember 1998 berichtete. Shultz konnte 1,08 Millionen mit nach Hause nehmen und Rumsfeld 1,09 Millionen, während Powell 1,49 Millionen Dollar einsackte.

Im November 2000, kurz bevor er zum Außenminister ernannt wurde, erhielt Powell nicht weniger als 100 000 US-Dollar – einem Bericht zufolge sollen es sogar 200 000 gewesen sein – dafür, dass er in der Tufts University in Massachusetts einen halbstündigen Stegreifvortrag hielt. Bezahlt wurde der Vortrag über einen Universitätsfonds, den Issam Fares eingerichtet hatte, der stellvertretende Premierminister des Libanon. So gut wie jeder Penny, den Fares besitzt, geht auf seine Geschäfte mit Prinz Sultan zurück, dem saudischen Verteidigungsminister, und mit Turki bin Abd-al-Asis, einem anderen Bruder von König Fahd. Was seine Verbindungen zu dem Libanesen betrifft, so kann Powell sich zumindest auf einen Vorgänger berufen: Der erste Präsident mit Namen Bush brüskierte seinen eigenen Botschafter, als er sich bei einem Staatsbesuch in Paris einige Zeit in Fares' luxuriösem Appartement auf der Ile Saint-Louis aufhielt.

Aber auch auf den niedrigeren Rängen Washington gibt es noch genügend Platz für die Saudis und ihre fetten Aufträge. Bei Qorvis Communications, die ungefähr 200 000 US-Dollar im Monat damit verdienten, das Image Saudi-Arabiens in den USA aufzupolieren, brauchten drei der Partner nach den Anschlägen vom 11. September mehr als ein Jahr, um zu dem Schluss zu kommen, dass es vielleicht ein schlechter Karriereschachzug gewesen sein könnte, sich zum Propagandisten eines Staates zu machen, der Terroristen unterstützt. Im Anwaltsbüro des früheren republikanischen Kongressabgeordneten von Texas, Tom Loeffler, scheint man weniger von einem schlechten Gewissen geplagt zu sein. Der Mann, der die Gelder für den ersten Anlauf von Bush junior auf den Gouverneursposten zusammengebracht hat und sich mit anderen um die Finanzierung seiner Präsidentschafts-Wahlkampagne kümmerte, steht Bushs Stab im Weißen Haus einschließlich Dick Cheney vielleicht näher als sonst jemand in Washington. Ende 2002 wedelten die Saudis mit einem Honorarvorschuss in Höhe von 720 000 US-Dollar für Loeffler, Jonas und Tuggey, wenn sie dafür die Interessen des Königreichs in den USA wahrnehmen wollten. Tom Loeffler, Gründer der Kanzlei und der für Regierungsgeschäfte zuständige Seniorpartner, nahm das Geld an. Denn was hätte es für einen Sinn, Zugang zu den höchsten Stellen zu haben, wenn man nicht davon zu profitieren wüsste?

★

In einem anderen moralischen Klima wäre dieses ganze kumpelhafte Einvernehmen, das zwischen den Vorstandsmitgliedern der großen Konzerne und den Mächtigen in Riad sowie dem Rest der arabischen Welt herrscht, vielleicht zumindest Anlass zur Beunruhigung: Von allen Seiten prasseln finanzielle Anreize auf Präsident Bush und seine Berater ein, die Augen vor der Verseuchung, die ganz Saudi-Arabien befallen hat, zu verschließen. In einem gewissen Sinn kann jedoch niemandem der Vorwurf gemacht werden, den Saudis zu nahe zu stehen, denn einen hochrangigen ehemaligen US-amerikanischen Regierungsbeamten ausfindig zu machen, der nicht zumindest oberflächliche Kontakte zu Saudi-Arabien hat, ist ähnlich schwierig wie einen Abstinenzler bei der Feier einer studentischen Verbindung zu entdecken.

Brent Scowcroft, der nationale Sicherheitsberater von Bush I. und ein langjähriger enger Vertrauter des Präsidenten, leitet die Scowcroft Group, die multinationalen Konzernen – darunter auch Ölfirmen und anderen Energieunternehmen – Markterkundungen und -analysen anbietet. In den Werbebroschüren von Scowcroft wird auf die »ungewöhnliche regionale Sachkenntnis« der Gruppe im Nahen Osten und ihre »engen Verbindungen zu den maßgeblichen Entscheidungsträgern« hingewiesen. Scowcroft sitzt auch im Vorstand von Pennzoil Quaker State. Übrigens ist er ein Intimus von Condoleezza Rice, Bushs nationaler Sicherheitsberaterin, und von CIA-Chef George Tenet: Er berät beide, wie die USA ihre nachrichtendienstlichen Aktivitäten im Nahen Osten »verbessern« können.

Lawrence Eagleburger, Außenminister im Kabinett von Bush I., stieg ins Direktorium von Halliburton ein, als Dick Cheney als CEO der Gesellschaft fungierte.

Henry Kissinger steht an der Spitze von Kissinger Associates, einem Unternehmen, das Boeing und Atlantic Richfield/ARCO zu seinen Kunden zählt, ebenso wie viele andere Firmen, die Geschäfte mit Saudi-Arabien machen. Wie Scowcroft, Eagleburger, Rumsfeld, Powell und alle anderen lässt Kissinger nicht zu, dass seine Integrität angezweifelt wird. Er will aber auch nicht damit aufhören, seine Verbindungen mit den politischen Führern Saudi-Arabiens und anderer arabischer Staaten, die ihm all seine Jahre der Shuttle-Diplomatie und der vertraulichen Gespräche in Camp David eingebracht haben, auszunutzen, das heißt an der gewaltigen Zitze, aus der die Petrodollars strömen, zu saugen. An den sonnigen Ufern des Potomac ist es so, dass man, wenn man zu dem Zeitpunkt, zu dem man sich aus dem Berufsleben zurückzieht, einen genügend hohen Rang bekleidet, beides haben kann: seine Integrität und die Zahlungen aus dem Ausland. (Wehe dem rangniederen Regierungsfunktionär, der auf diesen Umstand hinweist. Wenn es etwas gibt, das die Leute, die den Status quo bewahren möchten, hassen, dann ist es jemand, der sie verpfeift.)

So zahllos und so verwickelt sind die geschäftlichen Verbindungen Washingtons mit Saudi-Arabien, dass die beiden Männer, die als Vorsitzende der National Commission on Terrorist Attack nominiert wurden – Kissinger und sein Vize, George Mitchell, der frühere Majoritätsführer im Senat – lieber von ihren Ämtern zurücktraten, bevor die Anhörungen zu den Attentaten vom 11. September begannen. So vermieden sie es nämlich, ihre eigene Klientendatei offen legen zu müssen. Auf der Suche nach einem Kommissionsleiter, der in dieser Hinsicht unbelastet war, verfiel George W. Bush schließlich auf den früheren Gouverneur von New Jersey, Thomas Kean, den Präsidenten der Drew Univerity, dessen einzige festere Verbindung zu Washington darin besteht, dass er ein Zögling derselben, in D.C. gelegenen exklusiven Privatschule ist, an der auch Al Gore und die beiden jüngeren Brüder von Präsident Bush, Neil und Marvin, ihre Ausbildung erhielten. Zu der Zeit, als Kean ernannt wurde – das sollte man aber wohl hinzufügen –, war er auch Direktor von Amerada Hess, dem Erdölgiganten, der sich mit einer saudischen Ölgesellschaft zusammengetan hat, um Ölfelder in Zentralasien zu erschließen. Mehr dazu später.

Sogar Louis Freeh, der ehemalige FBI-Direktor, soll ein Angebot, für die Saudis zu arbeiten, ernsthaft in Betracht gezogen haben, nachdem er im Jahr 2001 von seinem Posten zurückgetreten war. Wenn das stimmt, dann muss er seit dem 11. September jeden Morgen sofort nach dem Aufwachen Gott und dem Schicksal dafür gedankt haben, dass er stattdessen eine Stelle bei MBNA, dem Kreditkarten-Giganten, annahm.

Was die großen Konzerne betrifft, so saß beinahe jede relevante Washingtoner Persönlichkeit im Aufsichts- oder Verwaltungsrat zumindest einer Gesellschaft, die einen Deal mit Saudi-Arabien abgeschlossen hat, und praktisch jeder Deal mit den Saudis wird irgendwie undurchsichtig, verliert sich in der Wüste in der Nähe der Quellen, aus der das ganze Geld gesprudelt ist, in einem Sandsturm.

Bis das Unternehmen Ende 2002 von Northrop Grumman gekauft wurde, zählte TRW International den ehemaligen CIA-Direktor Robert Gates sowie den früheren Unterstaatssekretär und Botschafter in Japan, Michael Armacost, zu den Mitgliedern seines Aufsichtsrats. Die nationale Sicherheitsberaterin Condoleezza Rice war viele Jahre lang ein Aufsichtsratmitglied von Chevron, dem Unternehmen, das 2001 mit Texaco fusionierte. Chevron Texaco ist sowohl über die Firma Star Enterprise als auch über Motiva Enterprises ein Partner von Saudi Aramco. Aufgrund dieser merkwürdigen Verflechtungen von Big Business und Politik ist es sehr gut möglich, dass gerade jetzt in dem Moment, da Sie diese Worte lesen, Öl auf jenem Tanker, den Chevron nach Condoleezza Rice benannte, in die USA transportiert wird.

Zu den Aufsichtsratmitgliedern von Chevron Texaco gehören Carla Hills, die unter Gerald Ford Wohnungs- und Städtebauministerin sowie unter George H. W. Bush US-Handelsrepräsentantin war, der ehemalige Senator von Louisiana, J. Bennett Johnston, der im Kongress als Spezialist für Energiefragen auftrat, und der ehemalige Senator von Georgia, Sam Nunn, der vor allem als Vorsitzender des Senate Armed Services Committee von sich reden machte. Chevron Texaco hat sich auch mit Nimir Petroleum zusammengetan, um Ölfelder in Kasachstan zu erschließen, die Schätzungen zufolge mindestens 1,5 Milliarden Barrel Öl abwerfen werden. Nimir ist im Besitz der Familie Bin Mahfus. Eine im Jahr 1999 von der saudischen Regierung veranlasste Anhörung soll ergeben haben, dass die National Commercial Bank, die zum Teil der Familie Bin Mahfus gehört, mindestens drei Millionen US-Dollar an Wohlfahrtsorganisationen gespendet hat, die möglicherweise Geld in das Netzwerk Osama bin Ladens einspeisten. Eine dieser Organisationen, Blessed Relief, zählt Abd-al-Rahman bin Mahfus zu ihren Vorsitzenden. Der Vater von

Abd-al-Rahman, Khalid bin Mahfus, durfte in den frühen 1990er-Jahren noch nicht einmal einen Fuß auf US-amerikanischen Boden setzen, da er in den internationalen BCCI-Bankskandal verwickelt war und deswegen unter Anklage stand.

Um noch einen Blick auf andere Stellen des Riad-Washington-Interface zu werfen: Nicholas Brady, Finanzminister unter Bush I., und Edith Holiday, die ehemalige Assistentin desselben Präsidenten, sitzen zusammen mit Tom Kean im Vorstand von Amerada Hess. Amerada Hess hat sich mit einigen der mächtigsten Prinzen Saudi-Arabiens zusammengetan, um die reichen Ölvorkommen von Aserbaidschan zu erschließen. Im Jahr 1998 bildete Amerada Hess mit der sich im saudischen Besitz befindlichen Gesellschaft Delta Oil ein gemeinsames Tochterunternehmen, Delta Hess, zur Nutzung der aserbaidschanischen Ölvorkommen. Frontera Resources Corporation, ein Unternehmen, das seinen Hauptsitz im texanischen Houston hat, schloss sich im selben Jahr der Jagd nach aserbaidschanischem Öl an, indem es sich mit Delta Hess zusammentat. Zu den Mitgliedern des Beirats von Frontera gehören: Lloyd Bentsen, der ehemalige Senator von Texas, Ex-Finanzminister und Kandidat für das Amt des Vizepräsidenten im Jahr 1988, sowie ein weiterer ehemaliger CIA-Direktor: John Deutch. (Wenn es keine EX-CIA-Direktoren gäbe, müsste man sie für die Aufsichtsräte und Vorstände der US-amerikanischen Konzerne erfinden.)

Auch im Fall von Delta Oil wird es schwierig, alle Spuren zu verfolgen. Einem im Mai 1999 von der US-Botschaft in Riad abgegebenen Bericht zufolge wurde das Unternehmen in den frühen 1990er-Jahren von fünfzig wohlhabenden Saudis gegründet. Kronprinz Abdullah war unter diesen Gründungsvätern, *primus inter pares* scheint jedoch Mohammed Hussein Al Amoudi gewesen zu sein – ein Saudi, der von Äthiopien aus operiert, wo er ein Konglomerat kontrolliert, dessen Tentakel sich in die Bereiche des Baugewerbes, des Bankwesens, der Ölindustrie und des Bergbaus hineinschlängeln. Die Familien Al Amoudi und Bin Mahfus sind mehrere Partnerschaften eingegangen; so betreiben sie gemeinsam Delta Nimir, ein Unternehmen, das sich 1994 mit Unocal zusammenschloss, um Ölfelder in Aserbaidschan zu erschließen. Wie die Mitglieder der Bin-Mahfus-Sippe wurden auch die Al Amoudis beschuldigt, Osama bin Laden Geld zukommen zu lassen, und zwar in diesem Fall über die von der Familie kontrollierte Capitol Trust Bank in London und in New York.

Vermutlich werden wir niemals mit Gewissheit herausfinden, ob die Wohlfahrtsorganisationen Saudi-Arabiens bin Laden finanziell unterstützt haben. Wahrscheinlich haben sie sich ganz ähnlich wie die amerikanisch-irischen Kneipenwirte in New York verhalten, die Sammelbüchsen für die IRA unter ihren Gästen herumgehen ließen: Der größte Teil des Geldes wurde dafür verwendet, in der alten Heimat Witwen und Waisen zu speisen, doch einiges wurde mit Sicherheit auch für den Ankauf von Waffen und Sprengstoff ausgegeben.

Das entlässt jedoch niemanden aus der Verpflichtung. Weder die saudische Regierung noch Washington haben jemals Rechenschaft darüber verlangt, wo das Geld hinfloss, und sie ließen zu, dass die Fundamentalisten unter den Al Saud sowie die militanten Wahhabiten über ahnungslose Mittelsmänner Osama bin Laden Geld zukommen ließen. Nicht nur für die Gläubigen in Washington war es einfach, an saudisches Geld heranzukommen, sondern auch für die in Riad und Dschidda.

*

Sogar diejenigen, die noch nicht zur Regierungselite von Washington gehören, begannen in den Saudis diejenigen zu sehen, die ihre Rente aufbessern würden. Da ihnen bewusst war, dass ein Regierungsangestellter mit seiner staatlichen Pension nicht gerade in Saus und Braus leben kann, verbreiteten die Saudis überall die Botschaft: Ihr spielt mit – haltet die Klappe über alles, was das Königreich betrifft –, und wir werden uns um euch kümmern: euch einen Job besorgen, einen Lehrstuhl an einer Universiät für euch finanzieren, euch vielleicht sogar einen Lexus und ein Stadthaus in Georgetown schenken.

Walter Cutler, der ehemalige US-Botschafter in Saudi-Arabien, ist Präsident des Meridian International Center in Washington. Dieses Center – seiner Website zufolge »zur Förderung des internationalen gegenseitigen Verständnisses« gegründet – wurde von saudischen Geldgebern generös unterstützt, und die Liste der Beiratsmitglieder gleicht einem Who is Who der Ehefrauen von Kongressabgeordneten und Kabinettsmitgliedern: Mrs. Spencer Abraham, Mrs. Ken Bentsen, Mrs. John Breaux, Mrs. Jon Corzine, Mrs. William Frist, Mrs. Charles Hagel und Mrs. Patrick Lehay, um bei der ersten Hälfte des Alphabets zu bleiben.

Edward »Neal« Walker Jr., stellvertretender Minister für Angelegenheiten des Nahen Ostens unter Präsident Clinton und davor Botschafter in Tel Aviv und Kairo, leitet das Middle East Institute, dessen Sitz ebenfalls in Washington ist. Die im Jahr 1946 zu Förderung des Verständnisses der arabischen Welt gegründete Einrichtung konnte im Jahr 2001 mit einem Budget von 1,5 Millionen US-Dollar operieren; 200 000 davon wurden nach den Angaben Walkers von Saudis beigetragen. Der Vorsitzende des Beirates des Instituts ist Wyche Fowler junior, der frühere Senator von Georgia, der während der zweiten Amtszeit Clintons Botschafter der USA in Riad war. Mitglieder sind unter anderem der ehemalige Verteidigungsminister James Schlesinger und der Ex-Direktor des FBI wie der CIA, William Webster.

Immer wieder berichten die Medien von US-amerikanischen Diplomaten oder anderen Angehörigen des State Department, die ihren Posten im Nahen Osten quittierten, sich von von einem mit saudischem Geld unterstützten Unternehmen engagieren ließen und gleich darauf anfingen, die offizielle Linie des Königreichs zu verkünden – in den meinungsführenden Zeitungen, bei gelehrten Konferenzen und überall sonst, wo man gewillt war, ihnen zuzuhören. Warum auch nicht, wo ihnen doch die Kissingers, Scowcrofts, Powells und Carluccis mit leuchtendem Beispiel vorangingen? Auch das Fußvolk muss essen. Für die Kleinen fällt weniger ab als für die Großen, doch die Regeln sind dieselben: Nichts Böses sehen, nichts Böses hören, nichts Böses reden.

Prinz Bandar, der langjährige Botschafter Saudi-Arabiens in den Vereinigten Saaten, erzählte einst einem Mitarbeiter, dass er sorgfältig darauf achte, sich um amerikanische Regierungsbeamte zu kümmern, sobald sie sich ins Privatleben zurückgezogen hätten. »Wenn sich dann verbreitet, dass die Saudis sich um ihre Freunde kümmern, sobald sie aus ihren Ämtern scheiden, dann sind überraschend viele von denen, die ihre Ämter gerade erst antreten, ihnen viel freundlicher gesonnen«, erklärte Bandar laut *Washington Post*. Wenn man reich und anmaßend genug ist, kann man sich eben auch den Luxus leisten, brutal offen zu sein.

Um sicher zu gehen, dass niemand in Versuchung gerät, sich zu lauthals zu beklagen, hat Saudi-Arabien eine Summe von vermutlich nicht weniger als einer Billion US-Dollar bei amerikanischen Banken deponiert. Das geht auf ein Abkommen zurück, das in den frühen 1980er-Jahren von der Regierung Reagan mit den Saudis geschlossen wurde und bei dem es sich um einen weiteren Versuch handelte, diese dazu zu bringen, das Haushaltsdefizit der USA auszugleichen. Außerdem halten die Saudis Anteile am amerikanischen Aktienmarkt im Wert von ungefähr einer weiteren Billion US-Dollar.

Auf der von eins bis zehn reichenden Skala wirtschaftlicher Katastrophen würde wahrscheinlich nur die Stärke Sechs erreicht werden, wenn die Saudis das gesamte Geld, das sie bei amerikanischen Banken deponiert haben, woanders hin transferierten und sich vom amerikanischen Aktienmarkt zurückzögen. Ganz anders sähe es jedoch aus, wenn die Saudis den Ölhahn zudrehten oder wenn ihnen der Ölhahn in die Luft gesprengt würde – dann wäre man bei Zehn angekommen, bei einem Desaster von apokalyptischen Ausmaßen. Doch man beginnt zu ahnen, dass da jemand jemand anderen ganz schön fest in der Hand hat.

# 5 – Pawlow und seine Hunde

Im Jahr 1994 holte das CIA-Hauptquartier mich nach Washington zurück, nachdem ich zwei Jahre in Duschanbe, der Hauptstadt von Tadschikistan, gedient hatte; einem der entlegensten, ärmsten und ödesten Flecken der Welt. Offen gestanden war ich froh, nach Hause zurückkehren und eine Zeit lang kürzer treten zu können. Ich hatte die Nase voll von kalten Duschen und Militär-Essensrationen – auch davon, von knallenden Panzerkanonen in den Schlaf gewiegt zu werden. Ich brauchte dringend eine Pause, bevor ich zu einem noch gottverlasseneren Teil der Erde ausrückte. Jedenfalls meinte ich das, bevor ich anfing, in Washington nach einer Bleibe zu suchen, die ich mieten konnte.

Als ich [redacted] in die CIA eintrat, konnte ich mir Washington durchaus leisten, ja sogar ein Apartment in Georgetown mieten. Damals konnte man noch ein paar Mal in der Woche zum Essen ausgehen, ohne dann die restlichen Tage aus der Dose leben zu müssen. Im Jahr 1994 war das alles anders geworden. Die Mietpreise in Georgetown waren in den Himmel gestiegen. All die Lokale, in denen ich so gerne herumgehangen hatte, waren verschwunden und durch schicke französische Cafés, Boutiquen und Zigarren-Bars ersetzt worden. Wenn man Familie hatte und so etwas wie ein normales Mittelklasseleben führen wollte, suchte man in den schon in Virginia gelegenen Einzugsgebieten nach einem Heim, und wer sich dort niederließ, musste jeden Tag eine Stunde Anfahrt zur Arbeit und eine Stunde Rückfahrt nach Hause in Kauf nehmen.

Ich wollte schon aufgeben und mich mit einer Wohnung außerhalb des Beltway begnügen, als ich auf ein Haus in Palisades aufmerksam wurde, einem unmittelbar an Georgetown angrenzenden Wohnviertel. Das Haus war nur monateweise zu mieten, aber das machte mir nichts. Es hatte genau die richtige Größe, drei Schlafzimmer und zwei Bäder, außerdem war da noch eine große Rasenfläche, und das alles war mehr als ausreichend für mich und meine Familie. Was noch besser war: Mit dem Auto brauchte man bis zum Hauptquartier in Langley, Virginia, nur ungefähr fünf Minuten. Ich konnte sogar mit dem Rad zur Arbeit fahren, wenn ich wollte: Einfach flott geradeaus, auf der Chain Bridge über den Potomac bis zur Route 123, dann ungefähr eine halbe Meile lang angestrengtes Gestrampel einen Berg hinauf, anschließend wieder ganz entspannt, lässig in die Pedale tretend, bis direkt vor die Eingangstore des CIA-Komplexes. Auf diese Weise musste ich keinen Zweitwagen kaufen und verschaffte mir auch noch jeden Tag die körperliche Bewegung, die ich brauchte.

Eine Abends war ich auf dem Heimweg, als ich eine Wagenkolonne bemerkte, die vom Potomac her die Route 123 herauf rollte, von einem Chevy Suburban 2500 mit eingeschalteten Blinklichtern angeführt. Zuerst dachte ich, es sei der Präsident – er ist das einzige Regierungsmitglied, das in Washington eine solche Eskorte zu seinem Schutz bekommt. Doch kurz bevor die Wagenkolonne dort angekommen war, wo ich mich gerade befand, bog sie von der Hauptstraße ab und fuhr auf ein mit einem Zaun umgebenes Anwesen zu. Die enormen Eisentore öffneten sich, und die Fahrzeuge verschwanden über eine von Bäumen gesäumte Zufahrt. Erst da bemerkte ich, dass ich gerade an dem Besitz von Prinz Bandar vorüber radelte, dem saudischen Botschafter in den USA. Da die Fenster der Limousine, wie es der Mode entsprach, getönt waren, konnte ich nur vermuten, dass es Bandar selbst war, der da gerade nach Hause kam.

Am nächsten Tag erkundigte ich mich nach dem Status, den der Mann hat, und erfuhr, dass er als einziger von allen Botschaftern offiziellen Schutz vom State Department erhielt. Der Chevy musste vom State Department gewesen sein. Es kam mir so vor, als ob dieser Vorfall *in nuce* etwas über Bandar, Washington, die CIA und die besonderen Beziehungen zwischen den USA und Saudi-Arabien aussagte. Da wurde ich, ein Officer des CIA, der nominell damit beauftragt war, für Amerikas Sicherheit zu sorgen, auf meinem Fahrrad vom saudischen Botschafter mit seiner US-Schutzmannschaft passiert, der anschließend auf sein Anwesen mit Blick auf den Potomac fuhr, zu seinem Haus auf einem der schönsten und teuersten Grundstücke, die es in Washington überhaupt gab. Das Haus, in dem ich wohnte, hätte zehnmal in das seine hinein gepasst.

Das war aber bei weitem noch nicht alles. Bandar konnte jederzeit, wenn ihm der Sinn danach stand, zu einem kleinen Schwatz ins Weiße Haus hinein schlendern oder einen der Kongressabgeordneten aufsuchen. Mich kostete es Wochen, einen Termin bei einem der rangniederen Mitarbeiter des National Security Council zu bekommen, und dann konnte ich von Glück sagen, wenn der Mann ein paar Minuten für mich erübrigte. Bandar dagegen stand auf der Liste der bevorzugten Partygäste. Er konnte jedem, der der Regierung oder der Presse angehörte, jederzeit eine wichtige Nachricht zukommen lassen; bei einem Eröffnungsabend im Kennedy Center, einem formellen Dinner im Haus von Katherine Graham, der inzwischen verstorbenen Herausgeberin der *Washington Post*, oder im Cosmos Club. Bandar war jemand, der auf dem politischen Parkett in Washington mitmischte. Ich, der CIA-Mann, war es nicht.

Bandars Wagenkolonne, sein riesiges Haus, der Zugang, den er zu allen wichtigen Leuten hatte, sein uneingeschränkter Lebensstil: All das erinnert daran, wie die Dinge in Washington wirklich ablaufen. Vergessen Sie das ganze Geschwätz über Demokratie, das Gerede von der Hauptstadt der freien Welt. Washington war ein einziges großes Wirtschaftsunternehmen, und Bandar hatte einen Sitz im Vorstand. Wenn man in die äußeren Sphären seines Einflussbereiches vordringen wollte, dann tat man verdammt noch mal besser daran, sich an die von ihm vorgegebenen Regeln zu halten.

⋆

Wenn man zu einem so angenehmen Arrangement kommen will, wie der Schulterschluss zwischen den USA und Saudi-Arabien es ist, braucht man jemanden, der einen Fuß in beiden Lagern hat; der auf beiden Seiten gute Verbindungen besitzt, sich in beiden Kulturen zu Hause fühlt; der aufgeschlossen und mitteilsam genug ist, dass die Leute sich einerseits dazu veranlasst fühlen, seine Gesellschaft zu suchen, doch andererseits auch bereit dazu, den Einzelheiten Aufmerksamkeit zu schenken, die einem am Ende des Tages die gewünschten Ergebnisse einbringen. Für die Achse Washington-Riad ist Bandar bin Sultan bin Abd Al Asis dieser Mann. Von seinem Anteil an königlichen Genen her nimmt Prinz Bandar zwar nur einen niedrigen Rang in den Charts ein – sein Vater ist der Verteidigungsminister des Landes, seine Mutter war jedoch eine bescheidene Hausangestellte. Für Washington war aber stets das Geld, das jemand hatte, wichtiger als seine Abstammung.

Seitdem er im Jahr 1983, dreiunddreißig Jahre alt, zum saudischen Botschafter in den USA ernannt wurde, hat Bandar für die Al Saud Freunde gewonnen und Leute beeinflusst. In seinen jungen Jahren war er ein draufgängerischer Kampfflieger, der – obwohl Moslem – Single Malt Whisky und kubanische Zigarren schätzte. Er war ein Gesandter, der seine Brieftasche immer offen bei sich trug, und hat sich als geschickter Franchise-Jongleur erwiesen; außerdem war er ein im öffentlichen wie im privaten Bereich erfolgreicher Diplomat. Als saudischer Militärattaché in den USA landete er 1981 einen Riesencoup, als er nämlich den Kongress überreden konnte, den Verkauf von AWACS-Frühwarnsystemen an Saudi-Arabien zu genehmigen, obwohl AIPAC, die mächtige israelische Lobby in Washington, in schon fast hysterischer Weise Protest dagegen erhob. Später als Botschafter begann Bandar die Schulden des Königreiches zurückzuzahlen, indem er – wie die *Washington Post* im Jahr 2002 berichtete – insgeheim zehn Millionen US-Dollar bei einer Bank in Vatikanstadt einzahlte. Das Geld, das auf Wunsch des damaligen CIA-Direktors William Casey bei dieser Bank deponiert wurde, sollte von der Partei der italienischen Christdemokraten für eine Kampagne gegen die Kommunisten des Landes verwendet werden. Im Juni 1984 schusterte Bandar den entsprechenden Kreisen in Washington die ersten 30 Millionen US-Dollar von der königlichen Familie zu, damit Oliver North Waffen für die Kontras in Nicaragua kaufen konnte.

An der persönlichen Front zeigt der leutselige Bandar, was er wirklich alles kann. Als George H. W. und Barbara Bush Ende November 1990 nach Saudi-Arabien flogen, um die Soldaten zu besuchen, die zusammengezogen wurden, um Kuweit von den Irakern zurückzuerobern, lud Bandars Frau, Prinzessin Haifa, die frisch geschiedene Tochter des Ehepaars Bush, Dorothy, mit ihren Kindern zum Thanksgiving-Fest auf die Farm des Botschafters in Virginia ein. Als der Präsident und Bandar wenige Tage nach Thanksgiving zusammentrafen, soll Bush den Prinzen nach dessen eigenen Worten »mit Tränen in den Augen« umarmt und gesagt haben: »Ihr seid gute Menschen!«

Ein Besuch bei den Bushs in ihrem Sommerhaus in Kennebunkport, Maine, brachte dem Prinzen im Kreis der Familie den liebevollen Spitznamen »Bandar Bush« ein. Bandar revanchierte sich, indem er Bush zur Fasanenjagd auf seinem Besitz in England einlud. Um das Maß seiner Güte vollzumachen, stiftete er noch eine Million Dollar für den Bau der *Bush Presidential Library* in College Station, Texas. Auf Bandars Vorschlag hin überwies König Fahd eine weitere Million Dollar für Barbara Bushs Kampagne gegen Analphabetismus, so wie er eine Million für Nancy Reagans »Just Say No«-Kampagne gegen Drogen gespendet hatte.

Prinz Bandar ist nicht der einzige Saudi, der sich brennend für präsidiale Bibliotheken und ähnliche Einrichtungen oder wohltätige Aktionen interessiert. Im Oktober 1983 zahlte Adnan Khashoggi – der bereits erwähnte Waffenhändler und spätere Iran-Contra-Mittelsmann – bei einer Wohltätigkeitsveranstaltung in New York die 50 000 US-Dollar betragende Rechnung für das Carter Presidential Center in Atlanta. Sechs Monate zuvor hatte der ehemalige Präsident und zukünftige Friedensnobelpreisträger bei einer Handelskonferenz der Saudis, die in Atlanta abgehalten wurde, das Loblied des Königreichs gesungen. In viel jüngerer Vergangenheit, Ende 2002, steuerte Prinz Al Walid 500 000 Dollar bei, damit der *George Herbert Walker Bush Scholarship Fund* an der Phillips Academy, Andover, ins Leben gerufen werden konnte – diese Akademie war auch die Alma Mater von George W. Bush gewesen. Ein Jahr zuvor hatte, wie Sie sich vielleicht noch erinnern, Rudy Giuliani Al Walids Spende von zehn Millionen US-Dollar zurückgewiesen.

In Presseberichten wird Bandar als jemand porträtiert, der während der Amtszeit von Präsident Clinton mehr oder weniger draußen vor blieb und trübselig wochenlang in seiner bescheidenen Hütte in den Bergen von Aspen hockte (etwa 4645 Quadratmeter, 32 Zimmer, sechzehn Bäder, geschätzter Wert 55 Millionen Dollar). Es stimmt, dass die beiden Männer ganz unterschiedlich auftreten: Bandar ist stolz auf seine Vergangenheit als Kampfflieger, Clinton sah jedesmal, wenn er versuchte, eine Parade abzunehmen, so aus, als ob er eigentlich lieber ein Saxophon in der Hand halten wollte, und der Gedanke, dass er irgendwo mit einem Gewehr auf die Jagd gehen könnte, lässt einem Schauer über den Rücken laufen.

Was Riad betrifft, so besitzt Clinton seinen eigenen Zugang durch die Hintertür: Er ist mit Prinz Turki befreundet, dem ehemaligen Chef des saudischen Nachrichtendienstes. Diese Freundschaft geht auf ihre gemeinsame Zeit als Studenten der Georgetown University zurück. Es ist aber ebenso wahrscheinlich, dass die Berater im Weißen Haus hart daran arbeiteten, die beiden Männer auseinander zu halten. Die letzte Person, mit der es für Clinton günstig gewesen wäre, mehr Zeit zu verbringen, wäre ein sagenhaft reicher Araber mit einem prüfend umherschweifenden Blick gewesen.

Doch Bandar wusste auch die Clinton-Ära für seine eigenen Zwecke zu nutzen. *Newsweek* berichtete, dass er mit von der Partie war, als die Libyer dazu überredet werden mussten, zwei ihrer Landsleute auszuliefern, die im Verdacht standen, an dem Bombenattentat beteiligt gewesen zu sein, das im Jahr 1988 die Maschine der Pan Am über dem schottischen Lockerbie zum Absturz brachte. Dasselbe Magazin meldete auch, dass Bandar geholfen habe, den Widerstand der Saudis gegenüber der vom FBI durchgeführten Untersuchung der Bombenanschläge auf die Khobar Towers im Jahr 1996 abzubauen – was eine merkwürdige Auslegung des Geschehens war, da die Untersuchung ein halbes Jahrzehnt, nachdem dort achtzehn Soldaten das Leben verloren, immer noch nicht richtig in Gang gekommen ist.

Was den nichtpolitischen Bereich betraf, so nutzte Bandar seinen Einfluss auf König Fahd aus, um den Monarchen dazu zu bewegen, 23 Millionen US-Dollar für das neue Center for Middle Eastern Studies an der University of Arkansas zu stiften – eine »Geste des Respekts« gegenüber dem gerade zum Präsidenten gewählten Gouverneur von Arkansas. Clinton hatte sich seit dem Jahr 1989 angestrengt darum bemüht, dieses Geld aufzutreiben. Unter anderem traf er sich deshalb im Jahr 1991 mit dem saudischen Botschafter und führte nur eine Woche nach seiner Wahl zum Präsidenten 1992 ein Telefongespräch mit König Fahd. Das Geld wurde schließlich in zwei Raten gezahlt. Zuerst wurden drei Millionen Dollar überwiesen; der Rest traf zwei Wochen nach Clintons Amtseinführung ein. Es hängt eben alles vom richtigen Timing ab. Wie jedesmal, wenn die Zeit einer Regierung zu Ende geht – ob er diese nun als feindlich oder als freundlich gesonnen eingestuft hat –, lud Bandar auch jedes Mitglied des Clinton-Kabinetts in ein Restaurant seiner Wahl ein, wo sein Gast mit ihm in aller Öffentlichkeit oder in einem Separee speisen durfte; je nachdem, ob er andere sehen und selber gesehen werden wollte oder nicht.

Sobald die Regierung von Bush II. am Ruder war, nahm Bandar wieder das Weiße Haus ein – in ähnlich spektakulärer Weise wie die Briten im Jahr 1814, als sie es nämlich niederbrannten. Er machte sich selbst zu einer Art Oberhaupt eines fremden Landes auf permanenten Staatsbesuch. Dass er so lange in Washington Dienst getan hat, erhebt ihn zum Doyen des diplomatischen Korps; vor allem aber ist er als Veranstalter von Partys in aller Munde. Im Dezember 1997 machten Jimmy und Rosalyn Carter sich ebenso wie Bush senior zu Bandars Landhaus am Potomac auf, um die silberne Hochzeit des Prinzen und seiner Frau Haifa zu feiern. Zwei Jahre später, als Nelson Mandela zu Besuch nach Washington kam, gaben die Bandars ihm zu Ehren eine Party, die bis ein Uhr in der Nacht dauerte. Eines der Highlights war ein Privatkonzert der Sängerin Roberta Flack.

Dann ist da noch Bandars berühmter Rolodex-Taschencomputer. Im April 2001, nachdem israelische Soldaten auf einen Wagenkonvoi geschossen hatten, der Angehörige der Palästinensischen Autonomiebehörde beförderte, rief Arafat den saudischen Kronprinzen Abdallah an, um sich zu beschweren. (Da sie auch im Gewähren von Vergünstigungen für Chancengleichheit sind, übernehmen die Saudis Arafats Hotelrechnung, wenn immer seine Entourage in Washington übernachtet – für gewöhnlich steigt sie im Ritz-Carlton ab, demselben Hotel, in dem die Carlyle Group ihre Jahresversammlung abhielt, als die American-Airlines-Maschine auf das Pentagon stürzte.) Abdallah wiederum telefonierte mit Bandar, der Dick Cheney anrief, welcher Colin Powell ans Telefon holen ließ, der früher einmal mit Bandar Racquetball gespielt hat. (Powell und Bandar lernten sich in den späten 1970er-Jahren kennen, und zwar durch David Jones, den damaligen Vorsitzenden der Joint Chiefs of Staff, der ein weiterer von Bandars Racquetball-Kumpeln ist.) Weniger als eine Stunde nach Arafats Anruf bei Prinz Abdallah las Powell Ariel Sharon in Tel Aviv die Leviten. So effizient ist noch nicht einmal das Zusammenspiel der besten Fußballer!

Mitte 2002 wurde in der Presse kolportiert, dass das halb offizielle Defense Policy Board, dem der Kalte Krieger Richard Perle aus Harvard vorstand, zu der Einschätzung gelangte, Saudi-Arabien sei nicht der Freund Amerikas, wenn es um Terrorismus gehe. Um genau zu sein: In dem Bericht hieß es, Saudi-Arabien stehe »im Mittelpunkt der Selbstzerstörung der arabischen Welt« und sei »der Hauptvektor der arabischen Krise sowie mit ihr zusammenhängender nach außen gerichteter Aggression«. Weiter hieß es: »Die Saudis sind auf jedem Level der Terrorkette aktiv, als Planer wie als Finanziers, als Kader wie als Fußsoldaten, als Ideologen wie als Cheerleader.«

Wieder war Powell nur wenige Stunden später am Telefon – dieses Mal, um Bandar und über ihn seinen Chefs zu versichern, dass solch eine ketzerische Ansicht sich keinesfalls mit dem offiziellen Standpunkt der Regierung von Bush II. decke. Um dieser Botschaft mehr Nachdruck zu verleihen, lud Bush II. ihn auf die Ranch der Familie bei Crawford, Texas, ein – eine Ehre, die für gewöhnlich nur Staatsoberhäuptern zuteil wird: Denken Sie an Wladimir Putin, wie er gestiefelt, gespornt und mit breitkrempigem Hut auf dem Gelände herumläuft.

Man argwöhnte – und darin könnte zarte Ironie liegen –, dass ausgerechnet Henry Kissinger, der sich meisterhaft auf das Durchsickernlassen von Informationen versteht und den Saudis jederzeit zu Diensten ist, dafür sorgte, dass das Gutachten des Defense Policy Board bekannt wurde. Kissinger stand später für kurze Zeit der hochkarätig besetzten Kommission vor, die untersuchen sollte, wie die Fehler der Nachrichtendienste die Ereignisse des 11. September hatten zulassen können. Er musste jedoch zurücktreten, bevor er in dieser Eigenschaft aktiv werden konnte – höchstwahrscheinlich, weil in seiner Klientenkartei auch Saudis standen.

Einem amerikanischen Reporter teilte Bandar einmal mit, dass der Spruch »Fragen Sie nichts, erzählen Sie nichts« auf einen Vers des Koran zurückgehen könnte: »Stelle keine Fragen zu Dingen, die dir, wenn sie dir erklärt würden, Sorgen bereiten könnten.« Vielleicht sollte dieser Vers auch über der Eingangstür zum State Department eingemeißelt werden.

*

Als ans Tageslicht kam, dass karitative Spenden von Bandars Frau, Prinzessin Haifa, zwei von den Hijackern vielleicht unbeabsichtigterweise dazu verholfen hatten, sich in San Diego niederzulassen, trat Powell am 28. November 2002 in der NPR-Sendung *Morning Edition* auf, um den Prinzen und die Prinzessin in Schutz zu nehmen, allerdings ohne sich allzu positiv über sie zu äußern: »Ich kenne Prinz Bandar und Prinzessin Haifa seit vielen Jahren«, sagte er dem Interviewer Michele Kelemen, »und ich halte es für höchst unwahrscheinlich, dass sie etwas tun würden, was einer terroristischen Organisation oder einem einzelnen Terroristen dient. Doch warten wir einmal ab, welches die Fakten sind.«

»Höchst unwahrscheinlich«? »Warten wir einmal ab, welches die Fakten sind?«

Waren die Anhänger Bandars von ihm abgefallen?

Schickte die Bush-Administration eine kodierte Botschaft?

Vielleicht, doch Powell kann auch einfach um ein wenig Feuerschutz für sich selbst bemüht gewesen sein. Anfang März 2001 gab Prinzessin Haifa in ihrem McLean-Haus einen Lunch für achtzig der prominentesten Frauen Washingtons; darunter waren auch die Gattinnen von Donald Rumsfeld, Stabschef Andrew Card, Finanzminister O'Neill und die Richter am Obersten Bundesgericht Clarence Thomas und Anthony Kennedy. Der weibliche Ehrengast der ganzen Veranstaltung war: Alma Powell, die Ehefrau des Außenministers.

So läuft es in Washington ab, doch was mich an der ganzen Affäre am meisten überraschte, war nicht, dass Prinzessin Haifa Geld spendete, das dann irgendwie den Weg zu den Terroristen fand: Den Bedürftigen mit mildtätigen Gaben beizustehen, ist eine – bewundernswerte – Pflicht eines jeden Moslems, die ihm vom Koran auferlegt wird, und Prinzessin Haifa sowie ihr Gatte besitzen Lkws voller Geld, das sie unter die Bedürftigen verteilen können. Doch wie konnte jemand von Rang und Namen nicht wissen, dass etwas von dem Geld an die Streiter, die im Heiligen Krieg kämpfen, fließen könnte?

Lassen Sie uns doch einmal Tacheles reden: Wann haben die Amerikaner Saudi-Arabien zum letzten Mal aufgefordert, Rechenschaft für etwas abzulegen? Es ist nur ein anderes Symptom, dass Washington, was Saudi-Arabien betrifft, schon vor langer, langer Zeit aufgehört hat, das ganze Bild, die Zusammenhänge zu sehen.

Was immer Sie über die karitativen Organisationen der Saudis denken – und ich habe schon gesagt, dass sie meiner Meinung nach überbewertet sein könnten –; sie haben auf jeden Fall seit Jahren direkt vor den Nasen der Amerikaner operiert.

Es ist so wie mit den Anschlägen vom 11. September selbst: Niemand sah sie kommen, weil niemand die Augen aufmachen wollte. Im März 2002, ein halbes Jahr bevor ganz aufgeregt enthüllt wurde, dass Prinzessin Haifas Spenden vom richtigen Weg abgeirrt waren, veranstalteten Fahnder des Finanzministeriums Razzien in den in Nordvirginia gelegenen Büros von vier Wohlfahrtsorganisationen, deren Stammsitz in Saudi-Arabien ist. Dabei handelte es sich um die *SAAR-Foundation*, den Safa Trust, das *International Insitute for Islamic Thought (IIIT)* und die *International Islamic Relief Organization (IIRO)*. Ebenfalls durchsucht wurde das örtliche Hauptquartier der Muslim World League, einer von der saudischen Regierung finanzierten Dachorganisation, die Osama bin Laden auf indirektem Weg Geld und Waffen zukommen ließ. Diese Wohlfahrtsorganisationen, deren Büros nur wenige Meilen von Bandars Anwesen am Potomac entfernt liegen, können auf eine lange Reihe humanitärer Hilfsleistungen verweisen, die sie unterstützt und finanziert haben. Andererseits können aber auch Mitarbeiter des Finanzamts und andere Experten auf eine lange Kette beunruhigender Verbindungen verweisen, die diese Organisationen eingegangen sind.

Im Rahmen seiner Aussage vor dem Kongress am 1. August 2002 gab Matthew Levitt, Senior Fellow am Washingtoner Institut für Nahostpolitik an, dass Tarik Hamdi, ein Angestellter von IIIT, persönlich Osama bin Laden mit Batterien für sein Satellitentelefon versorgt hat – ein Kommunikationsmittel, das in der staatenlosen Welt, in der Bin Laden lebt, von entscheidender Bedeutung ist. IIIT und SAAR stehen außerdem im Verdacht, bei der Finanzierung von Hamas und dem Palästinensischen Islamischen Dschihad mitgeholfen zu haben – zwei Organisationen, aus deren Reihen einige der schlimmsten Selbstmordattentäter im Nahen Osten hervorgegangen sind. Von 1986 bis 1994 leitete Mohammed Jamal Khalifa, der Schwager von Osama bin Laden, das Büro der IIRO auf den Philippinen, von wo aus er der Al Kaida Gelder zuschleuste. Nur der hervorragenden Arbeit der indischen Polizei ist es zu verdanken, dass ein anderer Angestellter der IIRO, Sayyid Abu Nasir, daran gehindert wurde, Bombenanschläge auf die US-Konsulate in Kalkutta und Madras zu verüben. (Letzteres betrifft mich persönlich, da ich eine Zeit lang in Madras gearbeitet habe.) Als er für die PBS-Sendung *Frontline* dazu befragt wurde, wie schwierig es sei, festzustellen, wo das saudische Geld eigentlich lande, nachdem es um die halbe Welt gewandert sei, sagte Prinz Bandar: »Das Geld verlässt Saudi-Arabien, geht nach Europa, und wir können seinen Weg verfolgen; es geht in die Vereinigten Staaten, nach Amerika, und wir verlieren es aus den Augen.«

Was für die Bandars vielleicht ganz gut ist. Prinzessin Haifas schon erwähnte Zahlungen an einen Saudi, der zwei von den Männern unterstützte, die am 11. September die Flugzeuge entführten, beliefen sich auf insgesamt 130 000 US-Dollar. Schmeißen Sie noch die 550 000 US-Dollar dazu, die ein geheimnisvoller Saudi einer Moschee in San Diego spendete, die denselben beiden Hijackern als vorgeschobener Stützpunkt diente, und Sie kommen bei den knapp 700 000 US-Dollar an, die die Attentate vom 11. September nach Schätzungen des FBI ungefähr gekostet haben.

Mit anderen Worten: Das »aus den Augen verlorene« Geld Bandars – oder irgendeines anderen Saudi – landete am Ende bei neunzehn Gotteskriegern und diente dazu, das Massaker an mehr als dreitausend Menschen zu finanzieren. Und wir werden wohl niemals erfahren, ob dieses »verschwundene« Geld nicht doch genau dort ankam, wo es hinfließen sollte, wenn die Saudis sich nicht endlich entschließen können, die Amerikaner bei ihren Nachforschungen zu unterstützen.

Im Oktober 2002 begab sich eine US-Delegation unter der Leitung von Alan Larson, dem stellvertretenden Wirtschaftsminister, nach Riad. Offenkundiger Zweck dieser Reise war es, Druck auf die Saudis auszuüben, damit sie die karitativen Aktivitäten ihrer Landsleute und die von ihnen aufgebauten finanziellen Netzwerke strenger überwachen. Wie Jeff Gerth und Judith Miller in der *New York Times* berichteten, ging es aber auch noch um etwas anderes: »Welchem Dilemma sich Washington ständig gegenüber sieht, wurde durch die Erklärung amerikanischer und saudischer leitender Angestellter von Mineralölfirmen deutlich, dass noch ein anderer Punkt auf Mr. Larsons Tagesordnung stehe. Er wolle sich vergewissern, sagten sie, dass Saudi-Arabien mehrere Millionen Barrel Öl mehr fördern und auf den Weltmarkt bringen würde, falls es aufgrund des US-amerikanischen Angriffs auf den Irak zu einer Verknappung kommen sollte.«

Fragen Sie nichts, erzählen Sie nichts, wissen Sie von nichts. Vor allen Dingen: Sagen Sie nichts Böses – und sorgen Sie dafür, dass das Öl weiterfließt. Die Saudis haben das schon immer richtig gehandhabt.

★

Riad hält eine Hand voll Petro-Dollars hoch, und Washington sabbert begierig. Wir sehen immer deutlicher das zweifache Resultat der Pawlowschen Konditionierung: eine beinahe pathologische Weigerung vonseiten der verschiedenen US-amerikanischen Regierungsstellen, der Wahrheit ins Gesicht zu sehen, im

Verein mit einem wilden Gegrapsche nach Geld vonseiten all jener aus, die erkennen, dass das Haus Saud sich nur noch mit Mühe auf seinen wackeligen Beinen hält.

Doch wenn man sich nur auf das Geld konzentriert – oder meinetwegen auch auf Öl und Geld –, wird man der Komplexität der ganzen Story nicht gerecht. Die Vorgeschichte der Ehe Washingtons mit dem Haus Saud ist recht kompliziert. Sie windet sich um Jahrhunderte in die Vergangenheit zurück, hat mit Geopolitik zu tun, dem Zweiten Weltkrieg und dem manchmal kurzsichtigen Ringen darum, den Kommunismus einzudämmen. Franklin D. Roosevelt spielt ebenso eine Rolle wie der Stammeshäuptling des 18. Jahrhunderts, Mohammed ibn Saud. Nicht weniger Bedeutung haben ein anderer Zeitgenosse des 18. Jahrhunderts, Mohammed ibn Al Wahhab, und ein erzkonservativer Geistlicher aus dem 13. Jahrhundert, Ibn Taymiyah. Eine entscheidende Rolle spielt schließlich auch das Gewächs, das aus all den heimtückischen Samen, die Ibn Taymiyah gesät hatte, aufkeimte: die Moslemische Bruderschaft.

Um mehr über alle diese Komponenten der Story zu erfahren, brauchte ich Unterricht in Geschichte und einen Tutor, der bereit war, mich mit der düsteren Seite der islamischen Theologie vertraut zu machen. Ich würde Orte aufsuchen müssen, an die die meisten Menschen der westlichen Welt sich nicht freiwillig begeben würden.

# Teil II

# Mit dem Teufel im Bett

# 6 – Die Verführung

Aus der Hauptstadt von Arabien, dem bedeutendsten Orte des Nejd, dem Zentrum der Wahhabiten und aus einem Zelt, das direkt an der Nordmauer des Palastes seiner Majestät steht, sende ich dir Grüße«, schrieb der 29-jährige Thomas C. Barger am letzten Tag des Sommers im Jahr 1938 an seine junge Frau Kathleen, die daheim in Medora, North Dakota, geblieben war. »Es haben sich hier weniger als vier Dutzend Europäer aufgehalten, und ich glaube nicht, dass viele von ihnen Briefe von hier abgeschickt haben.«

Sein Beruf als Geologe hatte Tom Barger nach Riad verschlagen. Im Westen der Hauptstadt, ungefähr im geografischen Zentrum des ganzen Königreichs, erhebt sich der Arabische Schild – ein Gebirgszug vulkanischen Ursprungs mit einzelnen Gipfeln, die nicht weniger als 3000 Meter hoch aufragen, der sich von Jordanien im Norden bis hinunter an den Golf von Aden im Süden erstreckt. (Die letzten arabischen Vulkane sind erst vor sieben Jahrhunderten erloschen; breite Ströme aus erstarrter schwarzer Lava, die *harrahs* genannt werden, ziehen sich immer noch die Berghänge in Richtung Rotes Meer herunter.) Im Osten – dort wo das Arabische Hochland zum Persischen Golf hin abfällt – geht die vulkanische Grundschicht in Sedimentsgestein über, das aus den Überresten von uralten Meerespflanzen und -tieren besteht und aus prähistorischer Zeit stammt, aus einer Periode, als dieses tiefer gelegene Land noch von einem Ozean bedeckt war. Als das Wasser sich zurückzog und sich die Erdkruste aufwarf, wurden diese sedimentären Ablagerungen immer weiter in die Tiefe geschoben; die dabei entstehende Hitze und der Druck von oben ließen zusammen mit der Zersetzung der organischen Überreste in der Tiefe den zähflüssigen fossilen Brennstoff entstehen, den wir als Petroleum, Schwarzes Gold oder einfach Erdöl kennen.

Öl wurde schon im Jahr 1859 erfolgreich durch Bohrungen aus der Erde herausgeholt: Das war in Titusville in Pennsylvania, und der Besitzer der kleinen Quelle, die später berühmt wurde, war Colonel Edwin Drake. Elf Jahre später gründete John D.

Rockefeller in Ohio die Standard Oil Company, und Öl wurde der Treibstoff für die industrielle Revolution. Noch vor dem Ende des Jahrhunderts war Russland zum größten Erdölproduzenten neben den USA geworden. Zu Beginn des Ersten Weltkriegs besaßen auch Indonesien, Rumänien und Mexiko eine eigene, wenngleich noch in den Kinderschuhen steckende Erdölindustrie. Während in Venezuela und im Karibischen Becken Ölvorkommen entdeckt wurden, wurde in Europa gekämpft.

Von den Staaten am Persischen Golf war der Iran der Pionier auf dem Gebiet der Erdölförderung. Dort wurde die erste Quelle im Mai 1908 in Betrieb genommen. Im Jahr 1913 gab es schon eine über 200 Kilometer lange Pipeline, die das Ölfeld mit einer Raffinerie in Abadan an der Spitze des Golfes verband. Das riesige Ölfeld im nordiranischen Kirkuk wurde 1927 erschlossen. Im Jahr 1935 beförderte man von dort Erdöl durch zwei neunhundertfünfzig Kilometer lange Rohrleitungen an die Küste des Mittelmeeres, nach Tripolis im Libanon und nach Haifa im damaligen Palästina. Bahrain, das winzige Insel-Emirat im Persischen Golf zwischen Katar und Saudi-Arabien, ging 1932 mithilfe der Gulf Oil Corporation *online*. Es war nur eine Frage der Zeit, bis der Osten Saudi-Arabiens – der in geologischer Hinsicht mit dem Westiran, dem Südirak und Bahrain zusammenhängt – zu den anderen Ölfördergebieten hinzukam.

Tom Barger gehörte zu der zweiten Welle von Ingenieuren und Geologen, die von der Gesellschaft Standard Oil of California ausgesandt wurden, um dafür zu sorgen, dass das Öl auch in Saudi-Arabien aus dem Boden sprudelte. Das mit einer Lizenz der königlichen Familie arbeitende Team von SOCAL hatte bereits am Neujahrstag 1938 bei Dhahran die erste Bohrung veranlasst, um Öl in kommerziell verwertbaren Quantitäten zu fördern. Im September des Jahres, als Barger nach Riad kam, dauerte es nicht mehr lange, bis die Vorhersagen sich erfüllten und das Öl tatsächlich zu sprudeln begann.

SOCAL, einer der vielen Ableger der Standard Oil Company, der durch die per Gerichtsbeschluss angeordnete Auflösung der Gesellschaft im Jahr 1911 entstanden war, wurde einer der Hauptpartner von Aramco, die im Jahr 1932 gegründet worden war, um saudisches Öl aus dem größten Lager der Welt zu fördern und zu vermarkten. Tom Barger stieg im Jahr 1961 zum CEO von Aramco auf und hatte diese Position bis 1969 inne. Und das Öl sollte so ziemlich alles in der Hauptstadt des Landes, dem ganzen Königreich und in gewisser Weise auch innerhalb der gesamten arabischen Welt umkrempeln. Natürlich traf das auch auf die westliche Welt zu, denn Öl, der Westen, der Islam und Saudi-Arabien können niemals ganz voneinander getrennt gesehen werden.

Angesichts des Einflusses, den es auf das westliche Denken und die Brieftaschen der industriellen Welt gehabt hat, überrascht die Tatsache, dass Saudi-Arabien eigentlich ein relativ junges Land ist. Jenes Saudi-Arabien, in dem Tom Barger 1937 mit dem Flugzeug landete, war erst seit fünf Jahren ein vereinigtes Königreich. Noch Mitte der 1920er-Jahre blieb das weitläufige Innere der arabischen Halbinsel beinahe vollkommen vom Rest der Welt abgeschnitten – eine Region, die noch nicht von dem in ihr geförderten Öl und ihren Reichtümern geprägt war, sondern von Armut, religiös begründeter Fremdenfeindlichkeit und Glaubensfanatismus –, das Herzland einer Außenstehenden so gut wie unzugänglichen Wüstenkultur.

Die Küste Arabiens dagegen war Händlern schon seit langem bekannt. Einige europäische Forscher hatte im 19. Jahrhundert damit begonnen, auch die riesigen Trockengebiete im Inneren der Halbinsel zu erkunden. Die heiligen Stätten Mekka und Medina übten seit Hunderten von Jahren eine starke Faszination auf Europäer aus, aber erst im Jahr 1865 wurden die genauen Koordinaten von Riad, der späteren Hauptstadt des späteren Königreichs, bekannt, sodass der Ort präzise auf den Landkarten eingezeichnet werden konnte.

Syrien, der Irak, Ägypten und die moslemischen afrikanischen Staaten Algerien und Marokko befanden sich in den Jahren nach dem Ersten Weltkrieg alle in einem mehr oder weniger stark ausgeprägten Prozess der Modernisierung. Das an der nordöstlichen Grenze Arabiens gelegene Kuweit wimmelte seit Jahrzehnten vor kolonialen Ränkeschmieden und Spekulanten. Saudi-Arabien hingegen nicht: Das Land blieb so, wie es seit Jahrhunderten gewesen war: mit einer mittelalterlich strukturierten, von inneren Konflikten zerrissenen und von außen bedrängten Gesellschaft.

Ibn Saud hatte Riad am 15. Januar 1902 mit einer Streitmacht von weniger als zweihundert Kriegern und einem Sturmtrupp von vierzig Mann eingenommen. Damals war er gerade Anfang zwanzig und wollte unbedingt einer Familiendynastie zu neuem Ansehen verhelfen, die seit dem 18. Jahrhundert immer mehr an

Einfluss verloren hatte und immer bedeutungsloser geworden war. Zu diesem Zweck verbrachte er die nächsten zwei Dutzend Jahre damit, nach allen Seiten hin Kämpfe auszutragen, gegen die Überbleibsel des im Niedergang befindlichen Osmanischen Reiches, gegen rivalisierende arabische Herrscher – vor allem gegen die Haschemiten in Jordanien –, und am Ende auch gegen seine eigenen Anhänger, als sie seine Autorität nicht mehr anerkennen wollten. Im Jahr 1924 gewann er die Kontrolle über Mekka und im Jahr darauf die über Medina. Beide Städte hatten zu einem Reich seiner Vorfahren gehört, das nur kurze Zeit bestand.

Im Jahr 1927 sah Ibn Saud sich an der Spitze eines zweigeteilten Königreichs, das den größten Teil der Halbinsel einnahm. Fünf Jahre später schloss er die beiden Teile zu einem einzigen zusammen und nannte das neue Großreich nach seiner Familie: Saudi-Arabien. Aber selbst als das Interesse der Europäer und Amerikaner an den Ölressourcen des Landes erwachte, blieb Riad noch eine von Lehmmauern umgebene Stadt ohne Stromversorgung, in der etwa dreißigtausend Menschen völlig isoliert lebten und in die fast nie ein Ausländer seinen Fuß setzte.

Die Nachkommen Ibn Sauds und deren Nachkommen wiederum sollten einmal mit zu den reichsten Menschen der Welt gehören und in den Kasinos von Monte Carlo ebenso wie in den Bordellen von London Berühmtheit für ihre Verschwendungssucht erlangen: Herren über Paläste, die Milliarden von US-Dollar wert waren, Eigner der edelsten Vollbutpferde und der luxuriösesten Yachten, Geldgeber für die Einrichtung von Universitätslehrstühlen und von Forschungslaboratorien; Geschäftemacher, die sich in jeder Kapitale des Westens Einfluss erkauften und jederzeit bereit waren, in einem ihrer vielen Privatflugzeuge um die Welt zu jetten. Mitte der 1930er-Jahre jedoch, während der finsteren Jahre der Großen Depression, soll der Finanzminister des Königs, Scheich Abdullah Suleiman, den Staatsschatz immer noch in einer Blechtruhe mit sich herumgeschleppt haben. Die Einnahmen aus den Steuern, die auf Vieh, Getreide, Früchte und andere Besitztümer und Waren erhoben wurden, landeten zur Verwahrung in dieser Truhe. Wenn der König sich entschloss, etwas von dem Geld auszugeben, stellte er einen Wechsel aus, den der Empfänger dann irgendwann später einmal bei Abdullah einlösen konnte. Wenn der Truhe so viele Rials entnommen worden waren, dass man den Boden sehen konnte, verschwand Abdullah einfach in der Versenkung, bis sich wieder genügend Geld angehäuft hatte.

Es war die Ebbe, die allzu oft in der königlichen Schatztruhe herrschte, die Abdullah und den Monarchen dazu veranlasste, so bereitwillig die Bedingungen zu einer Ausbeutung der Ölvorkommen zu akzeptieren, die Standard Oil of California vorlegte, obwohl diese ganze eindeutig viel günstiger für die Gesellschaft als für die Herren des Landes waren. Mit dem Vertrag wurde SOCAL »das Exklusivrecht« eingeräumt, »für einen Zeitraum von sechzig Jahren nach Öl zu suchen und nach ihm zu bohren, es zu fördern, weiterzuverarbeiten und zu transportieren, mit ihm zu handeln, es wegzuschaffen und zu exportieren«. Diese Genehmigung galt für ein Territorium, das doppelt so groß wie Frankreich war. Als Gegenleistung verpflichtete sich die Gesellschaft, umgehend der saudischen Regierung 30 000 US-Dollar in Gold oder eine äquivalente Summe als Darlehen zu gewähren (heute würde das ungefähr 1,56 Millionen US-Dollar entsprechen) und ihr überdies eine »jährliche Pachtzahlung« von 5000 Dollar in Gold und einen Vorschuss auf die Gewinnanteile von weiteren 50 000 Dollar in Gold (zirka 2,6 Millionen Dollar) zukommen zu lassen. Eine identische Summe sollte gezahlt werden, sobald man Öl in kommerziell verwertbaren Mengen entdeckt hatte, und wenn das Geschäft dann in Gang gekommen war und expandierte, sollten regelmäßig Gewinnanteile ausgeschüttet werden. Im Namen des Königs setzte Abdullah am 29. Mai 1933 seine Unterschrift unter diesen Vertrag, und vier Monate später trafen die ersten beiden Geologen von SOCAL im Land ein.

In einem gewissen Sinne brachte dann der Zweite Weltkrieg Saudi-Arabien auf die Weltbühne. Sowohl Großbritannien als auch Deutschland wetteiferten um die Unterstützung durch das Königreich: Die Deutschen wollten die Halbinsel unter anderem auch als eine Art Hintertür für einen Angriff auf Russland von seiner Grenze mit dem Iran aus nutzen. Der König, der offiziell eine neutrale Position einnahm, favorisierte die Briten – nicht etwa weil er sie seit eh je und je in sein Herz geschlossen hatte, sondern weil Britannien und seine Kolonien für Saudi-Arabien der Hauptlieferant von Nahrungsmitteln aller Art waren.

Saudisches Öl erlangte noch größere Bedeutung, als in anderen Ländern die Förderung aufgrund des Krieges eingestellt wurde. Mit dem Einfall der Japaner in Burma und Indonesien und ihrer

Eroberung dieser Länder standen dem Westen wichtige Ölfelder nicht mehr zur Verfügung. Während der ersten sechs Jahre nach Beginn der Förderung hatte Aramco in Saudi-Arabien nie mehr als 5,1 Millionen Barrel im Jahr produziert; 1944 stieg die Menge steil auf 7,8 Millionen Barrel an und verdreifachte sich im darauffolgenden Jahr nahezu auf 21,3 Millionen Barrel. Da war das saudische Öl für die Alliierten schon lebenswichtig geworden.

Trotz der neuen Bedeutung, die das Königreich auf der internationalen Bühne erhalten hatte, kam es erst am 14. Februar 1945 zu einem Zusammentreffen des mittlerweile vierundsechzig Jahre alten Königs Saud mit einem Staatsoberhaupt aus dem Westen, und zwar mit Franklin Delano Roosevelt.

Roosevelt umwarb Ibn Saud schon seit mehreren Jahren – und zwar nicht nur, um die Lieferung von Öl für Kriegszwecke sicherzustellen, sondern auch wegen des strategischen Werts, den die gewaltigen saudischen Ölreserven in den Jahren nach dem Krieg haben würden. Roosevelt war sich bewusst, dass er die Briten im Nahen Osten ausstechen musste, wenn Amerika der neue beste Freund der islamischen Welt werden sollte. Am 8. Februar 1943 hatte sich die Standard Oil of California schriftlich an den Innenminister Harold Ickes gewandt und die Regierung Roosevelt ermutigt, den Einfluss der Briten einzudämmen, indem sie Saudi-Arabien ihrer Schirmherrschaft unterstellten und dem Land Hilfe nach dem Leih-Pacht-Sytem zukommen ließ. Zehn Tage später erklärte der stellvertretende Minister, Edward Stettinius, das Königreich zu einem Staat, der von lebenswichtiger Bedeutung für die USA sei, und verkündete, dass man ihm direkte wie indirekte Hilfe gewähren werde. (Diese Hilfsleistungen beliefen sich am Ende auf rund 100 Millionen US-Dollar.)

Bis zum Krieg war der US-amerikanische Botschafter in Kairo auch für das saudische Königreich zuständig gewesen, doch schon vor dem Zustandekommen des Abkommens hatte man einen eigenen Geschäftsbeauftragten nach Saudi-Arabien entsandt, der in Dschidda stationiert wurde. (Von 1944 bis 1946 saß William Eddy auf diesem Posten, ein ehemaliger Nachrichtenoffizier und erfahrener Arabist. Eddy lebte nach dem Krieg vom Ölgeld: Er ließ sich nämlich als Berater von Aramco auf deren Lohnliste setzen und war damit der Mitbegründer einer großen Tradition innerhalb der Geschichte der US-amerikanisch-saudischen Beziehungen.)

Im Frühjahr 1943 ließ Roosevelt seinen eigenen persönlichen Abgesandten nach Saudi-Arabien reisen. Im Herbst schickten die Saudis zwei Delegationen auf die Reise. Erst besuchte eine Gruppe um Kronprinz Saud die USA, später statteten Prinz Feisal und sein Bruder Khalid dem Land einen Besuch ab, wo sie mit dem Präsidenten und den wichtigsten Mitgliedern der Regierung wie des Kongresses zusammentrafen. Der Kronprinz blieb einen Monat, und ihm wurde das ganze Drum und Dran geboten, das man einem ausländischen Staatsoberhaupt bei einer offiziellen Visite bietet.

Als die Saudis gerade wieder aus der Hauptstadt abreisen wollten, legte eine Gruppe US-amerikanischer Geologen der Regierung einen Bericht über die Zukunft des Erdöls vor. Sie sagten voraus, dass das Zentrum der Förderung sich von Mexiko und der Karibik an den Persischen Golf verlagern werde. Dort gebe es weit größere Lager. Die Ölquellen am Golf seien bis zu dreißig Mal ergiebiger als die durchschnittlichen Quellen in Lateinamerika und bis zu hundertfünfzig Mal ergiebiger als die durchschnittlichen Quellen in den USA. Die Nähe des Golfes mache auch den Transport billig oder werde ihn billig machen, wenn man erst einmal eine Infrastruktur aufgebaut habe. Währenddessen ging es mit der fragilen saudischen Wirtschaft immer weiter bergab. Die ersten Hilfsleistungen, die das Leih-Pacht-Programm vorsah, brauchten sehr lange, um bei den Empfängern einzutreffen, und als es endlich soweit war, floss nur ein dünnes Rinnsal ins Land.

Vor dem Krieg hatten vor allem moslemische Pilger aus dem Ausland, die – wie es von ihnen verlangt wurde – Mekka besuchten, die Staatskassen gefüllt. Die Kämpfe sowohl auf den Kriegsschauplätzen im Pazifik als auch in Europa verringerten die Zahl der Pilger stark und brachten zudem den Handel des Königreichs mit dem Rest der Welt zum Erliegen .

In einem Telegramm, das am 7. Februar 1944 von Dharan aus an die Konzernherren in den Staaten abging, meldete der SOCAL-Mitarbeiter Floyd Ohliger: »Nahrungsmittelsituation [...] von seiner Majestät als äußerst bedenklich angesehen, da Hungersnot um sich greift.« In einem Lagerhaus der Regierung gebe es an die zweitausend Tonnen Lebensmittel für Riad, aber das Transportsystem der Regierung stehe kurz vor dem Zusammenbruch, »wenn auch einige Datteln per Kamel aus Hofuf abgehen«. SOCAL könne helfen, meldete Ohliger, aber nur, wenn man den Bau des wichtigen Ölterminals bei Ras Tanura hinauszögere.

Im Januar 1945 lieferte Wallace Murray, Leiter des Office für Near Eastern and African Affairs, dem damaligen stellvertretenden Außenminister Dean Acheson in einem als *top secret* eingestuften Memorandum eine »Beschreibung des Charakters und des Ausmaßes des nationalen Interesses Amerikas an Saudi-Arabien, zusammen mit einer Analyse der Situation, die es für die gegenwärtige Regierung notwendig macht, in Erwägung zu ziehen, welche positiven Schritte sie unverzüglich unternehmen muss, um dieses Interesse in adäquater Weise schützen zu können«.

Murray wies darauf hin, dass die USA nicht der einzige Staat seien, der ein starkes Interesse am Königreich und seinem Öl besitze. »Falls die saudi-arabische Wirtschaft zusammenbrechen und es infolge davon zu einer politischen Auflösung kommen sollte, besteht die Gefahr, dass entweder Großbritannien oder die Sowjetunion den Versuch unternehmen würden, in Saudi-Arabien einzurücken, um die Ordnung aufrechtzuerhalten und den jeweils anderen Staat daran zu hindern, seinerseits aktiv zu werden. Solch eine Entwicklung in einem Land, das an so strategisch bedeutsamer Stelle liegt und so reich an Ölvorkommen ist wie Saudi-Arabien, könnte sehr gut einen *casus belli* konstituieren, der den Weltfrieden bedroht.«

Murray meinte, die US-amerikanische Politik sollte der Sicherung und Erschließung »der gewaltigen Ölressourcen Saudi-Arabiens, die sich jetzt aufgrund einer von amerikanischen Staatsangehörigen erlangten Konzession in amerikanischer Hand befinden«, oberste Priorität einräumen.

In dem Memorandum wurde noch nicht die Möglichkeit erwogen, dass die USA einmal zum Hauptabnehmer saudischen Erdöls würden; das kam erst später. Damals ging man noch davon aus, dass die westliche Hemisphäre, was die Versorgung mit Erdöl anbelangte, weiterhin autark bliebe. Indem man jedoch den europäischen Ölhunger nach dem Krieg mit saudischem Öl anstatt mit solchem aus Venezuela, Mexiko oder einer anderen Gegend des Karibischen Beckens stillte, konnten die USA die Ressourcen in der eigenen Region unangetastet lassen und sich eine Reserve anlegen, auf die man in militärischen Krisensituationen würde zurückgreifen können.

Was jedoch Murray zufolge noch mehr Gewicht hatte, war die

Tatsache, dass »die militärischen Stellen dringend wünschen, in Saudi-Arabien bestimmte Möglichkeiten eingeräumt zu bekommen, die die Weiterführung des Krieges erleichtern, so das Recht, Militärflughäfen anzulegen, und besondere Überflugrechte für Militärmaschinen, die zum pazifischen Kriegsschauplatz unterwegs sind. [...] Bisher hat König Fahd abgelehnt, solche Erleichterungen zu gewähren, und zwar aufgrund von Einwänden der Briten, die sich wohl aus politischen Erwägungen ergeben, welche die Nachkriegszeit betreffen.«

Seit dem Jahr 1940 hatte Großbritannien nahezu 40 Millionen US-Dollar in das Königreich gepumpt, um die Stabilität des Landes zu erhalten und den eigenen Einfluss dort zu vergrößern. Die US-amerikanische Leih-Pacht-Hilfe hatte sich auf ungefähr 13 Millionen US-Dollar belaufen, weitere 13,4 Millionen erhielt das Königreich in Form von Vorauszahlungen von der Arabian American Oil Company. Um dem britischen Einfluss etwas entgegenzusetzen und die Sowjets in die Enge zu treiben, empfahl Murray, der gegen Ende des Krieges US-Botschafter wurde, dass man den Saudis über die nächsten fünf Jahre hinweg die stolze Summe von 57 Millionen US-Dollar als zusätzliche Hilfsleistung zukommen lassen solle. Sonst könnte ein anderes Land »in Saudi-Arabien eine Position [...] erlangen, die unseren nationalen Interessen dort abträglich sein könnte«.

In einem beigefügten Brief vom 11. Dezember 1944, der ebenfalls mit dem Stempelaufdruck *top secret* versehen worden war, ging der Marineminister James Forrestal sogar noch weiter:

> *Das Prestige und damit der Einfluss der Vereinigten Saaten ist partiell mit dem Reichtum der Regierung und ihrer Staatsbürger an Ölressourcen, im Ausland wie auf eigenem Territorium, verknüpft. Man hat daher davon auszugehen, dass die Verhandlungsstärke der USA auf internationalen Konferenzen, bei denen es um so lebenswichtige Rohstoffe wie Öl und solche Probleme wie Luftfahrt, Schiffahrt, Inselstützpunkte und internationale – die Stationierung von Streitkräften und Lage von Einrichtungen betreffende – Sicherheitsabkommen geht, in einem gewissen Grad davon abhängt, ob die USA solche Ölreserven für sich zurückbehalten können. [...] Unter diesen Umständen liegt es eindeutig im Interesse der Navy, dass zum gegenwärtigen Zeitpunkt nichts von dem nationalen Reichtum, wie er durch die Menge an Erdöl repräsentiert*

*wird [...], über die die Bürger der USA gegenwärtig verfügen können, verloren geht. Ja, die aktive Erweiterung der zur Verfügung stehenden Menge wäre höchst erstrebenswert.*

Was Saudi-Arabien angeht, waren die USA in einer Hinsicht in großem Vorteil: Ibn Saud hatte für die meiste Zeit seines Lebens mit Zähnen und Klauen darum gekämpft, sein Königreich zusammenzufügen. Er wollte die Kontrolle über dieses Reich nicht an ein Land wie Großbritannien abtreten, das eine weit zurückreichende Geschichte als Kolonialmacht hatte und nachweislich großes Verlangen zeigte, sich in das regionale politische Geschehen einzumischen. Die USA hingegen, die aufgrund geografischer Gegebenheiten weitgehend auf ihr eigenes Territorium beschränkt geblieben waren und sich für einen großen Teil ihrer Existenz durch einen ausgeprägten Isolationismus definiert hatten, schienen sich eher als Partner für ein rückständiges Königreich anzubieten, das gerade dabei war, die ersten Schritte auf der internationalen Bühne zu machen.

Für die Saudis war die entscheidende Frage die, wie man an die USA herantreten sollte. In einem Brief an Roosevelt legten Ibn Saud und seine Minister ihr Anliegen mit großem Zartgefühl und bemerkenswerter Bescheidenheit dar:

*Wenn der König sieht, dass die große Nation Amerika sich darein fügt, dass ihre wirtschaftliche Aktivität in Arabien von ihrem Alliierten Großbritannien vermindert und bestimmt wird, dann wird Amerika seinerseits sicher verstehen, dass Arabien sich entschuldigt fühlt, wenn es dem gleichen Druck aus derselben Quelle nachgibt, nicht nur, um einem Verbündeten zu gefallen, sondern auch um zu überleben. Da es weder über Waffen noch Ressourcen verfügt, darf Arabien nicht die Hand zurückstoßen, die ihm sein Essen und Trinken zuteilt.*
*Obwohl unwillens, diesen Gedanken in seiner Brust zu hegen, kann der König nicht umhin, die Möglichkeit in Betracht zu ziehen, dass Amerika nach dem Krieg das Interesse an seinem, dem eigenen so fernen Land verlieren könne, da es sich bereits nach anderen Kriegen zurückgezogen hat, um sich der Probleme in seinem Land anzunehmen. [...]*
*Die saudi-arabische Regierung fragt daher, ob es einen Weg für unsere beiden Länder aus diesem Engpass gibt.*

Wer warb hier um wen? Ibn Saud hatte die richtigen Hebel bestätigt.

⋆

Im Februar 1945 war es an der Zeit, dass die politischen Führer Amerikas und Saudi-Arabiens sich trafen. Roosevelt, der sich schon im Mittelmeerraum aufhielt, um mit Winston Churchill und Josef Stalin über Reparationszahlungen und die mögliche politische Zerstückelung Deutschlands nach dem Krieg zu diskutieren, ließ sich nach der Beendigung der Konferenz von Jalta per Schiff zum Großen Bittersee im Suezkanal bringen. Am 12. Februar traf er an Bord der *U.S.S. Quincy*, auf der der Präsident den ganzen Weg von Norfolk, Virginia, bis in den Nahen Osten zurückgelegt hatte, mit König Faruk I. von Ägypten zusammen. Am folgenden Tag war Haile Selassie von Äthiopien sein Gesprächspartner. Unterdessen stiegen in Dschidda am Roten Meer Ibn Saud und sein Gefolge an Bord der *U.S.S. Murphy* – des ersten US-amerikanischen Kriegsschiffs, das jemals einen saudischen Hafen angelaufen hatte – und brachen zu der Fahrt in Richtung des Großen Bittersees auf. Am vierzehnten des Monats betrat der saudische König das Deck der *Quincy*.

Um Ibn Saud standesgemäß empfangen und unterbringen zu können, hatte die Mannschaft am Bug des Schiffes ein wasserdichtes Segeltuch gespannt, im Inneren des so entstandenen Zeltes einen reich verzierten Sessel aufgestellt und auf den Decksplanken ein ganzes Sortiment von Teppichen und Sitzkissen für den König und seine Reisebegleiter ausgebreitet. Der moslemischen Sitte entsprechend schlachtete man jeden Tag an Bord ein Schaf und bereitete mit dem Fleisch die Mahlzeiten für die Gäste zu.

Bei einem Dinner zu Ehren der Offiziere und Mannschaften erzählte der König mithilfe eines Dolmetschers von seinen eigenen militärischen Eroberungen. Der Captain der US-Navy, John Keating, erinnerte sich, wie Ibn Saud aus dem Koran zitierte: »In erster Linie bin ich ein Krieger, dann erst ein König.« Mit seinen 1,85 Meter Größe sah der Monarch in der Tat Zoll für Zoll wie ein Krieger aus.

Abseits der Festivitäten zeigten Berater des Präsidenten Ibn Saud für Nachrichtensendungen gedrehte Filme, in denen die militärischen Operationen der Amerikaner verherrlicht wurden.

Die Botschaft war ganz klar: Wenn ihr Schutz vor euren Feinden braucht – wen könntet ihr dann besser zum Verbündeten haben als die führende Militärmacht der Welt? Die zweite Botschaft lautete: Wenn ihr in Zukunft Öl wollt – wen könntet ihr dann besser an eurer Seite haben als Saudi-Arabien? Doch das war eine Frage, die gar nicht erst gestellt zu werden brauchte.

Bei ihren Gesprächen an Bord der *Quincy* setzten Franklin D. Roosevelt und Ibn Saud ihr Siegel unter viele Abkommen, auf die man schon hingearbeitet hatte. Die Vereinigten Staaten von Amerika würden Zugang zu den saudischen Häfen erhalten. Sie würden Militärstützpunkte auf saudischem Territorium einrichten dürfen, allerdings bliebe die Lizenz dazu auf fünf Jahre beschränkt. Und – was gleichermaßen wichtig war – Aramco, das von SOCAL und anderen US-amerikanischen Ölgesellschaften beherrschte Konsortium, könnte damit anfangen, die transarabische Pipeline bis zum Mittelmeer anzulegen.

Roosevelt hatte gehofft, die Unterstützung des Königs für die Gründung eines jüdischen Staates im Nahen Osten zu erlangen, doch Ibn Saud argumentierte, dass es die Deutschen, nicht die Araber gewesen seien, die den Juden so viel Böses angetan hätten; und daher sollten nun die Deutschen, nicht die Araber dafür bluten. Am Ende versprach Roosevelt dem saudischen König, dass die USA sich gleichermaßen mit Juden wie mit Arabern bezüglich einer Änderung der US-amerikanischen Palästina-Politik beraten würden. Er schwor auch, dass Amerika nicht danach strebe, saudisches Terrain zu erobern – so wie die Briten es bei so vielen Nachbarländern Saudi-Arabiens getan hatten.

Das war der entscheidende Punkt. Winston Churchill beeilte sich, ebenfalls mit Ibn Saud zusammenzutreffen, sobald er von dessen Gesprächen mit Roosevelt erfuhr; doch da war es schon zu spät. Der Deal zwischen den USA und Saudi-Arabien war bereits unter Dach und Fach.

Um ihrem Treffen einen feierlichen Abschluss zu geben, tauschten die beiden Staatsmänner am Ende Geschenke aus: Roosevelt erhielt das wallende Gewand eines Scheichs und einen Dolch aus massivem Gold, außerdem für seine Frau Eleanor und seine Tochter Anna, die den Präsidenten begleitet hatte, allerlei Dinge, die zur Ausstattung eines Harems gehörten. Franklin D. Roosevelt schenkte Ibn Saud ein zweimotoriges Flugzeug der Firma Douglas, das später geliefert werden sollte, und eine exakte Replik seines Rollstuhls. Der König, der an einer Beinverletzung aus alten Zeiten litt, fand den Rollstuhl sofort großartig und erhob sich eigentlich nur noch aus ihm, um sich des Nachts schlafen zu legen, bis er im Jahr 1953 an Fettleibigkeit, Mangel an Bewegung und allgemeiner Hinfälligkeit starb.

Zeitgenössische Historiker und andere Kommentatoren neigten dazu, das Treffen als eine Episode am Rande zu behandeln; selbst moderne Historiker messen ihm zumeist keine besondere Bedeutung bei. Jalta war der Ort, wo die Entscheidungen gefällt wurden. Der Krieg kam zu einem Ende. Europa musste wieder aufgebaut werden; die Deutschen und die Japaner sollten zu Pazifisten umerzogen werden. Doch die Fundamente für die US-amerikanische Nachkriegsindustrie wurden an Bord der *Quincy*, nicht auf Jalta, gelegt.

Die britischen und britisch-holländischen Ölunternehmen, die gewaltige Summen im Iran und anderswo investiert hatten, dominierten in den Jahren unmittelbar nach dem Krieg weiter den Handel mit dem Nahen Osten, doch als dann die saudische Ölproduktion anwuchs – von 21,3 Millionen Barrel, die im Jahr 1945 gefördert wurden, auf 152,9 Millionen im Jahr 1948 und mehr als 300 Millionen im Jahr 1952 –, sollte sich das alles ändern.

Mit den USA als Partner war Saudi-Arabien vor Ägypten, seinen alten Feinden in Jordanien, den Schiiten und den Iranern sowie vor den ganzen Intrigen und Gefahren der arabischen Welt geschützt. Mit den Saudis als Partnern konnten die USA die europäische Hegemonie im Nahen Osten brechen und ein Bollwerk gegen den Einfluss der Kommunisten in jenem Gebiet errichten. Alles, was die saudisch-amerikanischen Beziehungen später prägte, war von allem Anfang da: die Öl-Diplomatie, das Verwobensein der Interessen von Regierung und Konzernen, das Verflochtensein öffentlicher und privater Interessen. Das einzige, was noch fehlte, war unmäßige Gier, aber die würde sich im Laufe der Zeit von selbst einstellen. Das Gleichgewicht des weltweiten Ölhandels würde zwei klare Endpunkte haben: die USA und Saudi-Arabien. An jedem Ende würden einige Leute unvorstellbar reich werden; Geld und Macht, Islam und Christentum, Terrorismus und Nationalismus würden auf anderen Ebenen die Eckpunkte bilden.

⋆

Dieses fatale Gleichgewicht wurde schon zwei Jahrhunderte zuvor zementiert, als Mohammed Ibn Adb Al Wahhab aus dem mitten in der Wüste nordwestlich von Riad gelegenen Oasenort Al Uyaynah vertrieben worden war.

Mohammed, der im Jahr 1703 oder im Jahr 1704 in diesem Ort geboren wurde, soll den Koran schon im Alter von zehn Jahren auswendig gekannt haben. Mit zwölf ging er eine von seinem Vater arrangierte Ehe ein und brach zu einer Pilgerfahrt nach Mekka auf. Bald danach hielt er sich Medina auf, wo er bei Abdullah ibn Ibrahim ibn Saif studierte. Von dort aus unternahm er viele Reisen, darunter nach Kurdistan, nach Bagdad und nach Basra. In Basra, wo der Euphrat und der Tigris zusammenfließen, begann Adb Al Wahhab die Botschaft zu verkünden, deren Widerhall noch heute in Saudi-Arabien zu vernehmen ist.

Die Anhänger des Islam, so verkündete es Abd Al Wahhab jedem, der bereit war zuzuhören, waren vom rechten Weg abgekommen. Er sei eine monotheistische Religion. Der Koran mahne alle Moslems, niemanden außer Allah mit göttlichen Eigenschaften auszustatten. Sogar der Prophet Mohammed, der Begründer der Religion, sei nur ein gewöhnlicher Mensch gewesen, den Allah auf eine außergewöhnliche Mission geschickt habe. Doch gebe es überall in der moslemischen Welt Anzeichen dafür, dass Vielgötterei betrieben werde: Die Moslems verehrten den Propheten an seinem Grab. Sie unternähmen Pilgerfahrten zu Moscheen, die über den Gräbern von Heiligen errichtet worden seien, brachten dort Opfer dar und flehten die Heiligen um Beistand an. Magier, Hexer, Weissager – alle verstießen sie gegen den Koran. Das täten auch diejenigen, die auf Talismane und Amulette vertrauten.

Abd Al Wahhab ging sogar so weit, seinen Anhängern den Befehl zu erteilen, die paar Bäume umzuhauen, die auf der Halbinsel wuchsen, weil sie von Heiden angebetet würden.

Als er gezwungen war, Basra zu verlassen, während er noch seine Botschaft ausarbeitete, kehrte Abd Al Wahhab nach Al Uyaynah zurück und startete von dort aus seine erbarmungslose puritanische Kampagne. Dem Islam könne seine Reinheit nur dann wieder zurückgegeben werden, predigte er, wenn man sich auf seine reinste Form besänne: Koran und Sunna als Verhaltenskodex, basierend auf den Ansichten und dem Leben des Propheten. Jede andere Anschauung oder Verhaltensweise, die aufgekommen war, seit Allah durch den Mund seines Propheten die

Wahrheit verkündet hatte, erklärte er zur *bida*, zu einer verabscheuenswürdigen Neuerung.

Konkret führte Al Wahhab aus, dass eine auffallende Lebensweise, farbenprächtig geschmückte Moscheen und stilistische Exzesse Allah beleidigen und von seinem Wort ablenken würden. Um die als solche beanstandeten Missstände aus der Welt zu schaffen, stellten Abd Al Wahhab und seine bald als Wahhabiten bekannten Anhänger strikte Vorschriften auf, die sogar das allerkleinste Detail des täglichen Lebens betrafen: die Art und Weise, wie ein Wahhabit einen anderen Menschen umarmte, ihm die Hand schüttelte, wie er nieste, gähnte, küsste, sich kleidete und so weiter. Selbst die physische Welt deuteten überzeugte Wahhabiten auf ihre Weise: Demnach war die Welt eine platte Scheibe, und wer sich bei solchen Lehrsätzen an die dogmatische Herrschaft der Taliban in Afghanistan erinnert fühlt, der hat Recht.

Was die Heiden betraf, die einem Glauben anhingen, der sich ausgebildet hatte, bevor Mohammed die eine wahre Religion und den einen und einzigen Gott eingeführt hatte, so schuldete man ihnen in den Augen der Wahhabiten kein Mitleid für ihre Ignoranz. Auch Moslems, die sich weigerten, die Wahrheit von Abd Al Wahhabs Lehren anzuerkennen, verdienten nur das eine: Dschihad, Heiligen Krieg. Die Wahhabiten predigten mit dem Schwert in der Hand, und jeder der sich ihnen widersetzte, kam durch es um.

Schließlich vermochte der Herrscher von Al Uyaynah, Uthman ibn Muammar, die Intoleranz der Wahhabiten nicht mehr zu ertragen. Da er mit dem Widerstand von seinen eigenen Leuten zu rechnen hatte, den Zorn mächtiger Stammesfürsten fürchten musste und anscheinend auch nicht willens war, den Gast töten zu lassen, befahl er Al Wahhab lediglich, sein Herrschaftsgebiet zu verlassen, und er ließ ihm sogar die Wahl, wohin er sich begeben wollte. So geschah es, dass Al Wahhab irgendwann in den später Dreißiger- oder frühen Vierzigerjahren des 18. Jahrhunderts den Wadi Hanifah bis zu dem ungefähr sechzig Kilometer entfernten Dariya in der Nähe des heutigen Riad hinunterzog, wo er die Bekanntschaft des dortigen Herrschers machte. Dieser, Mohammed Ibn Saud, war der Ur-Ur-Ur-Urgroßvater von Ibn Saud, und die Verbindung zwischen ihm und Al Wahhab glich beinahe schon einer im Himmel geschlossenen Ehe.

Fast zwei Jahrhunderte lang überzogen die Wahhabiten, Mohammed ibn Saud und seine Nachkommen die ganze arabische Halbinsel mit Krieg. Im Jahr 1801 plünderte ein Sturmtrupp der Wahhabiten Karbala, wo sich das größte Heiligtum der schiitischen Moslems befindet – das Grab von Imam Hussein, dem Enkel des Propheten. Innerhalb von acht Stunden massakrierten die Wahhabiten an die fünftausend Schiiten und zerstörten Husseins Grab – ein Gemetzel und ein Frevel, den die Schiiten ihnen bis heute nicht vergeben haben.

Wahhabitische Stammeskrieger, die sich zu einer Bruderschaft – Ikwhan – zusammengeschlossen hatten, halfen Ibn Saud schließlich, die heiligen Städte Mekka und Medina einzunehmen: Sie kämpften gegen die Ungläubigen, führten Krieg gegen Polytheisten, demütigten die Götzenanbeter und vertrieben die ausländischen Opportunisten mit ihren Lakaien. Nach vielem Hin und Her einte Ibn Saud die eroberten Gebiete – jenes riesige Territorium, das einen großen Teil der arabischen Halbinsel ausmachte –, benannte es nach sich selbst und seiner Familie, erhob den Wahhabismus zur Staatsreligion und ging mit seinen wahhabitischen Anhängern daran, ziemlich genau zu dem Zeitpunkt ein islamisches Reich puritanischer Prägung zu schaffen, als die Entdeckung des Erdöls und der Beginn seiner kommerziellen Förderung dabei waren, alles drastisch zu verändern. Noch heute aber verläuft zwischen den Wahhabiten und dem industrialisierten Westen eine Front, an der immer etwas Unberechenbares geschehen kann.

Nach außen hin beförderten das Erdöl und der Reichtum, den es schuf, Saudi-Arabien mitten ins 20. Jahrhundert hinein. Die Gründung der *Organization of Petroleum Exporting Countries* (OPEC) am 14. September 1960 in Bagdad gab dem Haus Saud einen Hebel in die Hand, mit dessen Hilfe man beginnen konnte, sich von den Konzernherren in Amerika loszusprengen. US-amerikanische Politiker trugen das Ihre dazu bei. Im ersten Vierteljahrhundert nach dem Ende des Zweiten Weltkriegs war Amerika, nicht Saudi-Arabien, im Besitz der weltweit größten Ölreserven, vor allem weil man im eigenen Land riesige Mengen von Öl lagerte, die man im Ausland gekauft hatte. Mitte der 1950er-Jahre hatten unabhängige amerikanische Ölproduzenten und Kohlegesellschaften aber genug von diesen Auslands-Importen: Nachdem man vergeblich versucht hatte, den Zufluss von ausländischem Öl mithilfe freiwilliger Beschränkungen zu drosseln, wurden im Jahr 1959 unter Präsident Dwight D. Eisenhower bindende Quoten für solche Importe festgesetzt. Vierzehn Jahre später, als Richard Nixon diese Quoten wieder abschaffte, hatten die USA ihre überschüssigen Ölvorräte erschöpft und waren auf Importe angewiesen. Und es dauerte nicht lange, bis die arabische Welt Amerika für seine Fahrlässigkeit bestrafte.

Am 6. Oktober 1973 griffen Syrien und Ägypten Israel an und lösten den Yom-Kippur-Krieg aus. Zwei Wochen später, am 19. Oktober, verkündete die OPEC die Einstellung aller Ölexporte in die USA als Vergeltung für die Unterstützung, die Amerika und Europa den Israelis gegen ihre Gegner angedeihen ließen. Am darauffolgenden Tag beugte sich König Feisal – von dem amerikanische Regierungsmitarbeiter glaubten, dass er sich nie einem solchen Ölembargo anschließen würde – dem Druck, der von einer Koalition anderer arabischer Öl produzierender Staaten und den wahhabitischen Geistlichen im eigenen Land auf ihn ausgeübt wurde. Plötzlich bekam der Hahn, aus dem die Petrodollars sprudelten, eine neue Dimension: Man konnte ihn aufdrehen, um viel Geld zu verdienen, oder zudrehen, um sogar noch mehr zu machen.

Innerhalb von sieben Jahrzehnten entwickelte sich Riad explosionsartig von einer schäbigen Ansiedlung zu einer sich in alle Richtungen ausbreitenden Metropole mit über vier Millionen Einwohnern. Moslemische wie nichtmoslemische Ausländer strömten in das Königreich, um auf den Ölfeldern zu arbeiten. Gleichzeitig verließen Saudis, die durch das Öl reich geworden waren, in Scharen das Land. Sie gingen nach Amerika, um dort an den Universitäten zu studieren (an die zweihunderttausend Saudis haben seit dem Ende des Zweiten Weltkriegs in Amerika ihre Ausbildung erhalten), reisten nach London, Paris oder Rom, um Luxusartikel einzukaufen, amüsierten sich auf Spielwiesen in jedem Winkel der Erde.

Über Nacht schien eine mittelalterliche Gesellschaft zu einer modernen geworden zu sein. Unter der Oberfläche waren aber immer noch die alten Anhänger des Hauses Saud aktiv, die die Basis der königlichen Herrschaft bildeten und dem Monarchen seine Kraft gaben. Für diese Männer, die der russische Waffenhändler Juri als »verrückte Wahhabiten« bezeichnet hatte, war »Modernität« der Feind, den man unerbittlich zu bekämpfen hatte: Wenn die tektonischen Platten der Erdkruste sich in entgegengesetzte Richtungen bewegen, kommt es zu Erdbeben. Mit den tektonischen Platten der Gesellschaften und Kulturen verhält es sich genauso.

Sogar Ibn Saud war nicht in der Lage gewesen, die puritanischen Fanatiker unter seinen Untertanen ganz zu kontrollieren, vor allem nicht die Anführer der Ikwhan. Einige von denen, die sich ihm nicht unterordnen wollten, ließ Ibn Saud einfach umbringen, andere ließ er nach Riad schaffen, wo sie im Gefängnis schmachteten, bis nichts mehr von ihnen übrig war, das an sie hätte erinnern können.

Ende der 1960er-Jahre war die Kluft zwischen weltlicher Aufgeschlossenheit und rigidem Puritanismus in gefährlicher Weise größer geworden. Nach Ibn Sauds Tod im Jahr 1953 gelangte sein zur Verschwendungssucht neigender Sohn, Kronprinz Saud, auf den Thron. Andere Mitglieder der Königsfamilie im Verein mit einigen religiösen Führern entmachteten den neuen Herrscher im Jahr 1958 und zwangen ihn 1964 dazu, zugunsten seines Halbbruders Feisal abzudanken, doch damit wurde den königlichen Ausschweifungen keineswegs ein Ende gesetzt. Aber auch das Beharren der Wahhabiten auf einer neuen »Läuterung«, einer grundlegenden Reformierung der islamischen Religion, blieb bestehen. Ironischerweise waren es die Israelis, die ihnen zeigten wie man diese Reform vornehmen könnte.

Am 3. Juni 1967 führte Israel einen Präventivschlag gegen Ägypten, Syrien und Jordanien und fügte allen drei Ländern binnen kürzester Zeit eine entscheidende Niederlage bei. Von Jordanien nahm sich Israel die West Bank und Jerusalem, von Syrien die Golan-Höhen und von Ägypten die Sinai-Halbinsel. Es war wohl die demütigendste Niederlage, die Araber jemals hatten einstecken müssen, zumindest seitdem sie im Jahr 1492 aus Spanien vertrieben worden waren – im selben Jahr, in dem sich Kolumbus auf seine Reise machte, die ihn schließlich nach Amerika führte. Für die Moslems am schlimmsten war aber, dass sie Jerusalem verloren hatten und damit den Felsendom, die drittheiligste Stätte des Islam.

Zuerst reagierten die Araber auf diese Ereignisse, indem sie außer sich vor Wut und Zorn durch die Straßen strömten und ihrer Empörung Luft machten. Ihr Protest richtete sich vor allem gegen die USA. Dann begriffen sie, dass sie von ihren eigenen Regierungen verraten worden waren: Vieles von dem Geld, das eigentlich für die Verteidigung hätte ausgegeben werden sollen, war in den Taschen von korrupten Fürsten, Politikern und hohen

Offizieren gelandet. Das ist eine alte, sattsam bekannte Geschichte, doch aus dem Debakel von 1967 konnte man eine neue Lektion lernen: Eine viel größere arabische Streitmacht war von der eines relativ kleinen Staates geschlagen worden, der seine Kraft aus dem religiösen Zusammenhalt seiner Bürger bezog. Würden nicht auch die Araber viel stärker ein, wenn sie sich nach den Grundsätzen ihrer eigenen Religion, des Islam, neu organisierten?

Die von ihren fundamentalistischen Mentoren in Ägypten und Syrien weiter angestachelten Wahhabiten nahmen sich diese Lektion zu Herzen: »Seht ihr, es stimmt, was wir euch schon immer gesagt haben«, verkündeten sie in den Moscheen, »Gott besiegt alle und alles.« Verzweifelt darum bemüht, nicht selbst besiegt zu werden, ging das Haus Saud zur wahhabitischen Partei über, bevor diese sich überhaupt richtig als politische Kraft konsolidiert hatte. Von den frühen 1970er-Jahren an begannen die königliche Familie und wohltätige Organisationen, die von Familienmitgliedern geleitet wurden, ihre gewaltigen Vermögen dazu zu benutzen, ein Netzwerk von Moscheen und religiösen Schulen aufzubauen – im Königreich wie im Ausland –, in denen eine neue Generation junger Moslems indoktriniert und von Lehrern die gewalttätigste und radikalste Interpretation des Islam eingetrichtert bekommen sollte. Sie lernten dort die totale Intoleranz gegenüber jeder Neuerung; dass man Allahs Gesetz, wie es im Koran zum Ausdruck kommt, auf alles anwenden müsse, und dass die Ungläubigen, die sich im Herrschaftsgebiet des Islam breit machten, nur eines verdienten: den Tod.

Diese Schulen, die *madrase*, kamen den Interessen der Amerikaner sogar entgegen: Vom Beginn des Kalten Krieges an waren die US-Strategen entschlossen, aus Saudi-Arabien und seinen politischen Führern eine Art heiliges Bollwerk gegen den gottlosen Kommunismus zu machen. So wie Saddam Hussein später von amerikanischen Propagandisten dämonisiert wurde, wurden Ibn Saud und seine Nachfolger zu Verteidigern des Glaubens und zu Wächtern über die heiligen Stätten verklärt. Ein US-Botschafter schrieb ganz atemlos über Ibn Saud, er komme »einem Nachfolger der Kalifen näher als alle anderen«.

Die Wahhabiten genossen ihre Rolle als Sprecher des militanten Islam: Sie waren in einem für westliche Maßstäbe kaum nachvollziehbaren Ausmaß engagiert und willens, für ihre Glaubensansichten zu sterben. Und die *madrase* waren die Orte, an denen sie neue Rekruten fanden: Supermärkte voller geistiger Krieger. In den 1980er-Jahren wurden diese Schulen zu Hauptbrutstätten militanter Islamisten, die zum Heiligen Krieg gegen die russischen Invasoren in Afghanistan aufgerufen werden konnten. Ausgerüstet mit Waffen, die von den USA geliefert wurden, gestärkt durch US-amerikanisches Geld und mit logistischer Unterstützung aus den USA trieben die »Arab-Afghanen« die Rote Armee nach Russland zurück und fügten damit einer der beiden Supermächte des Kalten Krieges schweren Schaden zu. Möglicherweise änderten sie damit auch den Lauf der Geschichte.

Das Problem war nur, dass ein Ungläubiger ein Ungläubiger ist, ob er nun einen roten Stern auf seiner Uniform trägt und durch die Straßen Kabuls patrouilliert oder die Besetzung arabischer Territorien durch Juden unterstützt. Die militanten saudischen Islamisten waren in der Praxis auch schwerer zu handhaben, als es bei Computerspielen in der National Defense University den Anschein gehabt hatte: Der Drang zum Heiligen Krieg machte sich bald in jedem Bereich bemerkbar. Das Beunruhigendste am Einsatz arabischer »Freiheitskämpfer« im Kreuzzug gegen den Kommunismus war aber, dass dadurch die Wahhabiten und die Moslemische Bruderschaft miteinander verschmolzen. So hatte man die perfekte Sturmtruppe geschaffen: Es war so, als hätte man Nitroglyzerin in einem Mixer gemischt. Allerdings würde es Jahrzehnte dauern, bis Amerika den Knall der Explosion hörte, und selbst dann würde man in Washington noch behaupten, überhaupt nichts damit zu tun zu haben. So beglückwünschen sich viele der cleveren Jungs an den Ufern des Potomac noch zu dem großartigen Deal, den Amerika mit Saudi-Arabien abgeschlossen hat.

# 7 – Die Flitterwochen

*Amman, Jordanien – Februar 1980*

Die Dämmerung war schon weit vorangeschritten, als das Flugzeug sich in die Kurve legte, um zum Landeanflug auf den Queen Alia Airport anzusetzen. Ich konnte Amman gerade noch in der Entfernung, da hinten am Rand der Syrischen Wüste, erkennen. Die aus zerklüfteten Kalksteinfelsen herausgehauene Stadt glühte wie ein Granat. Es sah irgendwie biblisch aus.

Schade, dass ich nicht allzu viel von Amman sehen würde. Früh am nächsten Morgen wollte ich nach Damaskus weiterreisen, um einen syrischen Major aufzuspüren, dem ich in Indien begegnet war. Normalerweise wäre die CIA nicht das Risiko eingegangen, mich in ein Land wie Syrien zu schicken, um dort mit jemandem zusammenzutreffen, den ich kaum kannte. Doch der Mann war ein Alawite, das heißt, er gehörte der kleinen Sekte an, die, obwohl eine Minorität darstellend, Syrien in den letzten zehn Jahren mit eiserner Faust regiert hatte.

Die CIA wusste so gut wie nichts über die Alawiten. Diese bildeten eine verschworene Sippschaft, waren äußerst verschwiegen, und es schien beinahe unmöglich zu sein, einen von ihnen als Informanten zu gewinnen. Nur wenige waren jemals abtrünnig geworden. Es bestand eine ganz vage Hoffnung, dass sich etwas aus dem Treffen ergeben würde. Doch die CIA meinte, dass der Versuch den Preis des Tickets nach Damaskus wert sei.

Ich hatte noch einige eigene Punkte auf meine Agenda gesetzt, die ich erledigen wollte. So begann ich mich für die Moslemische Bruderschaft zu interessieren. Am besten wäre es gewesen, wenn ich darum gebeten hätte, in Saudi-Arabien eingesetzt zu werden, das schon damals dabei war, zum Nest – oder besser: zum Horst – so vieler Brüder zu werden. Dort hätte ich vermutlich eine Menge erfahren. Doch Saudi-Arabien war so etwas wie eine geschlossene Gesellschaft, vor allen Neugierigen abgeschirmt, und das State Department würde dort aus Angst, die Saudis brüskieren zu können, niemals einen CIA-Officer einsetzen. Syrien wäre meiner Meinung keine schlechte zweite Wahl gewesen: Schließlich schienen die Alawiten herausgefunden zu haben, wie man mit der Bruderschaft umging oder wie man sie zumindest in die Schranken wies. Wenn ich herausbekäme, wie sie das machten, würde mir das einiges über die Bruderschaft verraten, dachte ich, und mein syrischer Kontaktmann machte einen viel versprechenden Eindruck. Er wirkte so, als ob er mich dorthin würde führen können, wo ich hingelangen wollte. Ich will den Mann hier Ali nennen.

Bevor ich aus Indien abrückte, hatte ich alles über die Alawiten gelesen, was ich in die Hände bekommen konnte. Die Mehrheit der Syrer, ungefähr 74 Prozent von ihnen, waren sunnitische Moslems; die Alawiten stellten nur elf Prozent der Bevölkerung. Dennoch hatten die Alawiten jede Position inne, die irgendwie mit Macht verbunden war. Hafis Al Assad, der Staatspräsident, war einer von ihnen, und auch die bedeutendsten Generäle des Heeres wie der Luftwaffe waren Alawiten. Auf jedem wichtigen Posten der syrischen Geheimdienstorganisationen, von denen es mehr als ein halbes Dutzend gibt, saß ein Alawite. Es waren aber vor allem die handverlesenen alawitischen Armeeoffiziere mittleren Ranges, die verhinderten, dass irgendein sunnitischer Oberst den Versuch zu einem Staatsstreich wagte.

Nehmen wir einmal an, dass so ein sunnitischer Oberst einen seiner Panzer von einem Ort innerhalb von Damaskus zu einem anderen befördern wollte, vielleicht weil er repariert werden musste. Er könnte ihn nicht einfach auf einen Transporter laden und auf die Reise schicken, wie es den Obersten in den meisten Armeen der Welt möglich gewesen wäre. Bevor er überhaupt den Transporter aus seinem Schuppen herausholen lassen durfte, musste der Oberst erst die Erlaubnis des ranghöchsten Alawiten in seinem Regiment einholen. Dabei spielte es gar keine Rolle, dass der Alawit vielleicht nur den Rang eines Majors oder Hauptmanns einnahm oder dass er von seiner Position her überhaupt nichts mit der Reparatur von Panzern zu tun hatte. Worauf es ankam, war allein, dass Assad seinen nicht so hohen alawitischen Offizieren traute, dem sunnitischen Obersten hingegen nicht.

Sich vor einem ihm Untergeordneten verantworten zu müssen, besserte die Stimmung des Obersts sicher nicht und förderte nicht gerade sein Selbstbewusstsein, doch Assad konnte sich des Nachts in der relativen Gewissheit schlafen legen, dass der Oberst nicht in Versuchung geraten würde, seinen Tank eine kleine Umleitung nehmen und bis zur Eingangstür des Präsidentenpalastes rollen zu lassen, um sie mit einer panzerbrechenden Granate vom Kaliber 125 Millimeter aus den Angeln zu pusten.

Die Alawiten waren ungefähr das, was die Politkommissare in der alten Roten Armee der Sowjetunion gewesen sind. Jahre später erzählte mir ein ehemaliger alawitischer Offizier eine Geschichte, um zu illustrieren, wie fein ausgearbeitet das System war: Eines Nachts hörte ein Leutnant, der das Kommando über einen vorgeschobenen Posten auf den Golan-Höhen hatte, zu seiner Überraschung sein Feldtelefon klingeln. Vier Uhr früh war schon vorüber und an der Front alles ruhig: Es gab keinen erkennbaren Grund für einen Anruf aus dem Hauptquartier. Die Neugier des Leutnants schlug in Argwohn um, als der Anrufer ihn nach seinem Namen fragte. Deshalb forderte er seinerseits den Unbekannten auf, sich zu erkennen zu geben. Als er begriff, dass niemand anderes als Assad persönlich am anderen Ende war, hätte er beinahe den Telefonapparat umgeworfen, so jäh sprang er auf, um Haltung anzunehmen. Anfangs durchzuckte ihn der Gedanke, dass er, ohne es zu wissen, einen verabscheuenswürdigen Akt von Majestätsbeleidigung begangen habe und dafür mit seinem Kopf bezahlen müsse. Aber er beruhigte sich ein bisschen, als Assad ein paar Fragen zur Lage an der Front stellte. Seine Entgeisterung kehrte aber schlagartig zurück, als der Präsident sich nach dem Wohlergehen seiner beiden Kinder erkundigte – wobei er deren Namen nannte. Als er erfahren hatte, dass es beiden gut ging, verabschiedete das syrische Staatsoberhaupt sich von dem Offizier und hängte auf.

Mein alawitischer Freund, der Ex-Offizier, schwor Stein und Bein, dass Assad nicht in der Akte des Leutnants nachgeschaut hatte, bevor er zum Telefonhörer griff. Als junger Offizier habe Assad es sich zur Gewohnheit gemacht, alle seine alawitischen Mitoffiziere mit Namen zu kennen und zu wissen, welcher Sippe und welcher Familie sie angehörten. Genau diese Offiziere hatten ihn dann auch im Jahr 1970 an die Macht gehievt. Als Assad in eine Position aufgestiegen war, in der er Zugang zu den Personalakten der Militärangehörigen hatte, las er die Unterlagen der Offiziere alle sorgfältig durch, auch die der Sunniten und der Christen unter ihnen. Assad hatte ein bemerkenswertes Gedächtnis für Details. Er konnte einem alles über die Ausbildung erzählen, die ein Offizier erhalten hatte, über seine Beurteilungen und seine Einsätze. Dass er sein Offizierskorps in- und auswendig kannte, hatte Assad dreißig Jahre lang an der Macht erhalten – bis zum 10. Juni 2000, als er friedlich im Bett starb. Wie wir bei der CIA zu sagen pflegten: Assad hatte Syrien *coupproof* gemacht – das Land war vor jedem Umsturz gefeit.

Man braucht wohl nicht erst zu betonen, dass dieses System kaum zur Popularität der Alawiten beitrug – vor allem machte es sie bei der sunnitischen Majorität des Landes unbeliebt. Und alles wurde noch schlimmer dadurch, dass für die Sunniten noch nicht einmal feststand, ob die Alawiten richtige Moslems waren. Über ihren Glauben ist nicht viel bekannt, sie besitzen keinen Kanon, keine schriftliche Sammlung religiöser Lehrsätze und Vorschriften. Ihre Ältesten geben die Glaubenssätze mündlich an die nachfolgende Generation weiter. Das Wenige, was mit Gewissheit bekannt ist, ist, dass die Alawiten eine Art von Dreifaltigkeit kennen, also an eine Trinität Gottes glauben. Für orthodoxe Moslems kommt das einer Ketzerei gleich, denn sie halten Allahs Macht für unteilbar. Die Feinde der Alawiten bezichtigen diese auch vieler anderer schmutziger Ketzereien, etwa: in der Moschee Wein zu trinken. Einige halten sie sogar für einen der verlorenen Stämme Israels. Was aber noch gravierender schien als alles andere: Assad war Verteidigungsminister, als Syrien und der Rest der arabischen Welt im Jahr 1967 im Sechstagekrieg von Israel gedemütigt wurden. Die Sunniten des Landes machten ihn persönlich dafür verantwortlich. Sie behaupteten, wenn Assad ein Sunnit – ein wahrer Gläubiger – gewesen wäre, hätte Allah niemals zugelassen, dass sie eine so kolossale Niederlage hinnehmen mussten.

Solange Assad lebte, bekam er immer wieder diese schmerzhafte Anschuldigung zu hören. Er wusste, wenn er Israel gegenüber jemals die kleinste Konzession machen würde – was bedeutet hätte, dass man niemals das gesamte Territorium, das Syrien in dem Krieg verloren hatte, zurückbekäme –, würden die wachsenden Scharen islamischer Fanatiker ihn des Verrats, und schlimmer noch, der Glaubensabtrünnigkeit, anklagen.

Assad wusste schon früh, was der Westen erst langsam zu ahnen beginnt: dass es schwierig werden würde, sich von der aufbrandenden Welle des Islamismus nicht umreißen zu lassen.

Es überrascht also nicht, dass die syrischen Sunniten die Alawiten verachten und in tiefer Nacht davon träumen, sie eines Tages zu stürzen. Die islamischen Fanatiker des Landes, die Mitglieder der Moslemischen Bruderschaft, unternahmen tatsächlich den Versuch dazu. Im Jahr 1973, als Assad eine Klausel aus der syrischen Verfassung streichen ließ, derzufolge der Präsident des Landes Moslem zu sein hatte, brachen überall im Land von der Moslemischen Bruderschaft geschürte Unruhen aus. Assad musste die Klausel wieder einfügen lassen, doch der Schaden war schon angerichtet. Die Moslemischen Brüder fingen an, Alawiten zu ermorden, und nahmen sogar ihre »christlichen« Verbündeten aufs Korn – sowjetische Militärberater, die mit dazu beigetragen hatten, dass Syrien ein Dorn in der Flanke des Westens blieb.

Am 16. Juni 1979 überfielen die Moslemischen Brüder eine Ausbildungsstätte für Artilleristen in Aleppo und griffen sich einige aus der Menge der alawitischen Kadetten heraus, um sie zu exekutieren.

Im Jahr 1980 gingen die Syrer aus Sympathie mit der iranischen Revolution erneut auf die Straßen und forderten einen islamischen Staat – einen, an dessen Spitze keine ungläubigen Alawiten standen.

Als ich in Südindien hinter meinem Schreibtisch hockte und mich über die Moslemische Bruderschaft informierte, wurde ich immer neugieriger, je mehr ich las. Damals wusste ich so gut wie nichts über den Islam. Doch nach dem zu urteilen, was ich in Madras und anderswo auf dem Subkontinent auf den Straßen gesehen und erlebt hatte, waren die indischen Moslems ein recht zahmer Haufen. Sicher, ab und zu erhoben sie sich und brannten ein paar Läden von Hindus nieder, doch diese Unruhen hielten selten länger als ein, zwei Tage an, und die Unzufriedenheit schlug sich nie in irgendwelchen terroristischen Taten nieder. Die indischen Moslems ermordeten damals auch keine Politiker und zündeten keine Autobomben wie die Moslemischen Brüder.

Ich bat das Hauptquartier um Hintergrundinformationen über die Bruderschaft und bekam eine Seite, auf der nur das längst Bekannte wiedergekäut wurde. Zumindest wurde man ganz anständig über die Geschichte der Gruppierung informiert: Im Jahr 1928 war sie von einem Ägypter namens Hassan Al Banna gegründet worden, um den Islam zu reinigen und Ägypten von ausländischem Einfluss zu befreien. Im Jahr 1947 griff die Bruderschaft erstmals zur Gewalt, als sie in Kairo Geschäfte und Unternehmen stürmte, die in jüdischem Besitz waren. Ein Jahr später wurde sie von der Regierung verboten.

»Wenn Worte begraben werden, beginnen Hände sich zu regen«, lautet ein viel zitierter Ausspruch, den Al Banna gesagt haben soll, als er die Nachricht von diesem Verbot erhielt. Am 28. Dezember 1948 sorgten die Brüder dafür, dass Al Bannas Prophezeiung sich erfüllte, und ermordeten den ägyptischen Premierminister. Die Regierung reagierte darauf, indem sie der Schlange den Kopf abhackte: Im Jahr 1949 ließ sie Al Banna töten, doch seine Gefolgsleute wurden dadurch nur noch fanatischer. Nachdem Al Bannas Nachfolger im Jahr 1954 einen Attentatsversuch auf Ägyptens Präsidenten Nasser unternommen hatten, ließ dieser die Bruderschaft rigoros zerschlagen; ihre Mitglieder wurden in den Untergrund oder ins Exil getrieben. Die meisten von ihnen landeten schließlich in Saudi-Arabien, aber nicht alle. Einige flohen nach Syrien, wo Studenten, die in den 1930er-Jahren aus Ägypten zurückgekehrt waren, eine Zweigstelle der Organisation gegründet hatten. Dieser Ableger wurde nach einiger Zeit von der syrischen Regierung zerstampft, sodass die Brüder erneut das Weite suchen mussten. Die meisten retteten sich nach Saudi-Arabien; einige gingen aber auch nach Westdeutschland (wo sie die Zellen einrichteten, die die Attentate vom 11. September vorbereiteten). Andere blieben in Damaskus oder ließen sich anderswo in Syrien nieder – in den Untergrund getrieben, aber keineswegs in den Untergang.

Das waren so ungefähr die mir zur Verfügung gestellten Informationen. Dieses eine Blatt, das das Hauptquartier geschickt hatte, ließ mich vermuten, dass die CIA fast überhaupt nichts über die Moslemische Bruderschaft wusste. Ich nahm an, dass die Agency keinen Informanten, keinen Spion, kein so genanntes U-Boot irgendwo in der Organisation besaß. Die Agency hatte ganz eindeutig keine Vorstellung davon, wie die Brüder organisiert waren oder woher sie ihr Geld bekamen, und offen gestanden war ich darüber überrascht. Denn sogar vom fernen Indien aus konnte ich erkennen, dass sich die Moslemische Bruderschaft wie ein Virus ausbreitete. Ableger waren in afrikanischen Ländern südlich der Sahara, in Südasien und anderswo aus dem Boden geschossen, doch Syrien schien das eigentliche Problem darzustellen. Das Land konnte dazu beitragen, dass ein Friedensabkommen mit Israel zustande kam, oder es verhindern. Offiziell wollte Washington Assad los sein – er bekam seine Waffen von der Sowjetunion und schlug sich bei nahezu jeder internationalen Auseinandersetzung auf die Seite der Russen –, doch wenn er von den Brüdern abgelöst werden würde, konnte man sicher sein, dass alles noch viel schlimmer würde: Wenn die Geschichte einen etwas lehrte, dann, dass die Brüder nicht in Assads Palast herumhocken und seine Havannas rauchen würden; sie würden in vorderster Front stehen und einen Angriff auf Israel anführen.

Wie war es möglich, dass die CIA nicht wusste, ob die Brüder eine Chance hatten, die Herrschaft über Syrien an sich zu bringen?

Dass sie keinen Spion in die Bruderschaft eingeschleust hatte, war so undenkbar, wie es undenkbar war, dass der Papst keinen Spion in Kreis um Martin Luther gehabt hatte.

Doch schließlich war ich erst seit ein paar Jahren bei dem Verein und begriff noch nicht richtig, wie die Dinge gehandhabt wurden.

*

An jenem Abend in Amman entspannte ich mich an der Bar des Intercontinental bei einem Bier. Ich war zuversichtlich, dass ich Erfolg haben würde, wo meine Kollegen gescheitert waren. Wenn ich erst einmal in Damaskus war, würde ich Major Ali schon dazu bringen, mir alles über die Brüder zu erzählen. Er sollte mir alle harten Fakten liefern – genau jene Informationen, die das Hauptquartier nicht hatte.

Sicher: Ali war »nur« ein Alawit, doch ich nahm an, da sein Leben durch sie gefährdet war, würde er es sich zur Aufgabe gemacht haben, alles über die Feinde in Erfahrung zu bringen. (Habe ich schon gesagt, dass ich jung und naiv war?) Natürlich wäre es mir lieber gewesen, wenn ich die Fakten von einem richtigen syrischen Moslemischen Bruder bekommen hätte, doch das schien utopisch zu sein.

Am nächsten Morgen, bevor ich mich nach Damaskus aufmachte, zog ich los, um mit dem Chef der CIA in Amman zu sprechen. Tom Twetten kannte ich, seit er als stellvertretender Leiter in Delhi und ich als *case officer* in Madras stationiert gewesen waren. Der schlanke und vor der Zeit ergraute Tom war ein freundlicher, kompetenter Mann. Ich hatte schon damals das Gefühl, dass er auf dem Weg nach oben war, und schließlich wurde er dann auch zum *deputy director of operations* der CIA ernannt. Gegen Ende seines Berufslebens verlor er in einer jener auf schreckliche Weise ironischen Wendungen des Schicksals seinen Schwiegersohn, als die Maschine 103 der Pan Am am Himmel über Lockerbie explodierte.

Tom und ich sprachen damals in Amman vor allem darüber, wie wir es anfangen sollten, mich nach Syrien hinein zu schleusen. Das Hauptquartier hatte für mich die Route über Amman gewählt, damit ich den Flughafen von Damaskus umgehen konnte, der vom syrischen Geheimdienst aufmerksam kontrolliert wurde. Wenn ich mit einem Taxi von Amman nach Damaskus fuhr, könnte ich nach Syrien hinein- und wieder aus dem Land herausschlüpfen, bevor die Syrer etwas mitbekamen – jedenfalls war dies der Plan. Als wir alles beredet hatten, erkundigte ich mich bei Tom nach der Moslemischen Bruderschaft.

Achselzuckend antwortete er: »Die Jordanier geben ihnen Geld und gewähren ihnen Unterschlupf, aber nur weil sie die Syrer hassen – so nach dem Motto: ›Der Feind meiner Feinde ist mein Freund.‹«

»Was sagen die Jordanier über sie?«, fragte ich.

»Wir bedrängen die Jordanier nicht, uns Einzelheiten mitzuteilen. Und freiwillig rücken sie mit gar nichts raus.«

Was Twetten mir klar zu machen versuchte, war, dass er keine Anweisungen hatte, Informationen über die Moslemische Bruderschaft zu beschaffen. Die Außenposten der CIA im Ausland sollen ihre Spionagetätigkeit nur gegen Länder oder terroristische Gruppen richten, die zu bespitzeln das Hauptquartier ihnen befiehlt.

Ich kann es nicht mit Sicherheit sagen, doch die Sowjetunion muss damals eigentlich in diesem Zusammenhang die Nummer eins gewesen sein, während China womöglich abgeschlagen auf dem zweiten Platz gelandet war. In der Praxis bedeutete das, dass beinahe jeder *case officer*, der für Twetten arbeitete, seine Tage und Nächte damit verbrachte, Jagd auf sowjetische Diplomaten zu machen – in der Hoffnung, dass einer von ihnen irgendwann einmal bereit wäre, für die CIA zu spionieren. In seiner Freizeit lud ein in Amman stationierter *case officer* vielleicht einmal einen chinesischen Diplomaten zum Lunch in ein Restaurant ein, aber nur dann, wenn er keines sowjetischen habhaft werden konnte. Da die Moslemische Bruderschaft kein vordringliches Spionageziel war, erwartet man im Hauptquartier, dass man keine Zeit und kein Geld auf diese Leute verschwenden würde, noch nicht einmal einen Quarter, um irgendwo mit ihnen ein paar Falafel-Sandwiches in sich reinzustopfen.

Twetten hatte zudem das Problem der so genannten Weiß-wie-Reis-Kultur der CIA: Damals – und dies sollte sich bis zu dem

Zeitpunkt, da ich die CIA im Dezember 1997 verließ, kaum ändern – waren die meisten *case officer* weiß, protestantisch, männlichen Geschlechts und konnten einen Universitätsabschluss in einem geisteswissenschaftlichen Fach vorweisen. Wenn sie irgendwelche praktischen Erfahrungen besaßen, dann hatten sie die beim Militär gesammelt. Wenige von ihnen sprachen Arabisch, und diese wenigen sprachen es schlecht. (Seine ganze Zeit mit Russisch sprechenden Diplomaten zu verbringen ist nicht gerade förderlich für die eigenen Arabischkenntnisse.) Aufgrund der Tatsache, dass die meisten Brüder kaum Englisch sprachen, bestand zwischen der CIA und der Bruderschaft eine beinahe unüberwindliche kulturelle und sprachliche Barriere. Selbst wenn Twetten einen Anlass dazu gehabt hätte, sich den Brüdern an die Fersen zu heften, wäre also die Chance, dass einer seiner Officer einmal einem begegnete oder es gar schaffen würde, mit einem zu reden, mehr oder weniger gleich null gewesen.

Die Verhältnisse in Amman waren ein Modell für den Rest des Nahen Ostens: Die Moslemische Bruderschaft und der radikale sunnitische Islam im Allgemeinen wurden nicht vom Radar der CIA erfasst. Vielleicht beschäftigte sich eine Hand voll der Analytiker daheim in ihrer freien Zeit mit ihnen, doch ohne Input vom *directorate of operations* und ohne Spitzel in den Reihen der Brüder mussten sie auf ganz offen und frei arbeitende Informanten zurückgreifen, vor allem auf Journalisten und Wissenschaftler, und die vermochten selber nicht besonders viel in Erfahrung zu bringen.

Seit Nasser im Jahr 1954 versucht hatte, der Moslemischen Bruderschaft den Garaus zu machen, war es fast unmöglich gewesen, einen Bruder – zumindest einen militanten – zu finden, der bereit gewesen wäre, sich interviewen zu lassen. Sie hatten sich zu tief im Untergrund verschanzt, und Saudi-Arabien, das nach dem Jahr 1954 zum Schirmherrn der Gruppe wurde, war für die meisten Menschen aus dem Westen ein ebensolches Buch mit sieben Siegeln wie die Bruderschaft selbst. Wissenschaftler wie Journalisten erhielten nur selten Einreisevisa in das Königreich. Die wenigen, die einreisen durften, vermochten nicht sehr nahe an die Büros, Moscheen und Islamschulen, die *madrase* der Organisation, heranzukommen. Mit anderen Worten: Der militante Islam war ein einziges tiefes schwarzes Loch. Als Osama bin Laden in den späten 1990er-Jahren in der Öffentlichkeit auftauchte, hätte er für die meisten Amerikaner genauso gut aus der Hölle aufgefahren sein können.

Um fair zu sein: Es war nicht einzig und allein die Schuld der CIA. Bis zum 11. September gab es keinen Präsidenten, der sich darum scherte, ob Langley die Bruderschaft ausspionierte oder nicht. Während des Kalten Krieges waren es die Sorgen um die Sowjetunion mit ihren Nuklearwaffen, die die Präsidenten um ihren Schlaf brachten. Ein Diktator der Dritten Welt, der von einem Bruder eine Kugel zwischen die Augen verpasst bekam, stand ziemlich weit unten auf der Liste der dringenden Probleme des Weißen Hauses. Im Grunde existierte die CIA seit jeher, um die Sowjetunion zu bespitzeln. Sechzig oder mehr Prozent des Jahresbudgets der CIA wurden dafür ausgegeben, sicherzustellen, dass der US-amerikanische Präsident es frühzeitig erfahren würde, wenn die Atomraketen auf den Weg geschickt wurden. Jeder schmutzige Krieg, in den die CIA verstrickt war, und jede sonstige Unternehmung – von der Landung in der Schweinebucht bis hin zum Bürgerkrieg in Angola – hatte irgendetwas mit den Bemühungen zu tun, den Kommunismus einzudämmen. Sicher: Gelegentlich hatte ein Präsident die eine oder andere Frage zu einem Land wie Japan oder Südafrika, aber der Rest der Welt existierte für ihn nur am Rande.

Dies ist zumindest die offizielle Erklärung – das heißt, *die* Erklärung, von der das offizielle Washington hofft, dass Sie sie glauben. Die wirkliche Antwort ist wesentlich komplizierter: Ja, die Sowjetunion hat alle Aufmerksamkeit auf sich gelenkt. Ja, es war schwer, an die Moslemischen Brüder heranzukommen. Doch der letzte, der wahre Grund war dieses schmutzige kleine Geheimnis: Das Weiße Haus sah die Bruderschaft als einen stillen Verbündeten an, als eine Art Geheimwaffe gegen – na, wen wohl? Den Kommunismus natürlich.

Diese verdeckte antikommunistische Aktion wurde in den 1950er-Jahren von den Dulles-Brüdern gestartet – von Allen, der bei der CIA war, und John Foster, der im State Department saß –, als sie genehmigten, dass Saudi-Arabien die in Ägypten ansässigen Brüder in ihrem Kampf gegen Nasser finanziell unterstützte.

Was Washington betraf, so war Nasser ein Kommunist. Er hatte Ägyptens große Unternehmen verstaatlicht – auch die Gesellschaft, die den Suezkanal betrieb. Er kaufte seine Waffen von der Sowjetunion. Er drohte damit, Israel platt zu machen und mit Bulldozern ins Meer zu schieben.

Die Logik des Kalten Krieges ließ nur eine Schlussfolgerung zu: Wenn Allah bereit war, auf US-amerikanischer Seite zu kämpfen, war das schön. Wenn Allah entschied, dass eine Ermordung Nassers aus politischen Motiven erlaubt war, dann war das auch schön – solange in gesitteter Gesellschaft niemand darüber sprach…

Wie jede andere wirklich effektive verdeckte Operation wurde auch diese ganz strikt aus allen Büchern herausgehalten. Das heißt: Es gab keinen CIA-Bericht, kein Memorandum zur Information des Kongresses. Aus der Staatskasse floss kein Penny zu ihrer Finanzierung. Mit anderen Worten: Es gab keinerlei schriftlichen Aufzeichnungen über sie. Alles, was das Weiße Haus tun musste, war, Ländern wie Saudi-Arabien und Jordanien, die Moslemische Brüder beherbergten, zuzuzwinkern und zuzunicken. *Das* war es, was während des jemenitischen Bürgerkriegs geschah, der im Jahr 1962 begann: Als Nasser eine antiamerikanische Regierung unterstützte und Truppen ausschickte, um ihr beizustehen, erteilte Washington Riad ganz unauffällig die Einwilligung, den Moslemischen Brüdern im Jemen im Kampf gegen die Ägypter den Rücken zu stärken. Oder wie Tom Twetten es formulierte: Der Feind meines Feindes ist immer mein Freund. Das ist eine Regel, an die man sich im Nahen Osten eisern hält.

Falls die CIA die Brüder ausspioniert hätte, wären sie am Ende nur als das enttarnt worden, was sie waren: Massenmörder, von denen man, wenn man nur einen Gedanken für sie erübrigte, sicher sein konnte, dass sie sich eines Tages gegen die Amerikaner selbst wenden würden. Doch falls Tom Twetten – oder einer der anderen CIA-Officer im Nahen Osten – zufällig einen Stein umdrehen, etwas Unangenehmes über die Moslemische Bruderschaft darunter entdecken und es nach Washington melden würde, hätte er in der Folge den Süßwarenstand im Foyer des CIA-Gebäudes in Langley übernehmen müssen und wäre vielleicht derselben Schicht zugeteilt werden wie jener Berliner *case officer*, der versuchte, einen saudischen Diplomaten zu rekrutieren und für seine Bemühungen zur Handtuchausgabe versetzt wurde.

*

[Die CIA hat die Streichung des folgenden Abschnitts gefordert, der von der Finanzierung der Moslemischen Bruderschaft durch ausländische Geldgeber handelt.]

[redacted]

[redacted]

[redacted]

[redacted]

[redacted]

Im Jahr 1980 handelte Zbigniew Brzezinski, der nationale Sicherheitsberater Präsident Carters, ein Abkommen mit Saudi-Arabien aus: Die USA würden Dollar für Dollar die gleiche Summe an die afghanischen Widerstandskämpfer gegen die sowjetischen Besetzer zahlen wie die Saudis. (Um Ihnen eine Idee davon zu vermitteln, was für Summen dabei im Spiel waren: Allein im Jahr 1981 stellte Saudi-Arabien 5,5 Milliarden US-Dollar zur Verfügung.) So weit, so gut. Doch wenn Sie das Kleingedruckte lesen, stellen Sie fest, dass der größte Teil des Geldes an die militanten moslemischen Gruppen ging, auch an die Gruppe Abdul Sayyafs.

Sayyaf, der Anführer der Ittehad-e-Islami, war ein besonders gefährlicher Mann. Das heißt: Es war besonders gefährlich, ihn mit Geld und Waffen zu versorgen. Als Student an der ältesten und bekanntesten Hochschule des Islam, der Kairoer Al-Azhar-Universität, wurde er für die Moslemische Bruderschaft gewonnen. Nachher ließ man ihn – nur für den Fall, dass er das, was man ihm über den *Dschihad* und über einen angeblich gerechtfertigten Mord an Ungläubigen beigebracht hatte, noch nicht richtig verinnerlicht hatte – eine Lehre bei den Wahhabiten in Saudi-Arabien durchlaufen. Seine blutrünstigen Traktate und Predigten waren allgemein bekannt, doch niemand in Washington zeigte ihm eine gelbe Karte – schon gar keine rote –, weil man Angst hatte, die Machthaber in Riad zu verärgern.

Die in Washington verkündete Weisheit lautete wie folgt: Wenn die Saudis und die Pakistani sich hinter die afghanische Moslemische Bruderschaft stellten, dann war das eben der Preis, den man dafür zu zahlen hatte, dass sie einem die schmutzige Arbeit abnahmen. Wenn die Moslemischen Brüder kaltblütige Mörder waren und verrückt genug, auf eine Kolonne von sowjetischen Panzern mit Handfeuerwaffen loszugehen – umso besser. Washington bildete sich immer etwas darauf ein, bei den Kriegen, die es führte, billig wegzukommen. Wenn »Erfolg« gleichbedeutend mit hohen sowjetischen Verlusten an Menschenleben pro US-Dollar war, dann hatte man mit der Finanzierung der Moslemischen Brüder ein sagenhaft günstiges Geschäft gemacht.

Wenn John Ashcroft damals Justizminister gewesen wäre, kommt mir dabei in den Sinn, hätte ich mich wohl wie jeder andere, der bei der [redacted] und Afghanistan-Sache eine Rolle gespielt hatte, auf einer seiner Al-Kaida-Listen wiedergefunden. Denn es gab keinen Zweifel: Wir halfen und unterstützten die Leute, die zu unseren Erzfeinden werden sollten. Ja, zum Teufel: Vermutlich würde ich dies dann in einem Käfig in Guantanamo Bay zu Papier bringen.

*

Mir war das alles noch nicht klar geworden, als ich mich in den Rücksitz eines verbeulten gelben Taxis – eines 65er Plymouth – sinken ließ, das es dann nur bis Damaskus schaffen würde, wenn Allah dies wollte. Alles was ich damals wusste, war, dass der Islam nach außen hin ein ruhiges Meer zu sein schien – heiter und glatt auf der Oberfläche, während in der Tiefe alle möglichen Sachen vor sich gingen.

Die Moslemischen Brüder schienen überall und nirgends zu sein. Wie sonst hätten sie in einem Polizeistaat, wie Syrien es war, überleben können? Wie schmuggelten sie sich selbst und ihre Waffen von Jordanien nach Syrien hinein? Und warum waren die Jordanier – oder auch die Ägypter – nicht bereit, uns etwas über sie zu erzählen?

Die Moslemischen Brüder gehörten zu jenen verborgenen Realitäten im Nahen Osten, über die wir nur etwas herausfinden, wenn sie sich entscheiden, an die Oberfläche zu kommen. Heute gibt es sogar einen Namen für den Ort, an dem die wirklichen Wahrheiten (im Unterschied zu denen, die uns in den Kram passen) zu Hause sind: »the Arab basement«, das arabische Kellergeschoss.

Im selben Moment, in dem ich Major Ali mit seinem sowjetischen Jeep heranfahren sah, wusste ich, dass die mühsame Annäherung über Amman und die tagelange Taxifahrt nur Zeitverschwendung gewesen waren. Er hatte nicht nur zwei bewaffnete Gorillas auf dem Rücksitz platziert, auch die Autos der Vor- und der Nachhut waren mit bis auf die Zähne bewaffneten Soldaten voll gestopft. Einer hielt ein RPD-Maschinengewehr samt Patronengurt in den Händen, ein anderer einen Raketenwerfer, den er aus dem Wagenfenster ragen ließ.

Diese Eskorte des Majors begleitete uns überallhin. Als wir vor dem größten Kaufhaus von Damaskus vorfuhren und anschließend hineingingen, blockierten seine Soldaten die Eingangstüren und die Zufahrt zum Parkplatz, sodass wir in Ruhe herumstöbern konnten, ohne von irgendjemandem abgeknallt zu werden. Als wir in einem Restaurant am Barada, dem durch Damaskus fließenden Fluss, zu Mittag aßen, besetzten sie sämtliche Eingänge einschließlich der Verbindungstür zur Küche. Alle, die herein oder heraus wollten, mussten warten, bis wir fertig waren. Während des gesamten Essens stand einer von Alis Pistoleros direkt hinter ihm, mit einer geladenen und gesicherten Kalaschnikow in den Armen. In Begleitung dieser Zirkustruppe wäre ich nie unbemerkt nach Syrien gekommen und hätte das Land ebenso wenig unauffällig wieder verlassen können.

Am zweiten Tag meines Aufenthalts gelang es mir, ein paar Fragen zu den Moslemischen Brüdern in unser Gespräch einzuflechten.

»Was soll ich dazu sagen?«, fragte Ali. »Sie sind einfach verrückt. Das Einzige, wovon sie etwas verstehen, ist, andere zu töten.«

»Werden Sie siegen?«, hakte ich nach.

Statt zu antworten, machte Ali eine kurze Besichtigungstour mit mir, die uns zu den Stätten terroristischer Anschläge führte.

Das Hauptquartier der Luftwaffe war nicht wieder aufgebaut worden, nachdem die Moslemischen Brüder es mit einer Autobombe in die Luft gejagt hatten. Jetzt sah ich es von Zementabsperrungen umringt, und überall lagen Wachposten in von Sandsäcken umgebenen Stellungen. Beide Enden der Straße, die an dem Haus vorbeiführte, in dem Assad wohnte, waren ebenfalls mit Zementblöcken verbarrikadiert.

Das gleiche Bild bot sich bei der sowjetischen Botschaft. Gepanzerte Fahrzeuge patrouillierten durch die Straßen, und die Polizei hielt Autos und Fußgänger nach dem Zufallsprinzip an, um sie zu überprüfen. Damaskus schien im Belagerungszustand zu sein.

Als Nächstes fuhren wir in der Altstadt zu einer Gasse, die »Gerade Genannte Straße« hieß. Gerade war sie vielleicht einmal gewesen, als die Stadtplaner von Alexander dem Großen sie angelegt hatten, doch jetzt wand man sich auf ihr mitten durch ein Gewirr von Läden, Gewürzständen, Eselskarren, Hausierern, ambulanten Gemüseverkäufern und in alle Richtungen rennenden Kindern hindurch. Es war später Nachmittag und wimmelte von Menschen, die noch rasch letzte Einkäufe erledigten. Nur wenige Frauen trugen Kopftücher. Bei dem ganzen Lärm konnte man kaum sein eigenes Wort verstehen.

Ali deute mit den Händen auf das Chaos und meinte: »Hier haben Sie Ihre Brüder.«

Als wir wieder in seiner Wohnung waren, sagte er: »O ja, wir werden siegen, bestimmt, aber nur damit« – bei diesen Worten schlug er mit der Hand auf die Pistole an seiner Seite.

Am folgenden Tag verließ ich Damaskus, ohne dass Ali mir irgendwelche Informationen über die Bruderschaft gegeben hätte. Er hatte auch nichts über seine Religion erzählt oder darüber, wie Assad das Wunder vollbrachte, so lange an der Macht zu bleiben. Obwohl wir ganz gut miteinander auskamen, erwies Ali sich als so verschwiegen wie der Rest der Alawiten. Er hatte nicht die Absicht, mich oder einen anderen US-amerikanischen Staatsangestellten darüber aufzuklären, was Syrien eigentlich in Gang hielt.

Kein Wunder also, dass man im Hauptquartier zu dem Schluss kam, die ganzen Reisekosten umsonst investiert zu haben. Mich aber zog damals in Damaskus der Nahe Osten völlig in den Bann: Die Moslemische Bruderschaft war ein Geheimnis, das gelüftet werden sollte. Und zumindest eines schien offenkundig zu sein: Selbst wenn es Assad gelang, die Brüder zu vertreiben, würden sie nicht ruhig zurück in ihre Höhlen schlüpfen.

*

Indien erwies sich als ein guter Beobachtungsposten, um Syrien im Auge zu behalten, wo die Lage zunehmend brisanter wurde. Hier konnte ich auch langsam meine Wissenslücken füllen, die Ali sich geweigert hatte zu beseitigen.

Am 26. Juni 1980 unternahmen die Moslemischen Brüder den Versuch, Assad zu ermorden. Ich weiß nicht, wie nahe sie der Realisierung ihres Planes kamen, doch in jedem Fall nahe genug, um Assad richtig zu verärgern. Am darauf folgenden Morgen wurde Damaskus vom Lärm der Hubschrauber geweckt, die bei einem großen Militärlager westlich von Damaskus landeten. Die Hubschrauber luden zwei Kompanien von Assads Elitetruppe an Bord, den so genannten Verteidigungskompanien, und flogen sie ostwärts zum berüchtigten Militärgefängnis von Palmyra, in dem Moslemische Brüder festgehalten wurden. Die dort schon bereit stehenden Gefängniswächter öffneten die Türen, und die Soldaten stürmten hinein, arbeiteten sich von Zelle zu Zelle vor und exekutierten die Insassen. Die Brüder hatten gerade noch Zeit, »Allah ist groß! Allah ist groß!« zu rufen. Doch obwohl an die fünfhundert ihrer Mitglieder an jenem Tag das Leben verloren, zeigte sich die Bruderschaft als Ganzes keineswegs eingeschüchtert.

Im Februar 1982 nahmen die syrischen Moslemischen Brüder Hama ein, die am Orontes gelegene viertgrößte Stadt des Landes, deren Anfänge bis in die Bronzezeit zurückreichen. Als sie anfingen, Alawiten, die in Regierungsdiensten standen, und deren Familienangehörigen die Kehlen durchzuschneiden, schritt Assad erneut zur Tat. Wieder ließ er die Verteidigungskompanien aufmarschieren und gab den unmissverständlichen Befehl: »Platt machen!« Nach ein paar Tagen unablässigen Artilleriebeschusses war das Zentrum von Hama nur noch ein rauchender Geröllhaufen. Schätzungsweise zwanzigtausend Menschen kamen ums Laben, unter ihnen vermutlich auch die meisten der Moslemischen Brüder.

Hafis Al Assad war sicher nicht glücklich darüber, dass er als Schlächter von Hama in die Geschichte eingehen würde, als der Mann, der eine Stätte von herausragender historischer Bedeutung zerstören ließ, doch er hatte keine andere Wahl gehabt, als entweder genau dies zu tun oder – zusammen mit zwei Millionen anderer Alawiten – um sein Leben zu laufen. Die Moslemischen Brüder sollten danach nie wieder eine ernsthafte Bedrohung für ihn darstellen.

(Ein alter syrischer Witz handelt davon, wie Gott den Engel des Todes nach Damaskus entsendet, um Assad vor sein Gericht zu laden. Ein paar Tage später kehrt der Engel in den Himmel zurück, voller blauer Flecken und blutender Wunden, nachdem er von Assads berüchtigter Geheimpolizei in die Mangel genommen worden war. »O nein«, schreit Gott entsetzt auf, »hast du ihnen denn nicht gesagt, wer dich schickt?«)

Asad ließ systematisch jeden, der im Verdacht stand, der Bruderschaft anzugehören, aus den Institutionen entfernen, die etwas mit dem Islam zu tun hatten. Jeder Geistliche, jeder Vorbeter, Wahrsager, Leichenwäscher und *Madrasa*-Lehrer wurde immer wieder auf Herz und Nieren überprüft. Sogar eine längst vergessene verdeckte Anspielung auf einen *Dschihad* reichte aus, um einen Geistlichen hinter Gitter zu bringen oder ihn seines Amtes zu entheben.

Das System funktionierte genauso, wie es bei der Armee funktioniert hatte. Als Hafis Al Assad starb, existierte die Moslemische Bruderschaft in Syrien nur noch dem Namen nach. Kein Moslemischer Bruder gab einen Muckser von sich, als ein anderer Alawite – Bashar, Assads Sohn – der neue Präsident wurde. Die einzigen syrischen Moslemischen Brüder, die Einwand dagegen erhoben, befanden sich im Exil, die meisten von ihnen in Saudi-Arabien und in Deutschland.

Der zweite Teil von Assads Strategie wird jedem Mafia-Don vertraut sein. Assad wusste, dass er seine Freunde eng um sich scharen musste und seine Feinde sogar noch enger – was bedeutete, dass er Saudi-Arabien niemals aus den Augen verlieren durfte. Sein Bruder Rifat Al Assad, Oberbefehlshaber der Verteidigungskompanien, heiratete die Schwester der Ehefrau von Kronprinz Abdallah. Doch Assad griff nicht nur zu solchen Mitteln der »sanften« Diplomatie, sondern er legte den Al Saud auch die Finger auf die Kehle, indem er das Damoklesschwert des Terrorismus über ihnen schweben ließ. Seine Geheimdienste unterhielten enge Verbindungen zu palästinensischen terroristischen Gruppierungen, die nach Belieben innerhalb Saudi-Arabiens hätten zuschlagen können, und er machte den Al Saud unmissverständlich klar, dass – falls sie einen terroristischen Anschlag auf ein syrisches Ziel unterstützten – postwendend ein palästinensischer Angriff auf ein saudi-arabisches Ziel erfolgen würde.

Assad warb zudem um die schiitische Opposition in Saudi-Arabien. Obwohl die Schiiten nur zehn bis zwölf Prozent der Gesamtbevölkerung des Landes ausmachen, stammen vor allem aus ihren Reihen die Arbeitskräfte für die Ölfelder in der Ostprovinz, die natürlich von allergrößter Bedeutung sind. Die Schiiten – im sunnitisch-wahhabitischen Saudi-Arabien beinahe im gleichen Maß unterdrückt wie die Christen – neigen zur Gewalttätigkeit. Assad gestattete ihren Führern, in Damaskus und Beirat Büros zu eröffnen, um die Al Saud daran zu erinnern, dass er keinesfalls erhaben darüber war, ihre Ölquellen in die Luft zu jagen. Es dauerte nicht lange, bis der Strom des Geldes, der zur »karitativen« Unterstützung der dortigen Moslemischen Brüder aus Saudi-Arabien nach Syrien floss, versiegte.

Major Ali hatte also zur Hälfte Recht gehabt, als er meinte, man wisse in Syrien schon, wie man mit den Moslemischen Brüdern fertig werde. Als Assad Hama in einen Schutthaufen verwandelt hatte, brach er der Terrorkampagne der Brüder die Spitze. Es war aber die von ihnen im Nahen Osten eingeschlagene Politik, die den Syrern den entscheidenden Erfolg brachte: das Androhen von Rache, das Unterbringen von Familienangehörigen, Verbündeten und Handlangern in einflusreichen Positionen; vor allem aber die konsequente Weigerung, Kompromisse einzugehen.

*

Wenn nur Ägypten, das ja die Moslemische Bruderschaft in die Welt gesetzt hatte, das Gleiche getan hätte. Stattdessen ließ man dort die Dinge einfach so treiben und bezahlte schließlich den Preis dafür. Sogar nachdem Nasser die Organisation im Jahr 1954 verboten hatte, wurden in der Al-Azhar-Universität immer noch fundamentalistische Prediger herangezogen. Die Armenviertel Kairos wie Umbaba und Abdin – wo Mohammed Atta, der Anführer der Terroristen vom 11. September, aufwuchs – standen vermutlich wesentlich unter dem Einfluss der Moslemischen Brüder, und das galt auch für Teile von Alexandria und Assyut.

Am 6. Oktober 1981 wurde die Welt Zeuge der blutigen Konsequenzen dieser Politik des Gewährenlassens: An diesem Tag fiel Anwar Sadat einem Attentat des Ägyptischen Islamischen Dschihad – was nur ein anderer Name für den militanten Flügel der Moslemischen Bruderschaft ist – zum Opfer. Die Unverfrorenheit dieses Anschlags im hellen Tageslicht, der während einer Militärparade vor der versammelten Weltpresse und unter völliger Missachtung von Sadats Leibwächtern stattfand, ließ vermuten, dass eine Gruppe dahinter stand, die vor nichts Halt machen würde. Die Attentäter wussten alle, dass sie bei dem Anschlag sterben oder nach einem Schauprozess exekutiert werden würden, doch der Tod schreckte sie nicht, und Sadat war nicht der Letzte, auf den sie es abgesehen hatten.

Im Jahr 1993 versuchten die Moslemischen Brüder – wieder unter dem Namen Ägyptischer Islamischer Dschihad –, den Innenminister zu ermorden und später den Premierminister. Zwei Jahre später, 1995, versuchten sie auch Husni Mubarak zu töten, als er Äthiopien einen Besuch abstattete. Zwei weitere Jahre später griffen die Brüder den Tempel von Luxor an, brachten achtundfünfzig ausländische Touristen zusammen mit vier Ägyptern um. Und bekanntermaßen schlugen sie dann noch ein weiteres Mal zu: am 11. September in New York und in einem Vorort Washingtons. Ich werde niemals vergessen, wie ich die Aufnahmen sah, die im Fernsehen immer und immer wieder gezeigt wurden. Die Presse ordnete die Attentäter immer der Al Kaida zu, was Osama bin Ladens erbarmungslosem Publicity-Apparat zu verdanken war, doch sie waren Moslemische Brüder – bis ins Mark. Es waren dieselben Männer, die wir benutzt hatten, um im Jemen, in Afghanistan und in vielen anderen Ländern die schmutzige Arbeit für uns zu erledigen. Nur dass der Kampf gegen uns, die Amerikaner, jetzt ihre schmutzige Arbeit geworden war – und Saudi-Arabien ihre Heimstatt.

# 8 – Rate mal, wer zum Essen kam?

*Khartoum, Sudan – Januar 1985*

Nach der Ermordung Sadats war ich fest entschlossen, einen echten Moslemischen Bruder ausfindig zu machen und mit ihm zu sprechen. Wie hätte ich sonst in Erfahrung bringen können, was diese Leute zu ihren Taten antrieb? Und wenn wir nicht wussten, was sie antrieb, wie sollten wir ihnen dann jemals Einhalt gebieten? Ich wusste es damals noch nicht, doch ich würde meine Chance zwei Monate später erhalten, im Dezember 1981, weniger als zwanzig Blocks vom Weißen Haus entfernt.

Als ich eines Morgens das Apartmenthaus, in dem ich in Georgetown wohnte, verlassen wollte, um zum Arabischunterricht zu gehen, fiel mir auf, dass der neue Angestellte am Empfangspult im Foyer – ein sehr hochgewachsener, schlanker, dunkelhäutiger Mann von Anfang dreißig – ein arabisches Buch las. Ich ging zu ihm hin und stellte mich vor. Khalid, wie ich ihn nennen will, war aus dem Sudan und studierte in Washington vergleichende Rechtswissenschaften. Wir unterhielten uns lange und schlossen am Ende ein Abkommen. Er sollte regelmäßig Konversation mit mir auf Arabisch machen; ich brauchte die Übung, er das Geld. Er hatte seine Frau und seine Kinder aus dem Sudan herübergeholt, und sie wussten kaum, wie sie über die Runden kommen sollten.

Die nächsten sechs Monate lang bemühten wir uns beide nach Kräften, doch ich muss zugeben, dass die Stunden mit Khalid meinen Arabischkenntnissen eher abträglich als zuträglich waren. Das lag daran, dass er eine klassische Ausbildung in der Sprache erhalten hatte. Schlimmer noch: Er hatte einen Universitätsabschluss in islamischem Recht. Bis zum Ende konnte ich ein kein Gespräch mit Khalid führen, ohne dass er mich ständig mahnte, nicht die komplizierten vokalischen Endungen zu vergessen, die der Mann auf der Straße niemals benutzte. Er war so, als ob Geoffrey Chaucer, der Autor der *Canterbury Tales*, versuchen würde, jemandem modernes Englisch beizubringen.

Doch das Misslingen des Unterrichts verhinderte nicht, dass wir Freunde wurden. Ich half Khalid bei der Überarbeitung seiner Dissertation, brachte ihm Autofahren bei und überließ ihm sogar meine alte Karre, als ich, im zweiten Jahr meines Arabischstudiums, nach Tunis versetzt wurde. Es war der erste Wagen, den er jemals besessen hat. Mindestes einmal in der Woche leistete ich Khalid und seiner Familie beim Abendessen in ihrer Wohnung in Adams-Morgan, einem Viertel, in dem die Angehörigen vieler Nationalitäten lebten, Gesellschaft.

Nachdem ich nach Tunis geschickt worden war, verloren Khalid und ich einander aus den Augen. Ich hatte keine Ahnung, was aus ihm geworden war, bis ich im Januar 1985 nach Khartoum versetzt wurde und sein Foto in einer lokalen Zeitung sah. Die dazugehörige Unterschrift verriet mir, dass er zum Richter an einem der neuen islamischen Gerichtshöfe des Sudan ernannt worden war. Ich ließ die Zeitung fallen und machte mich sofort auf den Weg zum Sitz dieses Gerichts. Nichts ist schöner, als in einem Sandkasten wie Khartoum auf einen alten Spielgefährten zu stoßen.

Die beiden Männer der Religionspolizei, die den Eingang zum Gericht versperrten, starrten mich mit vor Erstaunen offenem Mund an, als ich nach Richter Khalid fragte und der Erklärung halber hinzufügte, dass er ein alter Freund von mir sei. In Khartoum bekam man nur selten einen Europäer oder Amerikaner zu Gesicht, und noch seltener war es, dass sich einer in einem Gebäude blicken ließ, in dem eines der berüchtigten islamischen Gerichte untergebracht war. Drinnen war der Vorraum gedrängt voller Menschen. Der Strom war abgeschaltet, es war heiß und düster und stank nach Schweiß. Ich wollte mich schon umdrehen und wieder gehen, als ich im Gerichtssaal eine Stimme dröhnen hörte. Es hörte sich nach Khalid an, aber ich war mir nicht sicher. Ich hatte ihn nie die Stimme erheben hören. Mir war er immer sehr sanft und höflich vorgekommen, und er hatte stets nur leise gesprochen. Jetzt klang er regelrecht besessen.

Das Gebrüll verstummte abrupt. Eine Sekunde später teilte sich die Menschenmenge vor mir wie das Rote Meer, und Khalid kam durch sie hindurchgepflügt, mit einem Polizisten an jeder Seite. Der Saum seiner *jalabiyah* schleifte über den schmutzigen Boden. Er kam zu mir her gerannt, wobei er jemandem, der ihm nichts Böses ahnend in die Quere kam, beiseite stieß, und schloss mich in die Arme.

»Lassen Sie mich hier Schluss machen«, sagte er. »Und dann kommen Sie zu mir nach Hause zum Essen.« Aber dann änderte er seine Meinung, kaum dass er das ausgesprochen hatte: »Nein, Mr. Bob, Sie bleiben, und wir werden anfangen, wieder was für Ihr Arabisch zu tun. Sie werden es brauchen.« Er legte seinen Arm um mich und zog mich mit in den Gerichtssaal. Ich hatte drei Jahre gebraucht, um alles zu vergessen, was er mich gelehrt hatte, aber ich ging trotzdem mit ihm mit, denn ich war neugierig, wer oder was ihn so wütend gemacht hatte.

Er scheuchte einen Alten weg, der auf einer Bank ganz vorne saß, sodass ich mich dort niederlassen konnte, kletterte dann wieder auf sein Podium und zwinkerte mir zu. Dann fing er erneut zu brüllen an, als ob er gar nicht damit aufgehört hätte. Die Zuschauer hörten auf, mich anzustarren, und lauschten ihm verzückt.

Das Objekt seiner Wut war ein kleiner Mann, der ein Paar schmutziger Denims und ein ehemals weißes Hemd sowie an den Füßen zerschlissene Ledersandalen trug. Ein Tau diente ihm als Gürtel. Der Mann stand innerhalb einer hüfthohen ramponierten Einzäunung, die mich an die Penalty-Box erinnerte, in der Eishockeyspieler eine Zeitstrafe absitzen.

Der Mann sagte kein einziges Wort. Er schaute nicht einmal zu Khalid hoch. Es sah aus, als ob er keinen Anwalt habe, und es gab auch keine Jury. Falls Familienangehörige des Mannes da waren, hielten sie eisern den Mund. Als Khalid wieder das Wort ergriff, bekam ich nach und nach mit, dass der Mann angeklagt war, am Morgen auf einem der Märkte einen Topf gestohlen zu haben.

Ohne Vorwarnung senkte Khalid die Stimme und verkündete das Urteil: »Im Namen des Barmherzigen und Mitleidsvollen, ich befinde dich des Diebstahls für schuldig. Ich verurteile dich zu zwanzig Peitschenhieben.« Auf ein Kopfnicken Khalids hin bahnten sich die beiden Polizisten wieder einen Weg durch die Menge, packten den Mann bei den Armen und führten ihn aus dem Saal.

Sobald sie verschwunden waren, brach ein Inferno aus. Ungefähr die Hälfte der Anwesenden brüllte, dass das Urteil gerecht sei. Die andere Hälfte stimmte ein gewaltiges Heulen und Wehklagen an; unter ihnen mussten wohl die Freunde und Verwandten des Mannes sein. Alle versuchten, gleichzeitig zur Tür heraus zu kommen.

Als ich es ebenfalls nach draußen geschafft hatte, erblickte ich den Verurteilten. Man hatte ihn an einen Baum gebunden, eine Seite seines Gesicht war gegen die Rinde gepresst. Jemand zog ihm das Hemd aus, und zwei Polizisten mit Automatikwaffen in den Händen bezogen zu seiner Linken und Rechten Position, um zu verhindern, dass irgendjemand eingriff. Khalid stand direkt hinter dem Mann. Er hatte die Ärmel seiner *jalabiyah* nach oben gerollt und seine rechte Hand, in der er eine lederne Peitsche hielt, erhoben. Er wartete vielleicht zehn Sekunden lang. Kurz bevor er zuschlug, intonierte er: »Biani ar-rahman, an-rahim« – »Im Namen des Barmherzigen und Mitleidsvollen.« Dann ließ er die Peitsche mit einer Wucht niedersausen, wie es nur einem Mann von seiner Statur möglich war. Bei jedem Hieb, der auf ihn niederprasselte, stieß der Verurteilte zwischen zusammengebissenen Zähnen ein »Allah ist groß!« hervor.

Auf der Fahrt zu Khalids Haus sprachen wir lange Zeit kein Wort. Khalid merkte, dass mir nicht wohl zumute war. Das ganze Spektakel lief dem, was er in Amerika über Recht und Rechtsvollzug gelernt hatte, zuwider.

»Wissen Sie, Bob, im Sudan hat man keine andere Wahl«, sagte er schließlich auf Englisch. »Der Sudan ist ein armes, von Sorgen geplagtes Land. Wenn wir jemals die Zügel schleifen lassen, dann ist es aus mit uns – wir werden wie die wilden Tiere leben. Das Einzige, was die Leute jemals verstehen und akzeptieren werden, ist der Koran. Wir werden nie in den Genuss der vielen Vorzüge eures Rechtssystems kommen. Bitte, beurteilen Sie dies alles nicht aus amerikanischer Sicht.«

»Wie wissen Sie denn, was die Leute brauchen?«, fragte ich. Es war eine Frage, auf die jeder Amerikaner gerne die Antwort wüsste

»Bitte verstehen Sie doch, dass die Sudanesen zurückgeblieben sind. Sie beginnen gerade erst zu verstehen, was der heilige Koran ist. Wissen Sie, was die Dummköpfe tun, wenn sie krank sind? Sie reißen eine Seite aus dem Koran, auf der etwas steht, was ihrer Meinung nach mit ihrer Krankheit zu tun hat. Sie kochen sie in einem Topf, bis die Tinte sich im Wasser auflöst, und dann sie trinken sie das Ganze, weil sie glauben, es würde sie heilen. Wirklich, diese Menschen brauchen eine feste Hand.«

»Woher wussten Sie, dass der Bursche wirklich etwas gestohlen hatte?«

»Meine Polizisten haben ihn dabei beobachtet« – damit meinte er die Justizbeamten, die seinem Gerichtshof zugeteilt waren. Großartig, dachte ich. Khalid war Richter, Ankläger, Verteidiger, Jury und Vollstrecker – alles in einer Person.

Obwohl er niemals etwas in der Richtung hatte verlauten lassen, stieg in mir langsam der Verdacht hoch, dass Khalid ein Moslemischer Bruder war. Er hatte unter Hassan Al Turabi, dem geistigen Führer der Moslemischen Bruderschaft des Sudan, studiert, als Turabi Dekan der juristischen Fakultät der Universität Khartoum war: eine Position, die sich in hervorragender Weise zum Rekrutieren neuer Mitglieder anbot.

Obwohl ich Khalids Gerichtshof nie wieder besuchte, traf ich meinen alten Bekannten weiterhin so oft es nur ging. Für gewöhnlich fuhr ich mit ihm zu seinem einstöckigen, weiß getünchten Haus südlich von Khartoum. Das Haus zeugte davon, wie arm man im Sudan war. Sogar ein Richter besaß kaum etwas. Wir hockten auf synthetischen Teppichen made in Korea. Sonst gab es kaum Einrichtungsgegenstände. In einigen Fenstern fehlten die Scheiben, sodass der Wind immer wieder Sand ins Haus blies. Aus dem Hahn über der Spüle in der Küche schien nie Wasser zu kommen, und Khalids Frau musste die Mahlzeiten im Freien zubereiten, wo sie Wasser aus Plastikeimern schöpfte. Das alles schien aber niemandem etwas auszumachen.

Ich drang auf Khalid ein, mir etwas über die Moslemische Bruderschaft zu erzählen. General Numeiris Regime war Anfang 1985 ins Wanken geraten. Es sah so aus, als ob Khalids alter Dekan von der Universität nach der Macht greifen könnte. Die Moslemischen Brüder besaßen angeblich eine starke Anhängerschaft in Kreisen der Armee.

Eines Tages war ich es müde, um den heißen Brei herumzureden – »herauskitzeln« funktionierte hier offensichtlich nicht –, und fragte Khalid unumwunden, ob er zu der Bruderschaft gehörte.

Er hatte eine bezaubernde Art, mit den Augen zu lächeln. Jetzt blitzte er mir ein Lächeln herüber. »Ich bin Sufi, Bob«, sagte er dann. »Ich weiß wirklich nichts über sie.«

Was Khalid mich glauben machen wollte, war, dass ein Sufi – ein islamischer Mystiker – Glaubenssätzen anhing, die denen eines Moslemischen Bruders so diametral entgegengesetzt waren, dass er unmöglich zu dieser Gruppe gehören konnte. Mag sein, dass das so ist, dachte ich; mir war aber aufgefallen, dass Khalid auf meine Frage nicht unumwunden mit Nein geantwortet hatte.

Schließlich bekam ich meine Antwort eines Nachts im März, als es plötzlich an meiner Tür klopfte. Es war nach Mitternacht, und ich hatte schon geschlafen. Als ich die Tür öffnete, stand Khalids Frau vor mir. Der größte Teil ihres Gesichts war von einem Tuch verhüllt, doch ich konnte erkennen, dass sie geweint hatte.

»Khalid ist verhaftet worden«, sagte sie. »Bitte helfen Sie mir, ihn freizubekommen. Die Kinder hören einfach nicht auf zu weinen.«

Sie erzählte, dass früher am Abend die Polizei gekommen war und ihn abgeführt hatte. Sie hatte keine Ahnung, warum man ihn festhielt.

Ich bemühte mich, so gut es ging, sie zu beruhigen, und fuhr sie dann nach Hause. Das war alles, was ich für sie tun konnte. Am nächsten Morgen stand es groß auf den Titelseiten aller Zeitungen: Numeiri hatte die ganze Führungsspitze der Moslemischen Brüder festsetzen lassen. Khalid musste unter den Verhafteten gewesen sein. Wenn die Sudanesen sich nicht irrten – was aber höchst unwahrscheinlich war –, war er also doch ein Moslemischer Bruder.

Als General Numeiri im April 1985 entmachtet wurde, ließ die neue Regierung Turabi und die Brüder frei. Auch Khalid wurde aus dem Gefängnis entlassen. Turabi teilte sich danach mit einer proislamischen Militärregierung die Macht, womit er seinen Traum, den Sudan einer islamischen Regierung zu unterstellen, teilweise verwirklichte. Was Khalid betraf, so hatte er genug Aufregung für den Rest seines Leben gehabt, und er besorgte sich eine Professur an einer von den Saudis finanzierten Universität.

Ich sollte ihn nie wieder sehen, dachte aber oft an ihn. Mit ihm hatte ich fast ein ganzes Jahr verbracht. Er war ein Freund, und doch konnte er es nicht über sich bringen, mir zu erzählen, dass er ein Moslemischer Bruder war. Ich begann, mit der CIA mitzufühlen: Die Bruderschaft war eine kaum zu knackende Nuss. Doch ich wollte verdammt sein, wenn ich aufgab.

*

Ende 1985 wurde ich dem Counter-Terrorism-Center der CIA zugewiesen und begann in den Archiven im Hauptquartier herumzustöbern, um festzustellen, ob es dort irgendwelche maßgeblichen Informationen über die Bruderschaft gab. Es war nicht einfach. Obwohl es unter anderem Aufgabe des CTC war, alle den Terrorismus betreffenden Unterlagen und alle Experten, die die CIA auf dem Gebiet seiner Bekämpfung vorzuweisen hatte, unter einem Dach zu versammeln, gab es dort niemanden, der sich den radikalen sunnitischen Moslems an die Fersen geheftet hatte. Das CTC hatte Fachleute für alles und jedes, für die japanische Rote Armee ebenso wie für die Baader-Meinhof-Gruppe. Doch mit den ausgekochtesten Terroristen von allen, den Moslemischen Brüdern, beschäftigte sich niemand.

Nach dem 11. September ist es einfach zu sagen, was es für ein Fehler war, die Sunniten aus allen Untersuchungen auszuklammern, doch schon damals kam es mir merkwürdig vor. Schließlich hatten im Jahr 1979 sunnitische Fundamentalisten die Moschee in Mekka an sich gebracht und damit die königliche Familie bis ins Mark erschüttert. Man hatte eine Spezialeinheit der französischen Polizei einfliegen müssen, damit sie die Moschee zurückeroberte, da die saudische Armee sich weigerte, entsprechende Befehle auszuführen. Während dieser turbulenten Ereignisse brannte ein Mob von sunnitischen Fundamentalisten die US-Botschaft in Islamabad nieder. Militante Sunniten stellten eine viel größere Bedrohung für die USA dar als die japanische Rote Armee – das hätte doch um Gottes willen jemand erkennen müssen! Die CIA besaß aber nach wie vor keinen einzigen Informanten in den Reihen der Moslemischen Brüder. Die Aktenhefter, die ich im Archiv fand, waren mit alten Zeitungsausschnitten voll gestopft; dazu kamen noch ein paar analytische Texte und Telegramme von Botschaften.

Das einzig Interessante, auf das ich stieß, war eine offizielle Mitschrift der Verhandlungen gegen die Attentäter, denen Sadat zum Opfer gefallen war. Wie Goldkörner unter dem Geröll endlosen juristischen Geplänkels vergraben, gab es da einige faszinierende Fakten, die mir eine Vorstellung davon vermittelten, was die Brüder eigentlich beabsichtigten. Zum Beispiel ließ das Gerichtsprotokoll deutlich werden, wie die Mitglieder des Islamischen Dschihad sich in die Eliteeinheiten des ägyptischen Militärs hineingeschlängelt und es geschafft hatten, die strengen Sicherheitsmaßnahmen, mit denen die Teilnehmer an der Parade am 6. Oktober geschützt werden sollten, zu durchbrechen. Indem sie Leute in entscheidenden Positionen auf sehr geschickte Weise rekrutierten, vermochten sie Kisten mit Munition für ihre Kalaschnikows in die Kasernen zu schmuggeln – scharfe Munition hätte eigentlich im Umkreis von mehreren Meilen um das Gelände, auf dem die Parade stattfand, nicht zu finden sein sollen. Das Protokoll hob auch hervor, wie wichtig es für die Attentäter war, dass jemand sie für ihre Tat gesegnet hatte. In ihrem Fall war es Umar Abd Al Rahman gewesen, der blinde Scheich, der gegenwärtig in den USA im Gefängnis sitzt.

Was mir aber vor allem auffiel, war, dass der Islamische Dschihad einen syrischen Geistlichen des 14. Jahrhunderts zitierte, um den Mord zu rechtfertigen. Ibn Taymiyah wurde im Jahr 1263 in Haran geboren, nahe der heute in der Türkei gelegenen Stadt Urfa, hatte aber die meiste Zeit in Damaskus gelebt, wohin sein Vater vor den anrückenden Mongolen geflohen war. Ibn Taymiyah griff in zahlreichen Streitschriften und anderen Abhandlungen die orthodoxe Theologie an, was ihn zu einer der umstrittensten Gestalten seiner Zeit werden ließ. Im Jahr 1306 hatte ein islamisches Gericht ihn wegen seiner Ketzereien verurteilt, und er verbrachte den Rest seiner Tage hinter Gittern: in Kairo, Alexandria und in Damaskus. Im Jahr 1328 starb er.

Das war alles relativ leicht herauszufinden, doch warum wohl war Ibn Taymiyah zu so etwas wie dem Schutzpatron der Brüder geworden? Und was hatten die Schriften eines Geistlichen, der seit mehr als 650 Jahren tot war, mit dem Gemetzel zu tun, das gegenwärtig im Nahen Osten stattfand?

Diese Fragen schienen immer mehr die wirklich entscheidenden zu sein. Direkt vor unseren Nasen wurde – mit Blut – Geschichte geschrieben, und wir schauten auf der Suche nach den Gründen dafür überallhin, nur nicht in die richtige Richtung.

*

Im Jahr 1986 klopften einige in Deutschland im Exil lebende Moslemische Brüder an die Tür der US-Botschaft in Bonn. Sie meinten, Amerika müsse in freudige Erregung über ihr jüngstes Komplott zum Sturz Hafis Al Assads geraten. Ich nahm sofort die Gelegenheit wahr, mich mit ihnen zu treffen. Abgesehen davon, dass ich herausfand, dass sie in einer Ecke des Flughafens von Damaskus eine SA-7 im Boden vergraben hatten, mit der sie Assads Flugzeug abschießen wollten, brachte ich aber wenig über sie in Erfahrung. Ich hätte gar nicht erst nach Deutschland fliegen müssen, um darüber Bescheid zu wissen, dass sie den Tod Assads wünschten. Ein Jahr später erhielt ich dann in Beirut die Gelegenheit, viele Sunden in einem höchst vertrauten Gespräch mit einem Moslemischen Bruder zu verbringen. Dabei bekam ich sogar ein paar rasche Lektionen in Sachen *Dschihad*.

Es war im April 1987, als mir ein libanesischer Freund von einem syrischen Moslemischen Bruder namens Zuhayr Shawish erzählte, der im Ostteil der Stadt lebte. Mein erster Gedanke war: Was hat ein islamischer Fundamentalist in einer streng christlichen Enklave zu suchen? Doch dann fiel mir ein, dass die libanesischen Christen sich im Krieg mit Syrien befanden und alle Freunde benötigten, die sie bekommen konnten. Sie würden sogar einen moslemischen Fanatiker willkommen heißen, der predigte, dass alle Christen des Nahen Ostens zusammen mit den Juden den Haien im Roten Meer zum Fraß vorgeworfen werden müssten. Auch in diesem Fall galt wieder die Regel, von der Tom Twetten gesprochen hatte: Der Feind meines Feindes ist mein Freund.

Der Agent fragte, ob ich Shawish treffen wollte. Ohne einen Moment zu zögern, sagte ich Ja. Zuvor versuchte ich aber, einiges über Shawish in Erfahrung zu bringen. Er war einmal in Syrien eine recht bekannte Persönlichkeit gewesen, hatte dort sogar dem Parlament angehört. Als sich die syrische Regierung auf die Brüder einschoss, war er gezwungen gewesen, das Land zu verlassen. Nach einem Umweg über Saudi-Arabien und einige andere Länder war er in den frühen 1980er-Jahren in Beirut gelandet, wo er mittlerweile eine islamische Buchhandlung leitete – zumindest war es das, was er den Leuten erzählte. (Wenn Shawish seinen Lebensunterhalt damit verdiente, dass er Christen Ausgaben des Koran verkaufte, dann musste er wirklich ein verteufelt cleverer Verkäufer sein.)

Mit ihm zusammenzutreffen würde nicht einfach sein. Ich konnte nicht einfach in seinen Buchladen hineinmarschieren und mich bei ihm als der nette CIA-Agent aus der Nachbarschaft vorstellen. Auch wenn die USA der nominelle Verbündete der christlichen Maroniten des Libanon waren, hatte Shawish keinen Anlass, mit jemandem von der CIA oder einer anderen US-amerikanischen staatlichen Organisation zu sprechen. Vermutlich hasste er die CIA, Israel und die Alawiten im gleichen Maß. Was ich benötigte, war das, was man bei der CIA »cover for action« nennt – den Deckmantel einer gut erfundenen Lügengeschichte.

Der Agent und ich steckten die Köpfe zusammen und brüteten

die Idee aus, dass ich als Amerikaner libanesischer Abstammung auftreten sollte, als Moslem, der in den Vereinigten Staaten aufgewachsen war. Das würde mein mangelhaftes Arabisch erklären und mein Unwissen, was den Islam betraf. Das war zwar eine relativ fadenscheinige *cover story*; es war aber die beste, die uns in der Eile einfiel.

Ich ließ ihn fahren. Jene Gegend von Ostbeirut, in der Shawish lebte, war eines der exponiertesten Viertel an der *Green Line*, dem schmalen Streifen Niemandsland, der den christlichen Teil der Stadt vom moslemischen trennte. Er lag nur um Schussweite von der vordersten Linie der Hisbollahkämpfer entfernt – für einen guten Heckenschützen kein Problem.

Sobald wir in die Straße einbogen, wo Shawish wohnte, trat Irv das Gaspedal seines uralten Peugeots bis zum Anschlag durch. Da die Straße voller Schlaglöcher war, nahm ich an, dass er Angst hatte, wir könnten beschossen werden. Ein schweres metallenes Tor schwang bereits nach innen auf, als wir vor Shawishs Haus vorfuhren, und es schloss sich hinter uns, kaum das wir eingetreten waren.

Das Innere des Hauses war dunkel wie ein Grab. Mit Sand gefüllte Fässer blockierten alle Fenster- und Türöffnungen. Der verbleibende Raum wurde von weiteren Sandsäcken und Kisten voller Bücher eingenommen. Der Strom war ausgefallen, vermutlich gab es in diesem Teil Beiruts schon seit Monaten keinen mehr. Es sah so aus, als ob Shawish sich keinen Generator leisten könne; vielleicht war es ihm auch gleichgültig, ob er Strom hatte oder nicht.

Man führte uns in einen Raum, in dem es genauso dunkel war wie im Rest des Hauses, und dort stießen wir auf Shawish, Er saß mit gekreuzten Beinen auf einem verschlissenen Teppich und las im Schein einer Kerze. Ein Umhang aus Flanell und Gewänder in mehreren Schichten übereinander bedeckten seinen Körper, doch man konnte erkennen, dass er ein großer Mann von beträchtlichem Leibesumfang war. Mit seinem graumelierten Bart und der Brille mit den gesprungenen Gläsern sah er wirklich genauso aus, wie man sich einen ungestümen islamischen Radikalen vorstellt.

Shawish erhob sich nicht, um uns zu begrüßen, sondern deutete auf zwei Stellen seines Teppichs, wo noch Platz frei war. »Sie wollen also etwas über den Islam erfahren?«, fragte er. So weit, so gut: Er hatte nicht an der *cover story* gezweifelt.

Shawish stimmte einen Sermon über den bemitleidenswerten Zustand an, in dem der Islam sich seiner Meinung nach befand. An jenem Morgen irritierte ihn besonders, dass Jerusalem zum Epizentrum der Konflikte im Nahen Osten geworden war. »Es gibt für den Islam nur zwei heilige Städte«, sagte er, immer noch mit ruhiger Stimme, »Medina und Mekka.«

In der nächsten Stunde legte er detailliert dar, welchen Platz genau Jerusalem und der Felsendom im Kanon des Islam einnahmen. Jeder zweite Satz war ein Zitat aus dem Koran oder aus den Sprüchen des Propheten. (Im Stillen dankte ich jetzt Khalid dafür, dass er mich in die Untiefen des klassischen Arabisch gestürzt hatte.) Ich wusste, dass wir uns dem Ende näherten, als Shawish eine Tirade gegen Jassir Arafat begann. Er bezichtigte ihn, Jerusalem nur um der Palästinenser willen politisiert zu haben. »Arafat ist ein Hund und ein Lügner«, sagte er – was kein ausgesprochen klassisches Arabisch war. Ich erkannte, dass es sich bei seinen Ausführungen um nichts anderes als um unverfälschte wahhabitische Propaganda handelte: Die Wahhabiten hassten jeden, der die vorrangige Stellung der beiden heiligen Städte anzweifelte, die von ihnen kontrolliert wurden.

Shawish wäre wohl noch ewig über Arafat hergezogen, hätte ihn nicht ein plötzlicher Feuerstoß aus einem Maschinengewehr unterbrochen. Es hörte sich so an, als ob er aus einer Stellung direkt gegenüber seinem Haus, auf der anderen Seite der *Green Line,* gekommen wäre.

Ich nutzte die Gelegenheit, um schnell eine Frage einzuschieben: »Haben Sie jemals etwas von Ibn Taymiyah gehört?«

Das war mehr als naiv, aber ich stufte Shawish mittlerweile als jemanden ein, dem es ganz egal war, wen er da vor sich hatte. Selbst wenn ich mich enttarnt hätte, wäre er noch bereit gewesen, mir Unterricht in Sachen Islam zu geben.

»Ibn Taymiyah? Anna Abb Ibn Taymiyah« – »Ich bin Ibn Taymiyahs Vater.«

Was Shawish damit ausdrücken wollte, war, dass er mehr über Ibn Taymiyah wusste als der Mann selbst.

»Was wollen Sie über ihn wissen?«

Er hatte mir den Hebel in die Hand gegeben, nach dem ich die ganze Zeit gesucht hatte. Also sagte ich: »Ich habe seit jeher den Wunsch verspürt, seine Lehre zu studieren. Hätten Sie Zeit, mich zu unterrichten?«

Natürlich war das eine Lüge. Ich hatte noch nicht einmal den

Umschlag eines der Bücher von Ibn Taymiyah zu Gesicht bekommen. Doch das würde ich bald.

Während des nächsten Jahres besuchte ich Shawish immer wieder. Wir saßen stundenlang beisammen und gingen Ibn Taymiyahs Werke durch, Zeile für Zeile, Buch für Buch. Wenn man in Betracht zog, dass Taymiyah im 13. Jahrhundert für gebildete Moslems geschrieben hatte, war sein Arabisch erstaunlich verständlich und eingängig. Auch die Schlussfolgerungen, zu denen er kam, waren leicht nachzuvollziehen: Der Islam musste reformiert, musste gereinigt werden. All die Auswüchse, die sich seit der Zeit des Propheten festgesetzt hatten, waren wie der Bewuchs aus Muscheln und Algen an einem Boot, das lange im Wasser lag. Das musste alles abgekratzt werden. Die Moslems durften sich nur auf die authentischen Texte beziehen.

Für uns im Westen war das Wichtigste an Ibn Taymiyahs besonderer Auslegung der Lehren des Islam, dass militante Islamisten sich auf seine Schriften beriefen, um die Ermordung ganz normaler christlicher Bürger zu rechtfertigen. Da die Christen die Kreuzfahrer unterstützten, so seine Argumentation, verdienten sie den Tod. Außerdem war es die Pflicht eines jeden guten Moslem, für seine Religion zu sterben. In seinem Buch *Murders on the Nile* zitiert J. Bowyer Bell aus Ibn Taymiyahs Werk: »Der Tod der Märtyrer für die Vereinigung aller Menschen im Dienst an Gott und seinem Wort ist der glücklichste, beste, einfachste und tugendhafteste aller Tode.«

Ibn Taymiyah war die Autorität, die nach der Ermordung Anwar Sadats verlangt hatte: Sogar ein Moslem verdient den Tod, wenn er gemeinsame Sache mit den Feinden des Islam macht, und der Friedensnobelpreis, der Sadat gemeinsam mit Menachem Begin verliehen wurde, bewies, dass er sich mit den Feinden verbündet hatte. Auch die Attentate vom 11. September trugen Ibn Taymiyahs Fingerabdrücke. Nach seiner perfiden Logik »verdienten« die Menschen im World Trade Center es zu sterben, weil sie die Steuern zahlten, mit denen die Unterstützung Israels finanziert wurde – weil sie also die Gelder zusammenbrachten, die verwendet wurden, um Waffen zu kaufen, die Moslems töteten.

Was am wichtigsten war: Shawish lehrte mich, dass die Moslemischen Brüder nicht die Einzigen waren, die eine so tiefe Verehrung für Ibn Taymiyah empfanden. Er machte mir deutlich, dass Mohammed Ibn Abd Al Wahhab damals im 18. Jahrhundert, als er in Saudi-Arabien begann, seine Lehre zu verbreiten, sich stark an der Doktrin des Weisen von Damaskus orientiert hatte. Seit jener Zeit waren Ibn Taymiyahs Lehren ein Hauptpfeiler das Wahhabismus. Später kam noch die radikale Auslegung des Islam durch die Brüder hinzu. Kein Wunder, dass die Wahhabiten und die Moslemischen Brüder so gut miteinander harmonierten: Für die Brüder muss die Begegnung mit ihnen so gewesen sein, als ob sie nach Hause kämen.

★

Meine Unterrichtsstunden bei Shawish fanden ganz inoffiziell statt; ich ließ gegenüber meinen Vorgesetzten nichts über sie verlauten. Die CIA hatte mich nach Beirut geschickt, um Spuren der Geiseln ausfindig zu machen, die vom Iran gekidnappt worden waren. Der Erste, den man entführt hatte, war David Dodge gewesen, der amtierende Präsident der American University in Beirut. Er wurde im Jahr 1982 gekidnappt, Dutzende anderer Amerikaner und Europäer verschwanden in den folgenden Jahren. Präsident Reagan entwickelte ein persönliches Interesse für ihr Schicksal. Darüber hinaus war das Land, das hinter diesen Entführungen steckte, für die Regierung Reagan zu einer Obsession geworden.

Im November 1978 hatte der Iran den USA inoffiziell den Krieg erklärt, als nämlich Anhänger des Ayatollah Khomeini die US-Botschaft in Teheran besetzten. Am 18. April 1983 sprengte das iranische Regime die US-amerikanische Botschaft in Beirut in die Luft. Am 23. Oktober 1983 tötete derselbe Gegner 241 Marines mit einer Bombe, die auf einem Lastwagen versteckt gewesen war, und Reagan sah sich gezwungen, seine Truppen aus dem Libanon abzuziehen. Am 12. Dezember 1983 schlug der Feind mit Bombenanschlägen auf die amerikanische und die französische Botschaft in Kuweit erneut zu. Am 16. März 1984 ließ er Bill Buckley entführen, den CIA-Chief von Beirut; damit kamen die Aktivitäten der amerikanischen Geheimdienste in einer Stadt, [redacted]aupthorchposten im Nahen Osten gewesen war, so gut wie zum Erliegen. Mit anderen Worten: In vier kurzen Jahren hatten die Iraner die USA aus zwei Ländern vertrieben – aus dem eigenen und aus dem Libanon. Das war der Grund dafür, dass man in Beirut – als ich dort tätig war – ausschließlich mit der Suche nach den Geiseln beschäftigt war und keine Zeit auf Shawish oder den sunnitischen Fundamentalismus verschwenden konnte oder wollte. Natürlich hatte ich das begriffen, doch mir war nicht klar, in welchem Maße die Regierung Reagan vom Problem des islamischen Fundamentalismus abgelenkt war, bis ich bei einer der dümmsten Operationen, die die Central Intelligence Agency jemals durchführte, als Zuschauer in der ersten Reihe sitzen durfte.

Für mich fing der Tag so an, wie die meisten Tage in Beirut anfingen. Noch vor Sonnenaufgang machte ich mich zum Tennisplatz auf den Weg, um eine Stunde lang mit dem Profi, den der Club engagiert hatte, Bälle zu wechseln. Vom Tennisclub aus, der in einem Fichtenwäldchen auf einem Hügel nördlich der Stadt lag, hatte man einen ungehinderten Blick auf das Mittelmeer. Man meinte, an der französischen Riviera zu sein... bis ungefähr gegen 7 Uhr, wenn die erste syrische 155-Millimeter-Granate des Morgens auf ihrem Weg zu einem der palästinensischen Flüchtlingslager südlich Beiruts über einen hinwegheulte. Die Granaten erinnerten einen jeden Tag aufs Neue daran, dass arabische Solidarität nur ein Mythos war – allerdings einer, der sich als anscheinend unzerstörbar erwies.

Gegen acht Uhr war ich wieder in meiner Wohnung und setzte mich auf den Balkon, um den ersten Espresso des Tages zu schlürfen. Da erwachte mein Motorala-Funkradio, das ich vierundzwanzig Stunden am Tag immer in Reichweite haben sollte, knisternd und knackend zum Leben: »Lone Ranger, Lone Ranger.« Es war Bill [redacted], mein Boss.

Bill war noch kein ganzes Jahr in Beirut. Als er zum ersten Mal auf dem Hubschrauberlandeplatz der Botschaft aus dem Blackhawk-Helikopter geklettert war und mich mit dem typischen Blick eines Marine – der ungefähr besagte: »Wenn du mir in die Quere kommst, breche ich dir das Genick« – angefunkelt hatte, glaubte ich, meine Tage in Beirut seien gezählt. Tatsächlich kamen wir anfangs überhaupt nicht miteinander aus. Gleich am ersten Morgen zerriss Bill einen von mir aufgesetzten Entwurf für ein Telegramm und bellte, wenn ich meine Texte nicht straffen würde, könnte ich in den nächsten Helikopter klettern, der aus Beirut rausging. Am zweiten und dritten Tag lief es nicht viel besser, aber dann hat es irgendwie zwischen uns gefunkt. Vielleicht waren es meine Kenntnisse über die Hisbollah, vielleicht war es auch Bills Loyalität gegenüber jedermann, der ihm unterstand und hart arbeitete.

»Lone Ranger«, grollte Bill noch einmal. »Beweg deinen Arsch und komm ins Büro – sofort!«

Bill saß im Dunkeln, als ich im Büro eintraf. Der Strom war ausgefallen, und aus irgendeinem Grund sprang der Generator nicht an. In dem Zimmer mit seinen 30 Zentimeter dicken stählernen Raketenschutzwänden, dem mit Mylar, einer außergewöhnlich festen Polyesterschicht, bedeckten Fenster, vor dem auch noch schmierige Vorhänge hingen, die im Jahr 1947 vielleicht einmal neu gewesen waren, merkte man kaum, dass es schon Tag war. Den einzigen Unterschied zwischen Shawishs Bunker an der *Green Line* und dieser Höhle machte Bills akkubetriebene Lampe aus.

Bill hockte an seinem Schreibtisch und ähnelte wie immer einem Buddha. (Er hatte seit seiner Zeit bei den Marines gut 50 Pfund zugelegt.) Zwei Schützen von der Delta Force standen in Rührt-euch-Haltung vor seinem Schreibtisch. Ich kannte beide vom Schießplatz. Sie leerten ihre Clock-9-Millimeter-Pistolen aus 15 Meter Entfernung auf ein Ziel und schafften es, jede Patrone in ein Loch, das ungefähr die Größe eines Vierteldollars hatte, zu jagen. Ich will sie an dieser Stelle Mack und Striker nennen.

»Jetzt, da auch Baer uns mit seiner Gegenwart beehrt, können wir loslegen«, sagte Bill, wobei er seine Lampe drehte, um uns besser sehen zu können. Jede Sitzgelegenheit in Bills Büro mit Ausnahme des Stuhls, auf dem er saß, war mit Panzerwesten, Essensrationen und Munitionsschachteln belegt, also stellte ich mich zu den beiden Schützen.

»Wisst ihr, wie brunzdumm Washington ist?«, fragte Bill.

Er fing seinen Arbeitstag immer auf die gleiche Weise an, für gewöhnlich nachdem er die morgendlichen Telegramme aus dem Hauptquartier gelesen hatte. Ich war klug genug, um nicht auf seine Frage zu antworten. Auch Striker und Mack sagten nichts. Die Männer von der Delta Force behalten in der Regel ihre politische Meinung für sich.

Bill begann eine Schimpftirade auf Washington, besann sich dann aber plötzlich eines anderen und begann über einen alten Fall von Flugzeugentführung zu reden. Am 11. Juni 1985 hatten Fawaz Younis und ein paar Revolvermänner aus den Vororten von Südbeirut eine Maschine der Royal Jordanian Airlines in ihre Gewalt gebracht, als sie gerade vom Flughafen Beirut starten wollte. Nachdem sie das Wachpersonal überwältigt hatten, verlangte Younis vom Piloten, nach Tunis zu fliegen, wo er zu der

Arabischen Liga sprechen wollte. Als das nicht klappte, gab er sich damit zufrieden, die Passagiere aussteigen zu lassen und das Flugzeug dort in die Luft zu jagen, wo es sich befand.

Zwar kam niemand bei dieser Flugzeugentführung ums Leben, und es war auch nicht die Maschine einer amerikanischen Airline, die zerstört wurde, es waren aber zwei amerikanische Bürger an Bord gewesen. Rein technisch wurde die Entführung damit zu einem Fall für unsere Justiz. Das Justizministerium erhob Anklage gegen Younis und stellte einen versiegelten Haftbefehl aus.

Niemand hätte Younis oder dem Haftbefehl des Justizministeriums weiter Beachtung geschenkt – es war unklar, ob der Mann ein Terrorist war oder einfach nur ein Irrer –, wenn nicht verschiedene Ereignisse zusammengespielt hätten. Das Counter Terrorism Center der CIA hatte immer noch keinen klar umrissenen Erfolg erzielt, vor allem keinen, den es öffentlich hätte bekannt geben können. Derweil häuften sich blutige terroristische Anschläge, und das Weiße Haus wollte ein positives Ergebnis sehen: irgendeinen Erfolg, den man als Antwort auf die Attentate vorweisen könnte. Zufällig fand die CIA heraus, dass das Büro der Drug Enforcement Agency in Nikosia einen Informanten in der Drogenszene hatte: einen gewissen Jamal Hamdan, der ein Freund von Younis war. Das CTC brauchte ungefähr fünf Sekunden, um einen Plan zur Ergreifung von Younis auszubrüten.

Alles lief wie am Schnürchen. Der unbewaffnete Younis wurde auf ein Ausflugsboot gelockt, das durch internationale Gewässer außerhalb der Drei-Meilen-Zone um Zypern tuckerte, verhaftet und dann in die Vereinigten Staaten von Amerika verfrachtet. Man glaubte beinahe von Nikosia bis nach Langley und der Pennsylvania Avenue 1600 die Champagnerkorken knallen zu hören. Auch das FBI war entzückt. Es konnte sich einen seiner ersten internationalen Orden an die Brust heften, und die Tatsache, dass weibliche Agenten bei der Verhaftung mitgewirkt hatten, half dem Büro vorzutäuschen, dass es genauso politisch korrekt war wie jede andere Regierungseinrichtung in Washington. Sogar das State Department war glücklich. Dadurch, dass Younis außerhalb der zypriotischen Hoheitsgewässer verhaftet worden war, hatte man es vermieden, einen Klienten zu verärgern. Die *Washington Post* und die *New York Times* konnten ein paar zusätzliche Spalten mit einem kleinen Drama aus dem wirklichen Leben füllen. Alle hatten von der Sache nur profitiert. Die Amerikaner, die in dem entführten Flugzeug gesessen hatten, werden vermutlich heute noch zum Essen eingeladen, damit sie ihre Geschichte erzählen.

Der Einzige, der nicht glücklich war, schien Bill [redacted] zu sein. »Wisst ihr, wie brunzdumm Washington ist?«, wiederholte er seine Frage.

Ich wusste schon von Fawaz Younis' Verhaftung. Mithilfe der eingehenden Telegramme hatte ich alles verfolgt und auch die Berichte in der Presse gelesen. Ich nahm an, dass Striker und Mack ebenfalls Bescheid wussten; aber da sie weiterhin kein Wort sagten, konnte ich mir nicht sicher sein.

»Jetzt schicken Sie uns den Hundesohn rüber, damit wir ihn führen. Das gefällt mir gar nicht, aber ich hab keine Wahl.«

Bill erzählte uns, Washington sei der Meinung, Jamal Hamdan habe etwas so Tolles geleistet, als er die Falle für Fawaz Younis aufstellte, dass man ihn jetzt in Beirut von der Leine lassen wollte, um die Geiseln aufzuspüren. Es spielte keine Rolle, dass Hamdan nicht die leiseste Ahnung hatte, wer die Leute festhielt, und auch nicht wusste, wo er anfangen könnte, nach ihnen zu suchen. Es war eine Entscheidung des Hauptquartiers. Bill konnte entweder einwilligen oder zurück zu den Marines gehen.

»Warum müssen wir ihn führen?«, fragte ich. Zypern könnte ihn sofort in ein Flugzeug mit Ziel Beirut International Airport setzen. Der Flughafen lag im Westen, und dort wurden die Geiseln irgendwo gefangen gehalten.

Bill grinste wie ein boshafter Kobold, als er mir ein Bündel Dokumente in arabischer Sprache überreichte: Anklagen wegen Mordes aus dem Büro des libanesischen Oberstaatsanwalts. Als ich sie genauer anschaute, sah ich, dass auf allen der Name Jamal Hamdans stand – des Mannes, den [redacted] Beirut einsetzen sollte. Die letzte Person, die er getötet haben sollte, war seine Schwester. Er hatte ihr die Mündung eines Schrotgewehrs an den Kopf gesetzt und abgedrückt, nachdem sie sich sich offenbar mit einem Burschen getroffen hatte, der Jamal nicht gefiel.

»Der Grund dafür, dass wir den Hundesohn hier im Osten aufnehmen müssen, ist, dass er sich in Westbeirut nicht blicken lassen kann. Er würde sofort wegen Mordes festgenommen werden«, antwortete Bill.

Wie sich herausstellte, hatte Jamal alle seine Opfer in Westbeirut ins Jenseits befördert. Obwohl die Christen im Ostteil der

Stadt wussten, dass er ein Mörder war, würden sie niemals dem Haftbefehl eines moslemischen Staatsanwalts Folge leisten. Alle legalen Spitzfindigkeiten mal beiseite gelassen – Moslems zu töten, das war es, worum es in jenen Tagen in Ostbeirut ging

Bill wandte sich den Schützen von der Delta Force zu und sagte: »Baer wird Hamdan führen. Doch ihr nehmt keine Befehle von ihm entgegen, ihr bekommt eure Befehle direkt von mir. Und alles, was ich jetzt von euch will, ist, dass ihr Hamdan am Hubschrauberlandeplatz in Empfang nehmt und Baer folgt, wenn er den Mann zu einer konspirativen Wohnung bringt. Hamdan wird die Wohnung nicht verlassen. Wenn er auch nur die Hand auf die Türklinke legt oder versucht, aus dem Fenster zu klettern, knallt ihr ihn ab.«

Aha, endlich zeigten die Jungs von der Delta auch mal eine Gefühlsregung! Bis jetzt hatten sie wahrscheinlich gedacht, Bill sei weich geworden – so weich, wie die meisten anderen komischen Kauze von der CIA es waren. Jetzt redete er in ihren Ohren endlich wieder wie ein Mann.

In unserer ersten Nacht mit Jamal fand ich keinen Schlaf. Hamdan war ruhelos und tigerte wie im Käfig in der Wohnung herum. Jedesmal, wenn er sich bis auf einen Meter der Eingangstür näherte, griff Striker nach der Pistole unter seiner Jacke und beäugte die Stelle in Jamals Hinterkopf, in die er zwei Schüsse kurz nacheinander hineinjagen wollte. Ich steuerte Hamdan dann immer schnell von der Tür weg. Ich konnte mir nur allzu lebhaft vorstellen, was für einen Austausch von Telegrammen es sonst mit Washington gegeben hätte.

Im Laufe der nächsten zwei Tage fuhr ich Hamdan von einer Telefonzelle zur nächsten, damit er seine Kontaktleute in Westbeirut anrufen konnte. Wie Bill vorhergesagt hatte, lieferte Hamdan nicht mal das kleinste Fitzelchen einer zuverlässigen Information über die Geiseln. Am dritten Tag hatten wir alle genug. Bill rief den Chef des Europäischen Kommandos an, der die Beiruter Blackhawks formal unterstellt waren. Nie werde ich vergessen, wie er den Vier-Sterne-Offizier, wie auch immer sein Name war, anbrüllte: »Es geht Sie einen Scheißdreck an, wozu ich die Hubschrauber brauche. Das einzige, worum Sie sich zu kümmern haben, ist, dass sie um 18 Uhr am Landeplatz sind.«

Tatsächlich landeten zwei Blackhawks auf die Minute genau an der vorgesehenen Stelle, und kurz darauf waren wir Jamal Hamdan endlich wieder los.

Er wurde dann zusammen mit den meisten Mitgliedern seiner weitläufigen Familie in die USA umgesiedelt. Was Bill betraf, so gab er in seinem Kampf mit Washington nie klein bei. Er wurde von einem brisanten Außenposten zum nächsten versetzt, bis das Hauptquartier herausfand, dass er eine großartige Geheimwaffe gegen das State Department darstellte, und ihn als *chief* überall dorthin schickte, wo die CIA ein Problem mit einem Botschafter hatte.

★

Heute klingt es nach einem Sketch von Monty Python. Doch während wir damit beschäftigt waren, diese verschiedenen Aufträge zu erledigen – Leute wie Fawaz Younis zur Strecke zu bringen oder Halunken wie Jamal Hamdan zu führen –, vernachlässigten wir das Phänomen des militanten sunnitischen Islam. Die Attentatsversuche auf Nasser und Assad, die Ermordung Sadats, die Einnahme und Zerstörung Hamas – alle diese Geschehnisse wurden als isolierte Ereignisse angesehen, als rein lokale Probleme. Niemand verband die verschiedenen Punkte miteinander, um ein zusammenhängendes Gesamtbild zu erhalten. Der Schattenkrieg gegen den Iran ließ uns genau in die verkehrte Richtung schauen.

Die Zerstörung von Hama zeigte dies am besten. Washington lud die ganze Schuld auf Assads Schultern – es sei ein Akt reinster Unmenschlichkeit gewesen, von einem brutalen Diktator angeordnet. Die Argumentation, die man an den Ufern des reinen und unschuldigen Potomac vorbrachte, lautete ungefähr, dass es zu den Ereignissen in Hama nie gekommen wäre, wenn in Damaskus eine freundliche prowestliche, demokratische Regierung an der Macht gewesen wäre. Aber niemand dachte die Sache wirklich bis zum Ende durch. Wenn damals in Syrien Wahlen abgehalten worden wären, hätte die Moslemische Bruderschaft sie gewonnen.

Wer ein wenig tiefer gebuddelt hätte, hätte kein Problem gehabt, in Washington ein Mitglied eines *think-tanks* zu finden – einen Falken, der »niemals einen in Tötungsabsicht abgefeuerten Schuss« gehört hat und der Meinung war, dass das, was in Hama geschehen war, gut gewesen sei: Diesen Ort dem Erdboden gleichzumachen, musste die syrischen Brüder dazu inspirieren, Rache an Assads Alawiten zu üben. Und konnte das schlecht sein?

Die Alawiten nannten sich vielleicht arabische Baath-Sozialisten, doch was die Falken betraf, waren sie arabische Kommunisten. Da die Alawiten ihre in der Sowjetunion hergestellten SS-21 auf Tel Aviv ausgerichtet hatten, waren sie überdies gefährliche Kommunisten. Die Meinung, die in dieser Gruppe herrschte, war ganz einfach: Je weniger Alawiten es gibt, desto besser.

Diese Art des Denkens war, wie sich herausstellen sollte, in schon krimineller Weise kurzsichtig. Lange bevor die Türme des World Trade Center kollabierten, musste jeder, der sich die Fakten objektiv ansah, erkennen, dass die Bruderschaft kurz davor stand, zu explodieren – und zwar direkt in unser Gesicht hinein. Doch sogar nach dem Massaker in Aleppo und der Einnahme von Hama dachte niemand in Washington daran zu rufen: »Es brennt!«

Am 26. Oktober 1988 wurde ein Moslemischer Bruder namens Hashim Abassi bei den so genannten »Herbstlaub«-Verhaftungen im deutschen Neuss festgenommen. Abassi war Mitglied einer Zelle militanter Islamisten, zu der auch sein Schwager und Muhhamed Hafis Dalkimoni, der Führer der Gruppe, gehörten. Zusammen planten sie, fünf Verkehrsflugzeuge in die Luft zu sprengen. Obwohl Abassi und die meisten anderen der Herbstlaub-Verschwörer hinter Gitter saßen, als die Pan-Am-Maschine über Lockerbie explodierte, vermuteten die Leute, die mit der Untersuchung des Falles beauftragt waren, anfänglich, dass sie trotzdem etwas damit zu tun hätten. Allerdings ging man dieser Spur nicht weiter nach, als man sich auf zwei Libyer als die beiden Alleinschuldigen geeinigt hatte. Heute wissen wir, dass das ein Fehler war. Wenn jemand sich die Mühe gemacht hätte, Abassi und seine Zelle der syrischen Moslemischen Bruderschaft unter die Lupe zu nehmen, hätte uns das vielleicht zu der Hamburger Zelle führen können.

Der 11. September war beinahe so etwas wie ein Klassentreffen der syrischen Moslemischen Brüder. Eines der Schüsselmitglieder des deutschen Apparats der Organisation, Mamoun Darkanzali, war nach der Zerstörung Hamas von Syrien nach Deutschland geflohen. Während Darkanzali abstritt, im Voraus etwas über den 11. September gewusst zu haben, gab er zu, dreien der Flugzeugentführer Hilfestellung geleistet zu haben. Ein ehemaliger syrischer Geheimdienstoffizier, der Darkanzali gut kannte, erzählte mir, dass dieser an dem Anschlag auf die Artilleristenschule in Aleppo im Jahr 1979 beteiligt gewesen war. Ein anderer Moslemischer Bruder, der am 11. September eine Schlüsselrolle spielte, war Mohammed Haydar Zammar: Er arrangierte es vermutlich, dass die Hijacker in den afghanischen Lagern Osama bin Ladens trainieren konnten. Ein dritter, Abd Al Matin Tatari, leitete in Hamburg ein Scheinunternehmen, das den Brüdern zur Tarnung diente. Tataris Sohn stand Mohammed Atta und den Mitgliedern der Hamburger Zelle nahe. Zwei syrische Brüder, die in Spanien ansässig waren, ließen von dort aus den Hijackern Unterstützung zukommen. Die Einzelheiten darzustellen, überstiege das Anliegen dieses Buches; worum es aber geht, ist Folgendes: Wenn Washington Assad auch beinahe genauso wenig mochte, wie die Moslemischen Brüder es taten, hatte der Mann doch Recht, als er zu dem Schluss kam, dass man mit den Brüdern aufräumen müsste. Denn Hama und Aleppo waren nicht bloß lokale syrische Probleme, wie man uns in Amerika hat weismachen wollen.

*

Genauso wie wir es versäumten, die Moslemische Bruderschaft in Syrien zu observieren, schenkten wir auch der in Kuweit keine Beachtung. Wir schauten in die andere Richtung und erblickten nicht Khalid Sheikh Mohammed, einen der merkwürdigsten und tödlichsten Massenmörder, der unter den Trümmern des World Trade Center und des Pentagon hervorkroch.

Der im Jahr 1965 in Kuweit geborene KSM – wie er im Jargon der Geheimdienste genannt wird – ist der Sohn zweier Immigranten aus Balachistan, einer entlegenen, unzivilisierten Provinz Pakistans. Seine Eltern waren in der Hoffnung nach Kuweit gezogen, vom Ölboom profitieren zu können. Stattdessen landeten sie in einem Dreckloch in der Wüste namens Fahaheel, wo sie genauso behandelt wurden wie alle anderen Menschen aus Südasien, die am Golf lebten – wie Kulis nämlich.

Die Familie von Khalid Sheikh Mohammed nahm die einzige Möglichkeit einer politischen Betätigung, die sich ihnen bot, wahr. Der Vater wurde Vorstand der lokalen Moschee, die Mutter betätigte sich als Leichenwäscherin – was im Islam ein religiöses Amt ist. Die Söhne gingen in dieser Hinsicht einen Schritt weiter und wandten sich der dunklen Seite des Islam zu. Einer von Mohammeds Brüdern trat in den 1980er-Jahren der Bruderschaft bei, als er an der Universität studierte. Anscheinend von ihm beeinflusst wurde auch KSM...

Die Bruderschaft in Kuweit war eine von offizieller Seite sanktionierte Organisation, genau wie in Saudi-Arabien. Ja, sie wurde sogar gefördert. Als Jassir Arafat sich wegen seiner Verbindung zur Moslemischen Bruderschaft gezwungen sah, Ägypten zu verlassen, nahmen die Kuweitis ihn und die anderen palästinensischen Brüder bereitwillig auf. Dadurch gewann die königliche Familie in den Augen der Palästinenser und der Islamisten an Ansehen. Als Arafat weiterzog, unterstützten die entgegenkommenden Kuweitis die Islamische Verbindung Palästinensischer Studenten, die der Hamas dazu diente, neue Mitglieder zu rekrutieren.

Natürlich befand sich die kuweitische Moslemische Bruderschaft nicht auf Washingtons Radarschirmen. Wie im Fall von Hama und von Sadats Ermordung handelte es sich um ein lokales Problem, das Washington nichts anging. Sollten die Kuweitis doch selbst sehen, wie sie damit zurechtkamen. Außerdem geschah dies alles in den frühen 1980er-Jahren, genau zur Zeit des iranisch-irakischen Krieges. Damals glaubte man, dass die Schiiten Kuweits – beinahe ein Drittel der gesamten Bevölkerung – mit dem Iran sympathisierten: Wer hatte da noch die Zeit, sich mit den Moslemischen Brüdern zu befassen? Herr im Himmel! *Unsere* Ölfelder lagen in Reichweite der schweren Geschütze der Iraner und Iraker. Man konnte das Geknalle schon von Kuweit City aus hören.

Im Jahr 1983, als Khalid Sheikh Mohammed ein Visum beantragte, um am Chowan College in Murfreesboro, North Carolina, zu studieren, schenkte ihm niemand auch nur die geringste Beachtung. Man hielt ihn einfach für einen weiteren Studenten aus dem Nahen Osten, der hoffte, in den USA einen Universitätsabschluss als Ingenieur erwerben zu können – zweifellos, um dann in seine Heimat zurückzukehren und sich eine Stellung in der Ölindustrie zu suchen. (Etwas Ähnliches passierte in Khartoum, wo der für die Visa zuständige Beamte den blinden Scheich Umar Abd Al Rahman nicht erkannte: Es blieb also ohne Folgen, dass Rahmans Gesicht auf den Titelseiten der internationalen Zeitungen zu sehen gewesen und er als der Mann gebrandmarkt worden war, der die *fatwa* gegen Sadat ausgesprochen hatte.)

Wie seine Brüder fand Khalid Sheikh Mohammed den Weg nach Afghanistan, wo er sich mit Sayyaf zusammentat, dem afghanischen Moslemischen Bruder und Verbündeten Saudi-Arabiens. In Peschawar traf er Osma bin Laden und all die anderen fanatischen Gotteskrieger, von denen er das Handwerk des Terrorismus lernen würde. Für diese Leute ging nichts über einen Angriff auf eine sowjetische Panzerkolonne, um zu erproben, aus welchem Holz jemand geschnitzt war, und festzustellen, wer bereit dazu war, für Allah zu sterben, und wer nicht. Vermutlich fasste Bin Laden bei dieser Gelegenheit genügend Vertrauen, um Khalid Sheikh Mohammed damit zu beauftragen, in seinem Namen am 11. September einen Massenmord zu begehen.

Es braucht wohl nicht eigens gesagt zu werden, dass die CIA in Pakistan nichts von all diesem kommen sah. Die Anweisungen des Weißen Hauses waren klar gewesen: Schickt den Bastarden alle die Waffen und die ganze Munition, die sie brauchen, aber lasst sie das Kämpfen erledigen und funkt ihnen nicht dazwischen

Wie auch immer – die Afghanen brauchten keinen Unterricht darin, wie man jemanden ermordet. Vielleicht lernten sie das schon, sobald sie aus der Wiege geklettert waren. Im Grunde war der Krieg in Afghanistan für die CIA nur eine Übung in Sachen Logistik. Sie hatte noch nicht einmal viel Kontakt mit den Widerstandsgruppen, was bedeutete, dass die Agency und Washington so blind waren wie der Scheich, während die Moslemische Bruderschaft für sie den *invisible man*, den Unsichtbaren, darstellte. Wir Amerikaner sahen sie nicht, weil wir sie nicht sehen wollten.

Diese unsere Einstellung kam nie so offen zum Ausdruck wie in Saudi-Arabien. Als Nasser die Bruderschaft im Jahr 1954 zerschlug, flohen ihre militanten Mitglieder nach Saudi-Arabien, wo sie mit offenen Armen empfangen wurden. Die Moslemischen Brüder kannten ihren Ibn Taymiyah, sie konnten den Koran lehren und waren bereit, für einen Hungerlohn zu arbeiten. Für die radikalen Wahhabiten war dies eine Verbindung, die im Himmel geschlossen wurde.

Es dauerte nicht lange, bis die Brüder aus Ägypten viele der wichtigen Lehrstühle an den theologischen Fakultäten der Universitäten von Saudi-Arabien und in den *madrase* des Landes innehatten. Im Jahr 1961 hatte die Bruderschaft im Königreich schon so tiefe Wurzeln geschlagen, dass sie König Saud dazu bewegen konnte, die Gründung einer Universität in der heiligen Stadt Medina zu finanzieren, die an die Stelle der Kairoer Al-Azhar-Universität als Zentrum islamischer Gelehrsamkeit treten sollte. Die Brüder behaupteten, dass Nasser Al Azhar zugrunde gerichtet habe.

Saudi-Arabien spielte sogar den Kuppler für die Brüder. Im Sommer 1971 arrangierte König Feisal die Reise einer Abordnung der Brüder von Saudi-Arabien nach Ägypten, wo sie versuchen wollten, zu einer Aussöhnung mit Sadat zu gelangen. Der Leiter der Bruderschafts-Delegation, Said Ramadan, stand auf der Gehaltsliste der Saudis, und zwar als Direktor einer Organisation namens Centre Islamique, mit Sitz in Genf. Wenn auch Sadat und die Brüder nie eine Einigung erzielten, so hatte Saudi-Arabien sich mit seiner Vermittlertätigkeit doch in die Karten blicken lassen.

Anfang der 1970er-Jahre zweifelte niemand mehr daran, dass Saudi-Arabien zu einem Stützpunkt der Bruderschaft geworden war. Washington tat zwar die ganze Zeit so, als ob die Bruderschaft gar nicht existiere, doch es war nicht so, dass die Leute im Land nicht gewusst hätten, was das für eine Organisation ist. Nennen Sie Hassan Al Banna und die Moslemischen Brüder, wie Sie wollen – der heutigen Definition nach waren sie Terroristen. Und der Slogan, den Al Banna für die Bruderschaft formuliert hatte, ließ keinen Zweifel daran:

> *Gott ist unser ganzes Trachten, der Prophet ist unser Führer, der Koran unsere Verfassung, der Dschihad unser Weg, und für die Sache Gottes zu sterben, ist unser höchstes Ziel.*

Dies könnten gut die letzten Worte der Hijacker vom 11. September gewesen sein.

*

Wenn Sie nachvollziehen wollen, welch explosive Wirkung die Vereinigung der Moslemischen Brüder mit den Wahhabiten hatte, dann schauen Sie sich nur an, wie Osama bin Laden geradezu in den militanten Islam hineinkatapultiert wurde. Als Student an der König-Abd-Al-Asis-Universität geriet Bin Laden unter den Einfluss von zwei Moslemischen Brüdern, Abdallah Assam und Mohammed Kutb.

Assam, ein jordanischer Palästinenser, war als Student an der Kairoer Al-Azhar-Universität für die Bruderschaft geworben worden. Bald nach seinem Eintritt wurde er als eine Art »Emir des Heiligen Krieges«, des Dschihad, bekannt, und das einzige Land, das ihn noch aufnehmen wollte, war Saudi-Arabien. Dort gab man ihm sogar einen Lehrauftrag an der Universität. Assam und Bin Laden verbrachten während des Krieges in Afghanistan einige Zeit zusammen in Peschawar in Pakistan.

Kutb war der – leibliche – Bruder von Sayyid Kutb, jenes Mitglieds der ägyptischen Bruderschaft, das militanter eingestellt war als alle anderen. Sayyid trug mehr zur Radikalisierung der Bruderschaft bei als sonst jemand. Wie ein neuzeitlicher Ibn Taymiyah verkaufte er den Brüdern die Idee, dass alle Christen und alle Juden ungläubige Hunde seien, die es verdienten, getötet zu werden. Sayyid wurde im Jahr 1966 in Ägypten hingerichtet, doch seine Lehre lebte fort. Einer der Schwäger Osama bin Ladens beschaffte Geld für die Moslemische Bruderschaft.

Soweit ich sehen kann, trug Washington diese Scheuklappen – vor allem mit Bezug auf Saudi-Arabien, das die Viper all die vielen Jahre lang an der Brust nährte – aus zwei Gründen: Zum einen waren die Brüder im Kalten Krieg auf amerikanischer Seite; sie schienen eine Möglichkeit zu liefern, die Sowjets zu bekämpfen, die nicht nur billig war, sondern den Amerikanern auch Opfer aus den eigenen Reihen ersparte. Zum anderen lagerten die Saudis das Öl für die Amerikaner. Und, wie es bei jeder Abhängigkeit der Fall ist, waren die »User« nicht in der Lage, etwas gegen die »Dealer« zu unternehmen. Alle fühlten sich großartig, bis sie am 11. September schlagartig auf Entzug gesetzt wurden.

Sucht oder Abhängigkeit waren da aber eigentlich schon die falschen Metaphern geworden. Die Bruderschaft schien mehr wie ein Krebsgeschwür zu sein, das sich in dem Organ, das es beherbergte, bereits festgesetzt hat, gegen das sich aber noch etwas unternehmen lässt, solange es nicht im ganzen Körper Metastasen bildet. Die Frage war nur: War das schon geschehen?

Ein Jahrzehnt zuvor hatte ich damit begonnen, nach der Antwort zu suchen – in einer so unwirtlichen Ecke unseres Planeten, wie ich sie hoffentlich nie wieder zu Gesicht bekommen werde.

## 9 – Ärger im Paradies

Die verlebt aussehende Blondine mit den Maßen und dem Aussehen eines sibirischen Holzofens rauchte vor Wut. Jedesmal, wenn sie von ihrem Platz hinter dem Aeroflot-Schalter zu entkommen versuchte, versperrte ihr ein Häufchen sturer kirgisischer Bauern mit breiten Gesichtern den Weg. Da die letzte planmäßige Maschine nach Osch in zwanzig Minuten starten sollte, waren sie nicht bereit zu weichen und wanken, bevor die Angestellte ihnen ihre Bordkarten ausgehändigt hatte. Dabei war es ihnen egal, dass der Flug vermutlich erst mit einer Verspätung von mehreren Stunden abgehen würde. Es war ihnen auch ziemlich gleichgültig, dass es nicht zu den Aufgaben der Blondine gehörte, Bordkarten auszuhändigen. Und ganz und gar nicht scherte es sie, dass die blonde Angestellte schon längst ihre von der Aeroflot sanktionierte Pause machen wollte. Denn eines hatten die Kirgisen offenbar aus der Tatsache gelernt, dass sie an der äußersten Grenze des sowjetischen Reiches lebten: Passiver Widerstand war das einzige Mittel, mit dem sich etwas erreichen ließ.

Dass ich auf der anderen Seite des Schalters vor ihr stand und ungeduldig mit meinem Ticket nach Osch wedelte, hob die Stimmung der Aeroflot-Dame auch nicht gerade. Meine Levi's, das T-Shirt und der North-Face-Parka gaben mich als einen weiteren nervtötenden Touristen zu erkennen, der sich aufmachte, Zentralasien zu entdecken. Mein »First class«-Intourist-Ticket – der *upgrade* kostete ungefähr so viel wie ein Token für die New Yorker Untergrundbahn – machte nicht den geringsten Eindruck auf sie. Auch mein glänzender schwarzer US-amerikanischer Diplomatenpass tat das nicht. Sie deutete mit einem feisten Finger auf eine Reihe ramponierter Stühle in einer Ecke des Terminals, die wahrscheinlich den exklusiven Warteraum von Intourist verkörperte, und sagte: »Warten Sie wie jedermann sonst.«

Ich nehme an, dass sie schon genug Ärger mit Touristen aus dem Westen gehabt hatte. Seit Kirgistan für Besucher geöffnet wurde, gingen mit schöner Regelmäßigkeit Bergsteiger, Trekker und Jäger in den Tien-Shan-Bergen verschollen. Aeroflot oder die kirgisische Luftwaffe mussten dann einen ihrer Hubschrauber aufs Spiel setzen, um diese Leute zu bergen. Dann gab es da noch die Räuber – *basmachi*, wie sie auf Russisch heißen –, die ab und zu einen Touristen kidnappten. Wenn das geschah, musste die kirgisische Armee Soldaten ausschicken, damit sie die Geiseln befreiten und die Banditen in die höheren Regionen der Gebirge zurückdrängten.

Einer der merkwürdigsten Fälle, von denen ich gehört hatte, betraf eine Wagenladung voll Holländer, die versuchten, auf der Alten Seidenstraße von Osch bis zu einer staubigen Oasenstadt namens Kaschgar in Westchina zu gelangen. Sie waren alle im Besitz der nötigen Visa, doch offenbar hatten die chinesischen Posten an der Grenze zu Kirgistan noch niemals zuvor ein Visum gesehen. Vielleicht stimmten sie auch die Fahrräder, die auf das Autodach der Holländer geschnallt waren, misstrauisch. Wie auch immer: Die Grenzposten wollten sie nicht passieren lassen. Ein Appell an die zuständigen Stellen in Peking war nicht möglich, da es keine telefonische Verbindung mit Peking gab. Den Holländern blieb nichts anders übrig, als umzukehren. Bevor sie das taten, schlugen sie jedoch das riesige Eisentor, das China von Kirgistan trennt, zu und verschlossen es mit einer Sicherungskette für Fahrräder – monatelang soll sich keiner die Mühe gemacht haben, diese Kette zu durchtrennen...

Wenn ich sie weiter bedrängt hätte, hätte die Dame der Aeroflot mir vermutlich ins Gesicht gesagt, dass ich nichts in Osch verloren hatte. Während des größten Teils seiner neuzeitlichen Existenz, noch im alten Zarenreich wie auch später unter den Sowjets war Osch für Ausländer eine verbotene Stadt gewesen, ein »strategisch« wichtiger Ort, und »Diplomaten« wie ich konnten dort nur Ärger verursachen. Ein Russe wäre nötig, um einem zu erklären, welche Logik sich dahinter verbarg, ein Drecknest wie Osch zum Sperrgebiet zu erklären, oder warum die Sowjetunion sich in Bezug auf Zentralasien so paranoid verhielt. Ich nehme an, dass es eine Art Katerstimmung ist, die das »Große Spiel« zurückgelassen hat – jener Schattenboxkampf, den Großbritannien und Russland im 19. Jahrhundert um die Kontrolle über die Region ausgefochten haben. Die Russen waren überzeugt, dass Großbritannien vorhatte, ihr Reich von Zentralasien aus zu unterminieren, und die Briten glaubten, dass die Russen das Gleiche in Indien vorhätten.

Großbritannien trug allerdings auch in keiner Weise dazu bei, dass Russland diese Paranoia überwand. Während des 19. Jahrhunderts schleusten die Briten ein paar Mal Leute, die irgendwelche Missionen ausführen sollten, in das Gebiet nördlich vom Amu Darya ein – jenem flachen, schlammigen Fluss, der den zentralasiatischen Teil Russlands von Afghanistan trennt. Viele von denen, die in Orte wie Osch gelangten, blieben dort eine Weile, klopften sich selbst auf die Schulter, um sich dafür zu beglückwünschen, dass sie das Große Spiel mitgemacht und lebend überstanden hatten, und traten dann den Rückweg in Richtung Süden an, wo die raffinierteren Annehmlichkeiten des indischen Subkontinents auf sie warteten. Am Ende sollten die Russen dann die Erfahrung machen, dass sie vom Islam weit mehr zu fürchten hatten als von den Briten.

Die erste ernsthafte islamische Erhebung gegen die Russen in Zentralasien fand im Jahr 1918 statt. Das zaristische Joch gegen ein kommunistisches einzutauschen, war definitiv kein vorteilhafter Handel für die Moslems Zentralasiens. Einen Monat nach ihrer siegreichen Oktoberrevolution im entlegenen Norden schickten die Bolschewiken einen Trupp aus, der die wichtige Provinzhauptstadt Taschkent in Besitz nehmen sollte. Die neuen Kommissare begannen ihre Arbeit, indem sie alle Nahrungsmittel konfiszierten, derer sie habhaft werden konnten, und beschlagnahmten im Namen der Volksrepublik die ganze Baumwollernte. Bald darauf trat eine Hungersnot ein, der nicht weniger als eine Million Bewohner der zentralasiatischen Region zum Opfer fielen. Im Februar 1918 schlugen bolschewistische Truppen einen Aufstand in der uralten usbekischen Karawanenstadt Kokand nieder; sie plünderten die Einwohner aus, schlachteten viele von ihnen ab und lösten damit die Revolte der *basmachi* aus.

Während die Bolschewiken damit beschäftigt waren, ihre neu gewonnene Macht in anderen Teilen der Sowjetunion zu festigen, breitete sich in Zentralasien der Aufstand aus. Die Rebellen konnten einen Sieg nach dem anderen für sich verbuchen. Als der Aufstand auf seinem Höhepunkt war, zählte die Armee der Rebellen wohl nicht weniger als 20 000 Soldaten, viele von ihnen waren Bauern, alle von ihnen waren Moslems. Das Ende schien jedoch vorherbestimmt zu sein. Die Kommunisten waren den *basmachi* zahlenmäßig weit überlegen; sie besaßen schwere Geschütze, und nachdem sie die Weißen besiegt hatten, konnten die Roten den Aufständischen ihre ganze Aufmerksamkeit widmen.

Im Jahr 1920 waren die *basmachi* bereits in die Berge von Tadschikistan zurückgedrängt worden. Zu diesem Zeitpunkt trat Enver Pascha in Erscheinung, der Heeresminister der Türkei während des Ersten Weltkriegs. Nach der Niederlage floh er nach Berlin, von wo er sich auf die Einladung Lenins hin nach Moskau begab. Lenin wollte den charismatischen Türken dazu heranziehen, die Moslems Zentralasiens dazu zu bewegen, sich der sowjetischen Herde zuzugesellen. Doch wie sich herausstellte, hatte Enver Pascha Größeres im Sinn: Er träumte von einem Staat aller Turkvölker, der sich vom Bosporus bis in die Mongolei hinein erstrecken würde. Der Mann war erst zweiunddreißig.

Im Februar 1922 nahm Enver Pascha Duschanbe ein, die Hauptstadt des modernen Tadschikistan. Gegen Ende des Frühjahrs hatte er die Kontrolle über fast das ganze Emirat Buchara an sich gebracht. Im Juli 1922 sahen die Sowjets sich gezwungen, auf Enver Paschas Verrat zu reagieren, und schickten eine Division nach Süden, um ihm Einhalt zu gebieten. Das gelang. Am 4. August des Jahres wurde Enver Pascha im Kampf getötet.

Die Rebellion der Basmachi konnte aber nicht vor dem Jahr 1934 vollständig erstickt werden. Man nahm an, dass sich einige der Aufständischen in den entlegenen Gebirgstälern von Tadschikistan verkrochen hatten. Die meisten suchten in Afghanistan Zuflucht. Nicht wenige flohen bis nach Saudi-Arabien. Einige ließen sich in Mekka nieder und wurden eingefleischte Wahhabiten.

Der islamische Fundamentalismus sollte Moskaus Oberherrschaft über Zentralasien erst im Jahr 1979 wieder bedrohen, dann aber mit aller Macht. Jahrtausendelang war Afghanistan das Hauptdurchgangsland für den Handel zwischen Orient und Okzident, was auch bedeutete, dass die Region beinahe unablässig von Invasion und Okkupation bedroht war.

Afghanistans gegenwärtige Probleme nahmen ihren Anfang schon im Jahr 1973, als nach einem Militärputsch die erste afghanische Republik ausgerufen wurde. Jahrhunderte der Fremdherrschaft oder des Regiments einzelner Stammesfürsten waren damit vorläufig beendet. Sechs Jahre später rissen links orientierte, von der Sowjetunion unterstützte Afghanen mit einem blutigen Coup die Herrschaft an sich, und die neue Regierung unterzeichnete sofort Militär- und Wirtschaftsabkommen mit Moskau.

Es dauerte nicht lange, bis die islamische Welt reagierte. Im

März 1979 brachten moslemische Fundamentalisten die Kontrolle über die in Herat stationierte 17. Division der afghanischen Armee an sich. Die Revolte fing sofort an, um sich zu greifen, und drohte den Rest Afghanistans zu infizieren. Und was gleichermaßen bedrohlich für die Sowjetunion war – das neue islamische Regime in Teheran schien bereit, die Aufständischen mit Treibstoff zu versorgen. Ein militant-islamistisches Regime in Kabul aber war der schlimmste Albtraum der Sowjets. Sie gerieten in Panik. Bei einer Krisensitzung spät in der Nacht des 17. März berichtete Außenminister Andrei Gromyko dem Politbüro: »Die Aufständischen, die von Pakistan und vom Iran aus in das Territorium der Provinz Herat eingedrungen sind, haben sich mit einer einheimischen konterrevolutionären Bewegung zusammengeschlossen. Letzterer gehören vor allem religiöse Fanatiker an. Die Anführer der reaktionären Massen stehen zum größten Teil ebenfalls mit den religiösen Führern in Verbindung.«

Mit anderen Worten: Die Sowjetunion sah sich unerwartet mit einem islamischen *Dschihad* konfrontiert. Erinnerungen an die *basmachi* -Revolte hingen in der Luft wie die Ausdünstungen eines vor sich hin faulenden Kadavers. Niemand musste daran erinnert werden, dass jene Revolte beinahe die Oktoberrevolution wieder zunichte gemacht hätte oder dass die Gebirgszüge an der Grenze zwischen der Sowjetunion und Afghanistan einer islamistischen Flutwelle, die vom Süden her anbrandete, nicht würde Einhalt gebieten können.

Die Situation verschlimmerte sich jeden Tag. Als es so schien, als ob die Regierung in Kabul sich nicht länger würde halten können, marschierte die Rote Armee in das Nachbarland ein. Die ersten russischen Einheiten überschritten die Grenze am Weihnachtsabend des Jahres 1979, und das Unternehmen wurde für die Sowjetunion zu einer Katastrophe biblischen Ausmaßes: Das ganze Geld, die vielen Soldaten, die T-72-Panzer wie die Mia-24-Kampfhubschrauber reichten nicht aus, um gläubigen Afghanen Einhalt zu gebieten, die überzeugt waren, Allah auf ihrer Seite zu haben.

Zehn Jahre später, als die Sowjetunion selbst anfing zu implodieren, wurde der letzte sowjetische Soldat aus Afghanistan vertrieben. Wie das Politbüro es befürchtet hatte, schwappte das Chaos über die Grenze wie Wasser aus einer verstopften Gosse. Im Jahr 1990 brachen in Osch ethnische Auseinandersetzungen zwischen Usbeken und Kirgisen aus. Mehr als eintausend Menschen kamen ums Leben. Die drei Sowjetrepubliken, die sich das Fergana-Tal teilten – Kirgistan, Tadschikistan, Usbekistan –, versetzten ihre Streitkräfte in einen permanenten Alarmzustand: Sie wussten, dass die Unruhen um sich greifen würden.

Im Jahr 1991 führte ein 24-jähriger Usbeke namens Tahir Juldaschew eine islamische Erhebung in Namangan an, das ungefähr auf halber Strecke zwischen Osch und Taschkent liegt. Islamische Rebellen paradierten auf Eseln vor den Moscheen und schlugen mit Peitschen auf Diebe und Prostituierte ein. Als dieser Aufstand brutal unterdrückt worden war, floh Juldaschew nach Afghanistan und gründete dort die IMU, die Islamische Bewegung Usbekistans. Bis zu dem US-amerikanischen Angriff auf Afghanistan im Oktober 2001 führte diese Organisation immer wieder sporadisch terroristische Anschläge in Taschkent aus und schleuste Kader durch das Fergana-Tal hindurch nach Usbekistan ein.

*

Für Washington wäre eine islamische Wiedererweckung in Zentralasien wenig interessant, gäbe es da nicht die enormen Öl- und Gasressourcen des gesamten Gebietes, die von der Quantität her nur von denen der Golfregion übertroffen werden. Der größte Teil des Öls liegt unter Kasachstan, während das Gas unter Turkmenistan lagert. Mit Ölreserven von geschätzten 260 Milliarden Barrel und größeren Gasreserven, als ganz Nordamerika sie besitzt, könnte die kaspische Region für lange Zeit die Versorgung der USA mit Wärme und Licht garantieren und unsere Fabriken am Laufen halten. Das einzige Problem bestünde darin, das Öl und das Gas aus den Ursprungsländern herauszubefördern. Kasachstan und Turkmenistan liegen mitten in der entlegenen, unwirtlichen und von anderen Ländern umgebenen Steppenregion Eurasiens.

Zu Zeiten der Sowjetunion wurde die fossile Energie Zentralasiens mithilfe eines komplizierten Pipeline-Netzes in Richtung Westen, nach Russland und Osteuropa, befördert. Das war der Haken: Die Pipeline für das zentralasiatische Territorium verlief beinahe in ihrer gesamten Länge über russisches Gebiet. Die Russen konnten den Export nach Belieben unterbrechen – und das taten sie auch. Dadurch bekamen sie die Länder, die im Besitz dieser Energie waren, in den Würgegriff: Fossile Energie hat nur dann einen Wert, wenn es ein System gibt, mit dem man sie an die Abnehmer liefern kann; sonst lässt man sie am besten im Boden.

Gleich nach dem Zusammenbruch der Sowjetunion kam Washington zu der Erkenntnis, dass es die Energie Zentralasiens zu seinem strategischen Vorteil ausnutzen konnte. Warum sollte man nicht das russische Pipeline-System umgehen, indem man alternative Exportwege ausfindig machte? Damit würde man die zentralasiatischen Saaten aus der Umklammerung durch die mittlerweile leblose russische Hand befreien und sie wirtschaftlich unabhängig machen. Binnen Kürze würde überall die Demokratie in voller Blüte stehen. Und noch besser: Wenn die 260 Milliarden Barrel Öl aus der kaspischen Region uneingeschränkt und ungehindert exportiert werden könnten, würden die Amerikaner nicht mehr auf Öl aus dem Nahen Osten angewiesen sein. Sollte Saddam also ruhig wieder in Kuweit einmarschieren – wen kümmerte das? Sollte er doch gleich Saudi-Arabien besetzen – auf dem Papier sah es wie ein sicherer Triumph für den Westen aus, wenn man nur ein neues Pipeline-System anlegen könnte.

Das Große Spiel schien eine Neuauflage zu erleben, wobei diesmal die USA gegen die beiden größten Mächte der Region antraten: gegen Russland und den Iran. Natürlich standen die US-amerikanischen Ölgesellschaften Schlange, um mitmachen zu können. Chevron und Mobil, die größten von ihnen, erwarben riesige Konzessionen in Kasachstan. Amoco kaufte ein Mega-Ölfeld in Aserbeidschan; Unocal, die couragierteste der amerikanischen Gesellschaften, ließ Pläne für zwei Pipelines ausarbeiten, die quer durch Afghanistan führen sollten.

Jedermann schien bequemerweise die permanent in der Region herrschende politische Instabilität ignoriert zu haben, wie auch die Tatsache, dass es kein Transportnetz gab: Wie sollten Chevron, Mobil und Amoco ihr Öl aus den Fördergebieten am Kaspischen Meer heraus bekommen? Die sicherste Pipeline-Route führte durch Russland bis zum Schwarzen Meer, von wo das Öl dann per Tanker bis zum Mittelmeer weitertransportiert werden könnte. Russland und der russischen Mafia bereitete aber nichts mehr Vergnügen, als die US-amerikanischen Ölfirmen zu erpressen. Im Schnitt erhoben sie drei US-Dollar Gebühr für jede Tonne Öl, die sie durch das System schleusten. Es gab noch eine alternative Route zur Türkei hin: Wenn man diese wählte, musste man aber das Öl durch Georgien oder Armenien hindurch befördern, und in beiden Ländern tobte ein erbitterter Bürgerkrieg. Das galt auch für Afghanistan. Es würde noch lange dauern, bevor dort irgendjemand auch nur einige wenige Meter Rohrleitung verlegte.

Saudi-Arabien sah unterdessen ungläubig zu. Für die Saudis war es reine Idiotie zu glauben, dass das zentralasiatische Öl eine Alternative zu dem aus dem Nahen Osten darstellen könnte. Lassen wir einmal die politische Instabilität aus dem Spiel, werfen wir nur einen Blick auf die Kosten: Die Ausgaben, um kaspisches Öl aus dem Boden zu holen, beliefen sich auf sechs US-Dollar pro Barrel, während sie für saudisches Öl zwischen einem und zwei Dollar pro Barrel lagen. Im Ölgeschäft war das kein unbedeutender Unterschied – vor allem Anfang und Mitte der 1990er-Jahre nicht, als die Ölpreise im Keller waren und ein Barrel nur etwa zehn US-Dollar brachte. Wenn man noch die Kosten für die Anlage zweier Hauptexportpipelines hinzurechnete – insgesamt so an die sieben Milliarden US-Dollar –, dann machte es, für die Saudis jedenfalls, keinen Sinn, Ölfelder am Kaspischen Meer zu erschließen.

Die Saudis wussten aber, warum sich die US-amerikanischen Ölgesellschaften trotzdem in das Geschäft einkauften: Es ließ ihre Reserven auf dem Papier größer werden. Sie konnten alle diese exotischen Ölreserven am Kaspischen Meer »überbuchen«, und der normale Aktionär würde das überhaupt nicht durchschauen; er würde nicht wissen, wie schwierig es wäre, dieses Öl aus dem Boden zu holen.

Was man sich in Saudi-Arabien aber nicht erklären konnte, war, was die US-amerikanische Regierung dabei im Schilde führte. Der Kalte Krieg war vorbei – wen scherte es also noch, ob Zentralasien unabhängig von Russland war oder nicht? Saudi-Arabien wusste, dass Washington – ob dies in wirtschaftlicher Hinsicht nun Sinn machte oder nicht – möglicherweise sein ganzes finanzielles Gewicht für die Erschließung der Ölfelder am Kaspischen Meer in die Wagschale werfen würde. Wenn die USA genügend Geld investierten, konnten sie einer Fantasie zu realem Leben verhelfen. Was aber für die Saudis noch schlimmer war: Sie kamen sich sitzen gelassen vor. Sie hatten zig Milliarden US-Dollar ausgegeben, um den Golfkrieg mitzufinanzieren. Diese Kosten konnten einen in den Ruin treiben, wo der Preis für Öl so niedrig war; doch die USA hatten immer wieder betont, dass der Krieg notwendig sei, damit der Status quo bestehen bleibe – das heißt, um Saddam daran zu hindern, Saudi-Arabien zu besetzen, und um sicherzustellen, dass Saudi-Arabien weiter die »Öl-Bank« der Welt blieb.

Wütend auf Washington und misstrauisch, was die Motive der Amerikaner anbelangte, legten die Saudis zur Kontrolle selber einen Finger auf den Puls des Ölgeschäfts mit der kaspischen Region. Delta Oil, die mit Kronprinz Abdallah und anderen mächtigen Saudis in Verbindung stehende Gesellschaft, investierte in eine Konzession zur Förderung von aserbeidschanischem Öl. (Die Wut auf Washington, das sollte hervorgehoben werden, hinderte Delta Oil nicht daran, zwei US-amerikanische Partner für diese Unternehmung zu gewinnen: Geschäft ist Geschäft.) Nachdem ich aus der CIA ausgeschieden war, erfuhr ich, dass sich der saudi-arabische Geheimdienst unter seinem damaligen Chef und späteren Botschafter in Großbritannien, Turki Al Faisal, mit der argentinischen Gesellschaft Bridas zusammengetan hatte, um eine Gas-Pipeline von Turkmenistan nach Pakistan zu bauen, die durch Afghanistan führen sollte. Es war eine perfekte Geschäftsverbindung für Bridas, da Turk Al Faisal bessere Beziehungen zu den Taliban hatte als sonst ein Saudi. Er schüttete hunderte Millionen von Rial über sie aus.

Schwarzes Gold, ethnische Konflikte, islamischer Fundamentalismus, Bürgerkrieger, russischer Irredentismus (das Bestreben ethnischer Minderheiten, zum Stammland zurückzukehren) – das Große Spiel hatte definitiv wieder begonnen.

Doch wer spielte mit und wer nicht?

Wie sahen diesmal die Regeln aus?

Das war es, was ich herausfinden wollte.

*

Der vierzigminütige Flug von Bischkek nach Osch gab mir die Gelegenheit, meine Gedanken zu sammeln, mir noch einmal zu überlegen, was ich eigentlich im Fergana-Tal zu erfahren hoffte und wie ich an die Sache herangehen wollte. Der islamische Fundamentalismus führte einen Krieg ohne Fronten, und seine Kämpfer hatten für mich keine Gesichter. Daheim im Hauptquartier hatte ich versucht, ein Foto von Juldaschew, dem Anführer der Islamischen Bewegung Usbekistans aufzutreiben. Es gab keines. Wie würde ich wissen können, ob ich dem Mann nicht direkt gegenüberstand? Sorgenvolle Gedanken dieser Art hielten mich davon ab, gebannt aus dem Fenster zu starren, als der rechte Flügel der Yak-40 haarscharf an einem 4675 Meter hohen, schneedeckten Berggipfel vorbeiraste.

Ich hatte viel Zeit zur Verfügung. Im Monat zuvor, im Oktober 1992, war ich aus dem benachbarten Tadschikistan evakuiert worden, während um mich herum ein Bürgerkrieg zwischen ehemaligen sowjetischen Apparatschiks und islamischen Fundamentalisten tobte. Das CIA-Hauptquartier hatte mich nach Washington zurückbeordert, wo ich warten sollte, bis ich nach Tadschikistan zurückkehren und unser Büro dort wieder eröffnen könnte. Da es nichts Schlimmeres gab, als ins Hauptquartier versetzt zu werden und dort Däumchen zu drehen, setzte ich alle Überredungskünste ein, die ich bei der Agency gelernt hatte, um den Leiter der Abteilung Zentral-Eurasien, John McGaffin, dazu zu bewegen, mich auf eine *grand tour* durch Zentralasien zu schicken. Er sah kein Problem darin. Er genehmigte sogar, dass ich in Samarkand – der alten Hauptstadt Usbekistans, die Eroberern von Alexander dem Großen bis Tamerlan als Stützpunkt gedient hatte – einige Zeit damit zubrachte, meine Kenntnisse der persischen Sprache, Farsi, aufzupolieren.

Ein paar Tage, nachdem er meine Reiseorder unterschrieben hatte, nagelte McGaffin mich auf dem Flur in einer Ecke fest und fragte: »In Samarkand spricht man Farsi?«

Ich war mir nicht sicher, aber ich hatte irgendwo gelesen, dass die Sprache dort im 14. Jahrhundert gebräuchlich gewesen war. Wenn sie das damals war, warum sollte sie es dann heute nicht mehr sein? Nördlich des Amu Darya verändern sich die Dinge nicht über Nacht. McGaffin gab sich mit meiner Erklärung zufrieden.

*

Als ich die Gangway hinunterschritt und auf den Asphalt des Rollfeldes bei Osch trat, fragte ich mich, ob meine Idee einer *grand tour* wirklich klug gewesen war. Man vermochte nur mit Mühe zu sagen, was mehr auf einem lastete: die stinkende Wolke von Dunst, Staub und Smog, die jeden Blick auf den Tian Shan versperrte, oder die absolute Depression, die über der öden Industrielandschaft lag, die nur hier und da von mit dürrer Vegetation bestandenen Flächen unterbrochen war und sich so weit erstreckte, wie das Auge reichte. Ich begriff jetzt, wie Osch – was auf Persisch »Suppe« bedeutet – seinen Namen bekommen hatte. Jede romantische Vorstellung, die ich hinsichtlich der alten Seidenstraße hatte, verflüchtigte sich auf der Stelle.

Zum Glück wartete mein Führer schon am Flughafen auf mich. Der 1,95 Meter große Hüne hatte sich neben einem uralten Zhiguli aufgebaut. Auf der anderen Seite des Wagens stand ein winziger alter Mann, den Oberkörper nach vorne gekrümmt, sodass er von der Haltung her einer zum Nachladen geöffneten Schrotflinte glich. Ich brauchte eine Minute, bis ich begriff, dass der Alte unser Fahrer war. Wie konnte er überhaupt über das Lenkrad blicken?

Ibramow, wie ich den Führer nennen will, erwies sich als großartiger Reisegefährte. Obwohl er nur ungefähr sechs Worte Englisch sprach – was ausreichte, um an der örtlichen technischen Hochschule englische Literatur zu unterrichten –, kamen wir sofort prächtig miteinander aus. Ich griff einfach auf das Tadschikisch, Russisch und Deutsch zurück, das ich kannte. Was aber noch wichtiger war: Er war bereit, mich zu jeder Stelle im Fergana-Tal zu bringen, die ich sehen wollte.

Am nächsten Morgen brachen wir zu einer einstündigen Fahrt nach Namangan auf – angeblich das Zentrum des islamischen Fundamentalismus in der Region. Wir fuhren von Moschee zu Moschee, ich sah aber nirgendwo eine verdächtige Person herumlungern. An den Wänden klebten keine Plakate, die zu irgendwelchen Gewalttaten aufriefen. Es gab auch keine aufrührerischen Graffiti. Obwohl es nicht Freitag – der heilige Tag der Moslems – war, erwartete ich doch irgendein Zeichen für den in der Region grassierenden Fundamentalismus. Stattdessen sah der Ort aus wie Osch: wie tot. Ich beschloss, mir eine der Moscheen mal näher anzusehen. Aber bevor ich aussteigen konnte, ergriff Ibramow meinen Arm und deutete auf einen Lada, der vor der Moschee am Straßenrand parkte. In dem Wagen saßen drei Männer, die starr vor sich hin schauten. Sie sprachen nicht miteinander. Der Motor war abgestellt.

»Hauen wir ab«, sagte Ibramow, und ich widersprach nicht. Ich hatte die Genehmigung bekommen, im kirgisischen Teil des Fergana-Tals umherzufahren, wir befanden uns aber jetzt auf usbekischem Territorium. Die Kirgisen hatten hier keine juristische Verfügungsgewalt.

»Ich schlage vor, dass wir nach Kokand fahren«, sagte Ibramow. »Da gibt es nicht so viele Probleme.«

Als wir wegfuhren, sah ich, wie einer der Insassen des Lada unsere Nummer aufschrieb. Zwei Stunden später begleitete Ibramow mich in das einzige Hotel in Kokand, in dem es garantiert fließendes Wasser gab. Das Hotel war leer bis auf einen Usbeken, der einen mit Fettflecken übersäten wollenen Anzug trug und einen der zwei Stühle in der Empfangshalle okkupiert hatte. Ohne sich zu erheben, fragte er, was wir wollten. Als Ibramow auf mich deutete und erklärte, dass ich ein Zimmer haben wollte, stand der Mann auf und kam zu mir rüber: »Den Pass, bitte.«

Ich sah, dass seine beiden Schneidezähne aus Gold waren.

»Sie haben keine Genehmigung, Kokand zu besuchen«, meinte er, wobei er meinen Reisepass durchblätterte, ohne sich die einzelnen Seiten überhaupt anzusehen. Offensichtlich hatte ihn jemand informiert, dass ich im Anmarsch war und nicht die nötigen Dokumente besaß. Rein formal gesehen hatte ich gegen das Gesetz verstoßen. Obwohl Usbekistan im Jahr 1991 seine Unabhängigkeit erlangt hatte, entledigte es sich nie der alten sowjetischen Gepflogenheit, wonach man zum Besuch von Städten und Regionen, die als »heikel« angesehen wurden, eine Sondererlaubnis brauchte. Usbekistan traute Fremden genauso wenig über den Weg, wie die Sowjetunion es getan hatte.

Der Mann ging hinter sein Empfangspult und griff zum Telefon. Keine zwei Minuten später tauchten zwei uniformierte Milizionäre mit umgehängten Kalaschnikows auf. Die Usbeken begannen eine lebhafte Unterhaltung mit Ibramow. Sie fand auf Usbekisch statt, und ich verstand kein einziges Wort. Aber sie endete damit, dass Ibramow mir noch ein schwaches Lächeln schenkte, die Hand schüttelte und dann abzog. Ich sah ihn nie wieder.

Als ich in mein Zimmer hinaufging, folgten die beiden Milizionäre mir und bezogen Posten vor meiner Tür.

»Das ist doch albern«, dachte ich. Ich reiste schließlich mit einem Diplomatenpass, war nicht mittellos und sah gewiss nicht wie ein *basmachi* aus. Also machte ich mich wieder nach unten auf, um herauszufinden, was eigentlich los war. Einer meiner usbekischen Aufpasser war noch da. Ich fragte ihn, ob ich verhaftet sei.

»Nein, wir sind hier, um Sie zu beschützen. Es ist sehr gefährlich im Fergana-Tal. Die Basmachi, wissen Sie.«

»Kann ich heute Abend in Kokand herumgehen?«, fragte ich.

»Nein, nachts gibt es zu viele Basmachi in der Stadt.«

Das Abendessen – ein Napf Lauchsuppe, ein Stückchen altbackenes Brot, ein fleckiger Apfel – wurde mir aufs Zimmer gebracht. Irgendwo da draußen in der Dunkelheit waren wahrscheinlich Basmachi unterwegs – in dichten Schwärmen wie Schmeißfliegen. Ob sie ganz gewöhnliche Briganten waren oder die Erben der stolzen moslemischen Revolutionäre, die es mit den Bolschewiken aufgenommen hatten, entzog sich meiner Kenntnis.

★

Am nächsten Morgen klopfte mein usbekischer Aufpasser an meine Tür und sagte: »Heute Vormittag können wir Kokand ansehen.«

Ein Mann, der dem Äußeren nach ein Russe zu sein schien, stand hinter ihm. Er trug einen Anzug, der beinahe genauso wie der des Usbeken in der Empfangshalle aussah. Er stellte sich nicht vor, und ich konnte mir auch nicht denken, wer er war.

Das Angebot des Usbeken, mir die größte Textilfabrik des Ortes anzusehen, schlug ich aus und bat darum, stattdessen die Hauptmoschee besuchen zu dürfen. Ibramow hatte mir erzählt, dass ihr eine populäre *madrasa* angegliedert war. Der Usbeke und der Russe schauten einander an, zuckten mit den Schultern.

Die Moschee war nach traditionellem zentralasiatischem Muster gebaut und hatte eine mit Kacheln verkleidete Kuppel. Ich wanderte eine Weile in dem Gebäude umher und spähte in die leeren Unterrichtsräume, bis ich schließlich auf einen Mann von ungefähr fünfundsechzig stieß, der ein langes Flanellgewand trug und die verzierte halbrunde Kappe auf dem Kopf hatte, die in Zentralasien typisch für Geistliche ist. Er saß auf dem Boden und lauschte einem Jungen, der eine Sure aus dem Koran aufsagte. Das Arabisch des Jungen war nahezu perfekt; aber ich bezweifelte, dass er auch nur ein Wort von dem begriff, was er da herunterleierte. Meine beiden Begleiter blieben an der Tür stehen, während ich mich neben dem Geistlichen auf den Boden hockte und mit ihm redete – oder es zumindest versuchte.

Der Geistliche sah mich verständnislos an, als ich ihn auf Tadschikisch begrüßte. Entweder sprach er kein Tadschikisch, oder er wollte es in Gegenwart meiner Aufpasser nicht tun.

»Ich versteh' nicht«, sagte er auf Russisch.

Als ich es mit Arabisch versuchte, erhellten sich seine Züge. In gestelztem, aber grammatisch einwandfreiem Arabisch fragte er, ob ich Araber sei. Ich beschloss, dieser Frage auszuweichen. Wenn ich ihm die Wahrheit sagte, würde er verschlossen wie eine Auster werden. Sogar im fernen Kokand hatte man schon von Langley in Virgina gehört. Außerdem dachte ich, mein geistlicher Freund würde wohl williger sein, mir etwas zu anzuvertrauen, wenn er mich für einen Rechtgläubigen hielt. Ich erzählte ihm eine Wahrheit, wenn auch nicht die, die er hören wollte, und sagte, dass ich aus Kalifornien komme. Er lächelte. Vielleicht glaubte er, dass ich irgendwie mit Hollywood zu tun hätte.

Ich bemerkte, dass meine Aufpasser nervös geworden waren. Sie flüsterten miteinander, zweifelsohne weil der Geistliche und ich uns in einer Sprache unterhielten, die sie nicht verstanden.

»Mach Dampf«, mahnte ich mich selbst und fragte schnell: »Wer bezahlt die?« Dabei deutete ich auf einen Stoß neuer Exemplare des Koran, die auf einem Tisch in der Ecke lagen.

Statt zu antworten, stand der Geistliche auf und holte mir ein Exemplar. Er öffnete es und deutete mit dem Finger auf einen Stempel auf der Innenseite des Deckels, der besagte, dass es sich um ein Geschenk der International Islamic Relief Organisation (IIRO) handelte, der wohlhabendsten und aktivsten islamischen karitativen Organisation auf der Welt – deren Büros nach dem 11. September bei einer Razzia durchsucht worden waren.

Jetzt wurde es endlich interessant. Die im Jahr 1978 gegründete IIRO ist eine private, unabhängige wohltätige Vereinigung – zumindest auf dem Papier. In Wirklichkeit handelt es sich um eine Einrichtung der saudischen Regierung, die ganz und gar der Kontrolle der königlichen Familie untersteht. König Fahds Bruder Salman persönlich pflegte zu entscheiden, welche wichtigen Einrichtungen man finanzierte und welche Projekte man mit Spenden unterstützte. Doch es ging um mehr als darum, wer die Kontrolle über die Organisation hatte. Die Erschaffung der IIRO war ein Meilenstein auf Saudi-Arabiens (Irr-)Weg zum militanten Islam.

Wie im Fall anderer wohltätiger Organisationen, die vom Haus Saud gesponsort werden, liegt die Wurzel der IIRO in der demütigenden Niederlage, die die Araber im Juni 1967 gegen Israel hatten hinnehmen müssen. Obwohl Saudi-Arabien sich nicht aktiv an diesem Krieg beteiligte, war auch die Familie Al Saud von den Anschuldigungen betroffen gewesen, die danach zuhauf erhoben wurden: Warum waren ihre Einnahmen aus dem Ölgeschäft nicht dafür verwendet worden, eine Armee aufzubauen, mit der man Israel hätte besiegen können? Warum hatten sich die Prinzen aus dem saudischen Königshaus in Monte Carlo beim Glücksspiel vergnügt, anstatt mit anderen Gläubigen zusammen an der Front zu stehen?

Saudi-Arabien war Hüter der heiligen Stätten des Islam, hatte aber zugesehen, wie dem Islam eine Niederlage zugefügt wurde. Danach begann die königliche Familie viele karitative Organisationen, darunter auch die IIRO, mit Geld förmlich zu überschwemmen.

Als Saudi-Arabien sich in den frühen 1980er-Jahren entschied, die Mudschahedin in Afghanistan zu finanzieren, erwies sich die IIRO als perfektes Werkzeug: Sie trat nicht nur als Mittler auf, sondern lieferte auch noch die Möglichkeit, sich mit plausiblen Erklärungen aus der Affäre zu ziehen, wenn es sein musste. Falls die IIRO dabei erwischt wurde, wie sie die Gesetze eines Landes brach, oder einer ihrer Mitarbeiter vom rechten Weg abkam und einer terroristischen Vereinigung beitrat, konnte Saudi-Arabien einfach jede persönliche Verantwortung von sich weisen – ein Trick, der der königlichen Familie über die Jahre hinweg viele Peinlichkeiten erspart hat.

Die IIRO unterstützte Abdul Rasul Sayyaf, den afghanischen Moslemischen Bruder, als sie und die USA sich im Jahr 1980 entschieden, einen Heiligen Krieg in Afghanistan zu finanzieren. Sayyaf wiederum hatte Osama bin Laden und die anderen jungen moslemischen Hitzköpfe unter seine Fittiche genommen, die ins Land kamen, um die heidnischen Russen zu vertreiben.

Unterstützte die IIRO jetzt auch einen zentralasiatischen Sayyaf? Finanzierte sie einen neuen *Dschihad*? Oder verteilte sie nur Gratisausgaben des Koran in dem Versuch, die Moslems Zentralasiens zum rechten Glauben zurückzuführen?

Meine beiden Aufpasser meinten, dass es an der Zeit sei zu gehen, und sie bedeuteten mir, dass ich ihnen folgen solle. Ich hatte gerade noch die Gelegenheit, meinem Geistlichen eine letzte Frage zu stellen: »Haben Sie jemals aus Saudi-Arabien eines der Werke von Ibn Taymiyah geschickt bekommen?«

Wenn die Saudis hier die Werke Ibn Taymiyahs verteilten, dachte ich, bedeutete das, dass sie mehr taten, als sich nur neue Anhänger zu verschaffen.

»Von wem?«, fragte der Geistliche.

Verdammt, dachte ich. Ich hatte meine einzige Silberkugel abgefeuert und danebengeschossen. Bevor ich noch eine weitere Frage stellen konnte, kamen meine Aufpasser herüber, um mich von dem Mann wegzuziehen.

Als ich auf dem Weg zum Flughafen hinten im Lada des Usbeken saß, schaffte ich es, mich mit ihm und seinem russischen Freund zu unterhalten. Sie waren von »den Sicherheitsdiensten«, wie sie mir erzählten. Der Usbeke arbeitete für den usbekischen KNB, die Nachfolgeorganisation des örtlichen KGB. Der Russe war »aus Moskau« – was wohl bedeutete, dass er eine Art russischer Berater in Sachen Geheimdienst für den usbekischen KNB war.

In gewisser Weise war dies das letzte fehlende Stückchen des Puzzles. Wenn ich die Zeichen korrekt deutete, würde der große Kampf dieses Mal zwischen den Regimes in den zentralasiatischen Ländern, die ehemals zur Sowjetunion gehört hatten, und den Anhängern des Wahhabitismus stattfinden. Die vielen Exemplare des Koran, die die IIRO gestiftet hatte, waren nur ein Anfang; ein Teil des Versuchs, eine Ausgangsbasis für einen ausgewachsenen *Dschihad* zu schaffen. Der Geistliche hatte vielleicht noch nie etwas von Ibn Taymiyah gehört, doch als mein Flugzeug in Kokand vom Boden abhob, war ich überzeugt, dass er es eines Tages tun würde. Wo die IIRO schon war und Ibn Taymiyah hinkommen würde, lauerten mit Sicherheit die Saudis hinter den Kulissen, dachte ich.

Was war mit den Vereinigten Staaten von Amerika?

Waren sie auf das vorbereitet, was kommen würde?

Nun, ich war einer von einer kleinen Hand voll CIA-Offiziere, die jemals das Fergana-Tal besucht hatten. Das sollte Ihnen schon Antwort genug sein.

*

Als ich mich am nächsten Morgen in unserem Büro in Taschkent meldete, berichtete ich meinem Chef vom Besuch in der Moschee und fragte ihn, was die Saudis seiner Meinung nach im Fergana-Tal im Schilde führten. Er war erst seit sechs Monaten im Land, aber er sprach gut Russisch und war schon ziemlich viel herumgekommen.

»Ich habe nicht die Spur einer Ahnung«, war seine Antwort. »Saudi-Arabien ist keines der Ziele, auf die wir angesetzt sind. Und ich bin nicht im Fergana-Tal gewesen.«

Er sah sich den gleichen Problemen gegenüber, mit denen ich in Beirut zu kämpfen gehabt hatte, als ich meinen Moslemischen Bruder Zuhayr Shawish »kultiviert« hatte. Ohne eine explizite Anweisung von Langley, sich mit dem saudischen Fundamentalismus in Zentralasien zu befassen, sollte ein CIA-Chef noch nicht einmal mit dem Gedanken spielen, so etwas zu tun.

»Ich könnte die Usbeken fragen«, fuhr er fort, »doch ich weiß, dass sie mir überhaupt nichts erzählen würden. Sie würden sagen, dass es sich um eine innere Angelegenheit handelt, und das wär's dann.«

Was die Usbeken anbelangte, so hatte ich den Eindruck, dass sie die militanten islamischen Fundamentalisten genauso behandelten, wie die Sowjet-Kommissare die Basmachi-Revolutionäre behandelt hatten: Sie taten sie als Verbrecher und Banditen ab.

Eine Woche lang blieb ich in Taschkent als Gast der Gemeinde der Botschaftsmitarbeiter. Ich merkte sofort, dass alle ganz und gar vom täglichen Überlebenskampf vereinnahmt waren. Kein Wunder bei der miserablen Wohnsituation, den niemals funktionierenden sanitären Anlagen. Benzin war immer Mangelware. Wenn ihnen am Ende des Tages noch die Zeit dafür blieb, waren die Mitarbeiter der Botschaft stets für ein Washingtoner Projekt im Einsatz: etwa das Friedenskorps unterzubringen oder den Usbeken zu zeigen, wie man Wahlmaschinen bedient – wobei es keine Rolle spielte, dass es in Usbekistan noch nie eine demokratische Wahl gegeben hatte. Und was die IIRO und Saudi-Arabien in Zentralasien anstellten, während man sich mit alledem beschäftigte, davon hatte niemand eine Ahnung.

*

Ich schaffte es nie bis Samarkand, um dort mein Farsi aufzufrischen. Im Januar 1993 eröffnete die CIA wieder unser Büro in Duschanbe, und ich übernahm erneut die Geschäfte dort. Es dauerte jedoch nicht lange, bis das saudi-arabische Phantom wieder sein Haupt erhob.

Eines Tages hörte ich ungefähr gegen drei Uhr in der Nacht jemanden gegen meine Tür hämmern. Ich hatte keine Ahnung, wer es sein könnte. Um zu meinem Büro-Schlafzimmer zu gelangen, das wie die russische und die iranische Botschaft permanent im Oktobrskaja Hotel untergebracht war, musste man zwei schwer bewaffnete tadschikische Wachposten, die in der Lobby

Stellung bezogen hatten, passieren. Und sobald man im zweiten Stock angekommen war, wurde man von einem Trupp russischer *spetznatz* – Angehörigen einer Spezialeinheit – in Empfang genommen.

Ich öffnete die Tür und fand mich Auge in Auge mit dem teiggesichtigen Chef der örtlichen Niederlassung des russischen Geheimdienstes wieder. Boris Sergejewitsch, wie ich ihn nennen will, war sturzbesoffen, versprühte Speichel nach allen Richtungen und brüllte mich an: »Yop tavaja mat.« Das ist russisch für: »Geh und fick deine Mutter!«

Als ich Boris ein wenig beruhigt hatte, erklärte er mir, warum er so sauer war. Früher am Abend hatte ein Trupp tadschikischer islamischer Rebellen von Afghanistan aus den Panji überquert, es geschafft, eine Stellung, die die Russen dort an der Grenze eingerichtet hatten, einzunehmen und allen Soldaten die Köpfe abzuhacken.

»Das war euer Zitzen lutschendes Saudi-Arabien.«

Boris' Wut kehrte zurück: »Der gottverdammte Krieg ist vorbei! Sagt ihnen, dass sie uns in Ruhe lassen sollen.«

Ich konnte mir nicht vorstellen, was Saudi-Arabien mit dem Angriff zu tun haben sollte. Das Land hatte keine Soldaten in Afghanistan stationiert, zumindest nicht offiziell, und der Teil Afghanistans, aus dem die Rebellen gekommen waren, wurde von einer Gruppe kontrolliert, die unserer Vermutung nach Befehle von Teheran entgegennahm.

Boris sagte, dass ich mich irrte. Die Rebellen unterstanden dem Kommando der Ittehad-o-Islami von Rasul Sayyaf, dem afghanischen Mentor Osama bin Ladens.

Ich glaubte das nicht. Die Russen schienen Saudi-Arabien an allem die Schuld zu geben, am Krieg in Afghanistan ebenso wie an den ethnischen Auseinandersetzungen zwischen Armeniern und Azeri in Aserbeidschan. Sie bezichtigten die Saudis auch, die tschetschenischen Separatisten aufgehetzt zu haben, die ihr Land im Jahr 1991 für unabhängig erklärt hatten.

Die Saudis mochten für den Krieg in Afghanistan bezahlt haben – das bedeutete aber nicht, dass sie in Zentralasien das Gleiche taten. Die Saudis sind unsere Verbündeten, dachte ich; sie hätten uns sicher darüber informiert, wenn sie eine heimliche Kampagne in Tadschikistan durchführten. Gott, war ich damals naiv!

Ich ging auf Boris ein und versprach ihm, dass ich mithelfen würde, herauszufinden, was Sayyaf trieb oder ob Riad irgendetwas mit dem Überfall zu tun hatte. Er murmelte, dass er der CIA erst dann trauen werde, wenn die Hölle zugefroren sei. Ich drückte ihm eine Flasche Black Label Scotch in jede Hand und schubste ihn aus dem Raum.

Zwei Tage später klopfte er wieder an meine Tür. Er hielt mir eine sauber getippte Namensliste unter die Nase und meinte: »Du weißt bestimmt, wer diese Bastarde sind. Aber für den Fall, dass du's nicht tust – das sind alles Araber, und sie gehören alle zu Sayyaf. Sie stecken hinter dem Überfall auf unseren Grenzposten.«

Ich machte mir nicht die Mühe, die Namen ans Hauptquartier zu übermitteln, weil ich eigentlich nicht mit den Russen zusammenarbeiten sollte. Stattdessen gab ich die Namen nach Islamabad durch, wo Beirut Bill [redacted] jetzt der Leiter war. Bill, dachte ich, würde kapieren, was ich zu tun versuchte. Und wenn man irgendwo über den islamischen Fundamentalismus Bescheid wusste, dann in Islamabad. Schließlich wurde der Krieg in Afghanistan von dort aus geführt.

Zwei Tage später traf Bills Antwort ein: Er könne nichts über Boris' Araber herausfinden, weil wir keine Agenten in Sayyafs Lager eingeschleust hatten.

Es war kaum zu glauben. Sayyaf war *unsere* Schöpfung. *Wir* hatten ihm dabei geholfen, sich in Peschewar zu etablieren. Er war einer von den »Peschawar-Sieben« – den ursprünglichen afghanischen Widerstandsgruppen, denen vom Koordinations-Sonderkomitee des National Security Council Unterstützung gewährt worden war.

So weit, so gut. Doch bei der Spionage-Grundausbildung lernt man eigentlich, sich nie in verdeckte Aktionen involvieren zu lassen, wenn man nicht ganz genau weiß, was die Leute, die für einen tätig sind, machen. Und um das zu wissen, braucht man einen Informanten in ihren Reihen. Ganz offensichtlich besaßen wir aber keinen Informanten in Sayyafs Gruppe; jedenfalls keinen, der den Krieg in Afghanistan überstanden hatte. Aus der Perspektive eines Spions war das ein fataler Fehler.

Boris zum Beispiel war einer von denen, die das niemals verstanden hätten. Die Sowjets setzten nie eine Geheimaktion in Gang, wenn sie diese nicht von A bis Z kontrollierten. Wenn sie die Ostdeutschen aufforderten, eine Kampagne in Afrika oder Südamerika durchzuführen, dann sorgten sie dafür, dass sie immer genau wussten, was geschah. Sie hätten sich nie einfach darauf verlassen, dass die Pakistani oder die Saudis ihnen die Wahrheit sagten.

In den nächsten paar Wochen ging ich Boris aus dem Weg. Wenn ich ihm doch einmal auf dem schummrigen Korridor, der zu seinen wie zu meinen Räumen führte, begegnete, grinste er mich immer an, als ob er sagen wollte: Siehst du, ich hab's dir doch gesagt.

Ich bin sicher, er war überzeugt, dass wir wussten, was Sayyaf, sein Meister Saudi-Arabien, und der Rest der Fundamentalisten in Afghanistan im Schilde führten. Ich hätte mich für mich selbst und für mein Land geschämt, wenn er erfahren hätte, dass es sich anders verhielt.

Die Überfälle auf die russischen Soldaten an der tadschikischen Grenze gingen weiter, bis ich im Jahr 1994 aus Duschanbe abgezogen wurde. Doch Boris bat mich niemals wieder, irgendwelche Nachforschungen für ihn anzustellen.

*

Die Dinge wurden nicht besser. Im Jahr 1997 hatte sich Bill Lofgren, der Leiter der für die ehemalige Sowjetunion und Osteuropa zuständigen Abteilung Zentral-Eurasien, den Gulfstream Jet der Direktoren ausgeborgt, um eine rasche Tour durch Zentralasien und die Kaukasusregion zu unternehmen. Sechs Zwischenhalte und Gott-weiß-wie-viele Gallonen Wodka später hatten wir immer noch nicht die Antwort, die wir auf dieser Reise zu finden hofften: War der militante Islamismus eine Bedrohung für die Region am Kaspischen Meer oder nicht? Niemand verlor auch nur ein Wort darüber, selbst die ranghöchsten Beamten nicht, die doch vermutlich autorisiert waren, darüber zu sprechen. Man verhielt sich genauso, wie man sich in Washington mit Bezug auf Saudi-Arabien verhielt: Man schwieg.

Erst auf der Rückreise ereignete sich etwas, das uns verriet, dass es in Zentralasien irgendwelche Probleme gab. An dem Morgen, an dem wir uns bereit machten, von Alma-Ata aus nach London zurückzufliegen, gab der Pilot einen Flugplan bis nach Tiflis, der Hauptstadt von Georgien, bekannt. Damit hatten wir kein Problem – zuerst jedenfalls nicht. Man sagte uns, dass wir in Tiflis unsere Maschine neu betanken und uns einen Tag lang in der Stadt umsehen könnten, wenn wir das wollten. Doch sobald wir gelandet waren, wussten wir, dass etwas schief lief. Ein sein Gewehr schwingender Soldat tauchte an der Einstiegsluke der Gulfstream auf, brüllte uns an, sie wieder zu schließen und in der Maschine sitzen zu bleiben. Dreißig Minuten später erschien ein Mann in einem schmutzigen Overall. Er trug einen Eimer in der einen Hand und hielt einen Pinsel in der anderen. Dann fing er an, einen Kreis um die Gulfstream herum auf das Flugfeld zu malen. Sobald der Kreis geschlossen war, kam wieder der Grenzsoldat mit dem Sturmgewehr. »Sie können jetzt aussteigen, aber bleiben sie innerhalb des Kreises.«

Eine Stunde später befanden wir uns mit wieder aufgefüllten Tanks erneut auf unserem Weg nach London. Wir hatten auf die letzte Chance verzichten müssen, etwas über die Bedrohung der Region durch islamische Fundamentalisten herauszufinden. Ironischerweise führte uns unsere Route über das Pankisi-Tal in Georgien hinweg, das eine der Bastionen Osama bin Ladens war.

*

Bis zum Jahr 1998, als ich auf einige russische Dokumente stieß, die mit dem Krieg in Tschetschenien zu tun hatten, war mir nicht bewusst, wie Recht Boris gehabt hatte, als er damals sturzbetrunken an meine Hotelzimmertür klopfte. Tschetschenien erklärte schon im Jahr 1991 seine Unabhängigkeit, doch erst drei Jahre später, 1994, unternahm der russische Präsident Jelzin erste Schritte, um das auf Abwege geratene Kind wieder zur russischen Herde zurückzutreiben. Ich sah mir Filmaufnahmen von russischen Panzern und Artilleriegeschützen an, die Grosny in Schutt und Asche legten. Ich las alles über den Konflikt, was ich bekommen konnte, aber auch diesmal fehlte eine entscheidende Quelle: Die CIA hatte keinen einzigen Informanten in den Reihen der tschetschenischen Rebellen. Die Vertreter anderer Länder der Region, wie Georgien und Aserbeidschan, behaupteten, keine Ahnung zu haben, wer die Rebellen im Nachbarland bezahlte und ausrüstete. Der Konflikt schien sich in alle Ewigkeit fortzusetzen. Es musste Hunderte von Millionen US-Dollar kosten, ihn in Gang zu halten.

Nachdem ich die CIA verlassen hatte, entdeckte ich die Antwort, nach der ich suchte, in einem Bündel russischer Geheimdienstberichte, die auf überzeugende Weise eine direkte Verbindung zwischen Saudi-Arabien und den tschetschenischen

Rebellen herstellten. Dabei ging es nicht mehr nur darum, dass saudisches, angeblich für wohltätige Zwecke bestimmtes Geld auf wundersame Weise seinen Weg zu den Aufständischen gefunden hatte. In einem der Berichte war klipp und klar die Rede davon, wie am 22. Juni 1998 vierzig Tschetschenen unauffällig in ein geheimes Militärlager gebracht wurden, das 120 Kilometer südöstlich von Riad lag. Im Lauf der nächsten vier Monate wurden sie im Gebrauch von Sprengstoffen ausgebildet, im unbewaffneten Nahkampf und im Umgang mit Handfeuerwaffen. Eine Menge Zeit war ihrer Indoktrinierung, ihrer Einführung in den Wahhabitismus vorbehalten. Salman, der Gouverneur von Riad, ein Bruder König Fahds, war der »Sponsor« des Lagers.

Wenn dieser Bericht stimmte, dann irrten die Kritiker Saudi-Arabiens: Das Land beging nicht nur Unterlassungssünden, was die Extremisten und die von ihnen geführten *Dschihad*s betraf. Boris war also mit Recht so wütend gewesen: Die Saudis förderten den Terrorismus auf direktem Wege.

Aber warum?

# Teil III

## Es geht abwärts

# 10 – Eine harte Landung

Für US-amerikanische Waffenfabrikanten ist der Handel mit Saudi-Arabien ein geschäftlicher Teilbereich für sich, mit ganz eigenen Regeln. Wir kaufen Öl von Saudi-Arabien, raffinieren es und füllen es in die Tanks unserer Automobile, und ein geringer Prozentsatz von dem, was wir für dieses Öl bezahlen, landet am Ende bei Terroristen und wird von ihnen dazu benutzt, Anschläge gegen US-amerikanische Institutionen auf heimatlichem Territorium und in anderen Ländern zu finanzieren. Mit dem Geld, das sie durch den Verkauf des Öls verdient, erwirbt die königliche Familie in Amerika Waffen, um sich vor Angriffen von innen und außen zu schützen – vor allem vor solchen von innen. Wir verkaufen den Saudis diese Waffen in dem Wissen, dass ein bestimmter Betrag vom Kaufpreis dafür verwendet werden wird, die astronomisch hohen »Provisionen« zu begleichen, die der Hand voll Saudis zugeschustert werden, die das gesamte Waffengeschäft kontrollieren, und dass von diesem Betrag wiederum ein kleinerer Teilbetrag für in Saudi-Arabien ansässige Gruppen abgezweigt werden wird, die vorhaben, dem Westen Schaden zuzufügen, weil dieselben Gruppen sonst daheim – in den sonnigen Vororten Riads zum Beispiel – Schaden anrichten könnten.

Das hört sich alles ein bisschen verrückt an. Doch die Waffenkäufe tragen nicht nur dazu bei, die Al Saud vor den eigenen Untertanen zu schützen, sie bieten auch raffgierigen saudischen Prinzen die einfachste Möglichkeit, Geld aus der Staatskasse in die eigenen Taschen zu leiten. Die finanziellen Transaktionen von Saudi Aramco, der staatlichen Ölgesellschaft des Landes, werden immer noch von Amerikanern oder Europäern durchgeführt und sind zu transparent für irgendwelche Schwindeleien. Damit bleiben zwei Subsidiär-Industrien – der ganze Sektor der Rüstung und das Baugewerbe –, um den Versuch zu unternehmen, in die eigene Tasche zu wirtschaften, und die Familie Bakr bin Laden streicht den Löwenanteil an Schmiergeldern ein. Vom amerikanischen Standpunkt aus stellt der Verkauf von Rüstungsgütern an Saudi-Arabien auch den einfachsten Weg dar, um dafür zu sorgen, dass das für Öl ausgegebene Geld in Form von Einnahmen der Rüstungsindustrie in die USA zurückkehrt. Wenn das bedeutet, dass man sich in Amerika wegen des Gestanks, den die Korruption verströmt, die Nasen zuhalten muss, dann muss man das hinnehmen. Das ist eben Realpolitik.

Ein US-Gesetz – der Arms Export Control Act – verlangt, dass die beteiligten ausführenden Organe den Kongress über alle von der Regierung mit fremden Ländern ausgehandelten Rüstungsabkommen, deren Volumen die Summe von 14 Millionen US-Dollar überschreitet, informieren müssen. Zu den Schmankerln, deren Lieferung an Saudi-Arabien in den sechs Jahren seit 1994 genehmigt worden ist, gehören:

- 1500 Raytheon-AIM-9L-Raketen und 300 AIM-7M-Luft-Luft-Raketen in modernisierter Ausführung. (Der ehemalige CIA-Direktor John Deutsch sitzt im Aufsichtsrat von Raytheon.)
- 700 GBU-10 Paveway II lasergelenkte Bomben in modernisierter Ausführung.
- 130 90-Millimeter-Drehgeschütze zum Einbau in die Türme von leichten gepanzerten Fahrzeugen, 130 M240-Maschinengewehre und M2-Maschinengewehre vom Kaliber .50 sowie nahezu 170 000 Schuss 90-Millimeter-Munition.
- Wartung und taktische Unterstützung von AWACS-luftgestützten-Frühwarnsystemen, KE-3-Tankflugzeugen sowie HAWK- und Patriot-Flugabwehrsystemen.
- Raytheon-Hawk-Boden-Luft-Raketen in modernisierter Ausführung.
- 565 Lenkbomben-Einheiten für Rockwell-GBU-15-Flugkörper und so weiter und so fort.

Das sind aber nur die kleineren Posten auf der Rechnung. Seit Außenminister Henry Kissinger den Waffen-für-Öl-Mechanismus in den frühen 1970er-Jahren ins Rollen gebracht hat, haben die Saudis mehr als 100 Milliarden US-Dollar für Kriegsgerät US-amerikanischer Fabrikation, für dessen Nutzung erforderliche militärische Baumaßnahmen sowie für taktische Unterstützung ausgegeben; sie kauften alles Mögliche von AWACS-Systemen über Abrams-M-1-Panzer bis hin zu Kriegsschiffen und anderem mehr. Jahr für Jahr sind die Saudis weltweit der Konsument Nummer eins amerikanischer Rüstungsgüter und Waffensysteme gewesen.

Für jeden Deal gibt es eine Kommission, und für jede Kommission gibt es einen Angehörigen der königlichen saudischen Familie, der hinter den Kulissen wartet, um etwas einzustreichen. Doch es gibt noch andere Möglichkeiten, sich aus der Ladenkasse zu bedienen, als mit der Hand hineinzugreifen. Die Vorschriften, die die Verkäufe amerikanischer Waffen an die Saudis regeln, sehen vor, dass Geld aus dem saudischen Staatsschatz entnommen und in einen Treuhänderfonds eingezahlt wird, den das US-Verteidigungsministerium verwaltet. Zahlungen an einzelne Lieferanten werden dann aus diesem Fonds vorgenommen.

Das könnte alles großartig funktionieren, wenn die Saudis ihre Rechnungen rechtzeitig beglichen. Weil sie dies aber gewohnheitsmäßig *nicht* machen, wurde ein System eingeführt, das man *reverse collection* nennt: Auf ein Konto der Royal Saudi Air Force wird Geld eingezahlt und in der Theorie einfach auf ihm liegen gelassen wurde, bis es benötigt wird. (Stellen Sie sich einen Vater vor, der verfügt, dass seine Kinder ihr Taschengeld nur dann erhalten, wenn sie bestimmte strenge Kriterien erfüllen, dann aber doch ein Konto für sie einrichtet – weil er zu selten anwesend ist, um das Geld persönlich aushändigen zu können –, dem die Kinder etwas entnehmen können, wenn sie selbst befinden, dass es ihnen zusteht.)

Weil dieses System im Grunde dafür sorgt, dass alle Käufe von militärischem Gerät nicht durch die Bücher gehen, hat es sich als ein Geschenk Gottes erwiesen. Mit seiner Hilfe konnten die Saudis fortschrittliche Waffensysteme einschließlich des elektronischen Aufklärungsflugzeugs Rivet Joint erwerben, ohne dass der Kongress etwas davon erfuhr – womit die Gesetze, die den Verkauf von Rüstungsgütern an ausländische Staaten regeln, ganz klar unterlaufen wurden.

*Reverse Collection* hat aber auch in einzelnen Individuen Unternehmungsgeist geweckt. Als eine Schiffsladung neuer saudischer Uniformhosen ohne Gürtelschlaufen beim Besteller eintraf, gingen die Saudis einfach hin und hoben 2,1 Millionen US-Dollar ab, um den lokalen Verkäufer zu bezahlen. Ein Leutnant der saudischen Armee war über diese korrupte Geldverteilung so aufgebracht, dass er den 2,1 Millionen nachspürte: Eine Million davon gelangte tatsächlich bis zu dem Verkäufer. Die anderen 1,2 Millionen landeten ganz einfach in den Taschen von irgendjemandem. Der Amerikaner, der mir von diesem Zahlungssystem erzählte, arbeitete übrigens als Angestellter von BDM – als das Unternehmen zur wandlungsfähigen Carlyle Gruppe gehörte – für die Royal Saudi Air Force.

Prinz Bandar gab einmal gegenüber einem Interviewer des US-amerikanischen Medienunternehmens PBS die Schätzung ab, dass von den rund 400 Milliarden Dollar, die die Saudis seit den frühen 1970er-Jahren ausgegeben haben, um einen modernen Staat zu schaffen, vielleicht 50 Milliarden irgendwo versickert seien. (»Was soll's?«, lautete ein denkwürdiger Ausspruch Bandars in diesem Interview. »Wir haben die Korruption nicht erfunden.«)

Wenn man von diesem Zahlenverhältnis ausgeht, dann sind vielleicht 12,5 der 100 Milliarden US-Dollar, die für den Ankauf von US-amerikanischen Waffen ausgegeben worden sind, in Form von Schmiergeldern an die saudische königliche Familie zurückgeleitet worden – ungefähr 800 Millionen im Jahr: Auf beiden Seiten gibt es reichlich Gelegenheit, stinkreich zu werden.

★

Im Sommer 1992 billigte George H. W. Bush den Verkauf von bis zu zweiundsiebzig F-15-Kampfflugzeugen zu einem Gesamtpreis – inklusive Bewaffnung und *ground support* – von neun Milliarden US-Dollar an Saudi-Arabien. Die von McDonnell Douglas (das Unternehmen ist jetzt ein Teil von Boeing) entwickelten Vielzweck-Kampfflugzeuge können bei einem einzigen Einsatz Luft-Luft- und Luft-Boden-Raketen – darunter vom Typ Sidewinder und Sparrow – mit einem Gewicht von mehr als zwölf Tonnen sowie mehr als 160 Bomben mit sich führen. Obwohl sie im Jahr zuvor kaum einsatzbereit gewesen waren, hatten die F-15 im ersten Golfkrieg schon eine Rolle gespielt: Dieser Krieg bot eine hervorragende Gelegenheit, die Kampfflugzeuge potenziellen Käufern aus anderen arabischen Staaten vorzuführen. (Die Interessenten saßen dabei sozusagen in der vordersten Reihe.)

Anfang 1994, bevor man mit der Lieferung beginnen konnte, genehmigte die Regierung Clinton den Verkauf von bis zu fünfundzwanzig F-15 an die Israelis. (Die Flugzeuge der Saudis erhielten die Bezeichnung F-15S, die der Israelis F-15I, für den Fall, dass Sie das alles genau mitverfolgen wollen.) Für Boeing McDonnell Douglas war dies eine weitere Bemühung um die

Herstellung einer regionalen Ausgewogenheit derjenigen Kräfte, die ihre Fabriken am Laufen halten. Es ist aber so, dass die Israelis mehr Grund als die meisten anderen Saaten haben, sich über die massiven Verkäufe von hochentwickelten Waffen an eine Regierung Sorgen zu machen, die auf dem Pulverfass eines vom Wahhabitismus inspirierten islamischen Fundamentalismus sitzt. Wie die Geschichte immer und immer wieder gezeigt hat, haben Waffen, die man an instabile Staaten verkauft, im wahrsten Sinne des Wortes die Tendenz, nach hinten loszugehen und den Verkäufer zu treffen. (Das Gleiche könnte man natürlich auch mit Bezug auf die Ausbildung sagen, die die CIA den Taliban angedeihen ließ, als diese noch afghanische Freiheitskämpfer waren).

*

Merkwürdigerweise war es jedoch der Verkauf von Zivilmaschinen an die Saudis, der der Stabilität im Königreich den größten Schaden hätte zufügen können. Der Vertrag wurde am 26. Oktober 1995 im Weißen Haus unterschrieben, und zwar bei einer Unterzeichnungszeremonie, wie sie gewöhnlich im *Oval Office* stattfindet, wenn ein bedeutenderes Gesetz für rechtsgültig erklärt oder ein militärisches oder diplomatisches Abkommen besiegelt wird. Präsident Clinton schaute gemeinsam mit dem Vorstandsvorsitzenden von Boeing und dem Präsidenten von McDonnell Douglas zu, als Prinz Sultan – der Vater Prinz Bandars und zweiter stellvertretender Premierminister der Saudis sowie Minister für Verteidigung und Luftfahrt – mit seiner Unterschrift bestätigte, dass Saudia Airlines (deren Vorstand Sultan vorsteht) einundsechzig von Boeing McDonnell Douglas hergestellte Düsenverkehrsflugzeuge kaufen werde.

Diese zivile Luftflotte bestand aus 23 Langstreckenflugzeugen vom Typ 777-200, fünf 747-400-Passagierflugzeugen, vier MD-11F-Frachtflugzeugen und 29 MD-90. Außerdem bestellten die Saudis noch Turbinen der Firma General Electric and International Aero Engines, einem Joint-Venture-Unternehmen von Pratt & Whitney und Rolls-Royce PLC. Bei einer Gesamtsumme von mehr als sieben Milliarden US-Dollar war dies die größte Bestellung von Verkehrsflugzeugen, die jemals von einer Fluggesellschaft des Nahen Ostens aufgegeben worden war.

Um den Vertragsabschluss zu feiern, gab Verteidigungsminister William Perry eine offizielle Party für Prinz Sultan im Blair House, dem Gästehaus der Regierung, das nur ein paar Schritte vom Weißen Haus, in 1600 Pennsylvania Avenue, entfernt ist.

Für Bill Clinton war dieser von den Saudis unterzeichnete Kaufvertrag ein unverhoffter politischer Glücksfall, wie man sich kaum einen besseren vorzustellen vermochte. Und er hatte eine enorme Breitenwirkung: Die Flugzeuge würden im Hauptwerk von Boeing im Bundesstaat Washington und bei McDonnell Douglas in Kalifornien gebaut werden. Die General-Electric-Turbinen sollten in Ohio hergestellt werden, die Pratt & Whitney-Turbinen in Connecticut. Auch Missouri, Kansas, Arkansas und Utah würden Stücke von dem Kuchen abbekommen. Nicht uninteressant ist in diesem Zusammenhang vielleicht die Tatsache, dass die Staaten, die vom dem Deal profitierten, im Jahr 1996 insgesamt 116 Wahlstimmen von zusammen 538 hatten. In einer Pressemitteilung des Weißen Hauses, die die Unterzeichnungszeremonie begleitete, wurde ausgerechnet, dass die Bestellung der Saudis einhunderttausend Amerikaner mit Arbeit versorgte – genau richtig zu dem Zeitpunkt, als die US-Wirtschaft nach dem ökonomischen Kollaps in den letzten Jahren der Regierung Bush senior gerade wieder auf die Füße zu kommen begann.

Clinton, der sich sozusagen in einem permanenten Wahlkampf befand, hatte hart um das Zustandekommen dieses Abkommens gekämpft. Im Februar 1993 schickte er Außenminister Warren Christopher nach Saudi-Arabien, damit er Druck auf König Fahd ausübte, seine Flugzeuge bei Boeing zu kaufen. Handelsminister Ron Brown folgte im Mai und verbrachte zwei Stunden mit den Versuch, den König entsprechend zu beeinflussen. Clinton selbst wurde im Juli aktiv, als er Prinz Bandar bat, zu einem Tête-à-tête im Weißen Haus vorbeizuschauen. Einen Monat später kehrte Bandar aus Riad mit der Nachricht zurück, dass der König geneigt sei, alle Maschinen bei Boeing in Auftrag zu geben, anstatt die Bestellung zu splitten, wie man es vorher in Betracht gezogen hatte (ursprünglich wollten die Saudis auch in Frankreich Maschinen des europäischen Airbusses ordern). Am 28. Oktober 1994 traf Clinton in King Khalid Miliary City, nahe der Grenze zwischen Saudi-Arabien, Kuweit und dem Irak, mit König Fahd zusammen, um den Saudis den letzten Anstoß zu geben, das Abkommen zu besiegeln.

Clinton war nicht das einzige Staatsoberhaupt, das Interesse daran hatte, diesen Vertrag an Land zu ziehen. Anfang der 1990er-Jahre befand sich der Weltmarkt für Zivilflugzeuge im Niedergang. Arbeitsplätze und Wählerstimmen standen auf dem Spiel, ganze Industriebereiche waren gefährdet. Von wem die Saudis ihre Maschinen kaufen würden, wie viele sie kaufen würden und was sie dafür bezahlen würden, war eine Frage von internationaler Bedeutung geworden – ausschlaggebend für das politische Überleben der nächsten Wahl und ein Gegenstand internationaler Intrigen.

Um nicht von Christopher, Brown und Clinton ausgestochen zu werden, flog der französische Präsident François Mitterrand nach Saudi-Arabien, um mit Fahd und der königlichen Familie zusammenzutreffen und alle Argumente vorzutragen, die für den Kauf von Airbus-Maschinen sprachen. John Major, der damalige britische Premierminister, der bald zu Carlyles Mann im Nahen Osten werden würde, sprang ebenfalls auf den Zug nach Riad auf, um sich für den Konzernpartner von Airbus, British Aerospace, einzusetzen. Hinter den Kulissen wurden sowohl die CIA als auch die National Security Agency damit beauftragt, etwas über möglicherweise von Frankreich in Aussicht gestellte »Schmiergelder und großzügige finanzielle Bedingungen« in Erfahrung zu bringen, wie in einem Artikel der *Washington Post* gemeldet wurde. Zweifellos ließen die Franzosen und die Briten ihre eigenen staatlichen Spürhunde von der Leine und setzten sie auf die USA an. Dieses Spiel fand auf einer globalen Bühne statt, und es ging um sehr viel dabei.

Doch die wirkliche Grundlagenarbeit wurde unter der Oberfläche und weit weg von irgendwelchen Regierungsbüros geleistet. Bei jedem geschäftlichen Abkommen mit den Saudis kommen Gewinnbeteiligungen, Kommissionszahlungen, Diebstähle, Bestechungs- und Schmiergelder ins Spiel. Nennen Sie es, wie Sie wollen – das ist eben der Preis, den wir Amerikaner dafür zahlen, dass wir mit den Menschen Geschäfte machen, die sich selbst zu unseren besten Freunden in der ganzen arabischen Welt ernannt haben. Im Allgemeinen bleiben die Einzelheiten jedoch undurchsichtig, in komplizierten Transaktionen verborgen, vom orientalischen Äquivalent der Omertà, des mafiosen Schweigegebots, geschützt. Nicht so im Fall des Boeing-Deals. Aufgrund eines sich lange hinziehenden juristischen Prozesses, mit dem sich der höchste Gerichtshof von Washington State beschäftigen musste, haben wir ein recht klares Bild davon, was nötig ist, um eine größere Bestellung der Saudis an Land zu ziehen und bis zu welcher Höhe einer von Amerikas führenden Konzernen die Röcke zu lüften bereit war, um sich einen fetten Anteil an den Geschäften mit Saudi-Arabien zu sichern.

Das Verfahren Tahir Bawasir gegen die Boeing Company und Scheich Khalid bin Mahfus wurde am 16. Juni 1998 offiziell registriert, seine Wurzeln reichen aber bis zum Anfang des Jahrzehnts zurück. Sobald deutlich wurde, dass Saudia Airlines daran dachte, seine allmählich veraltende Flugzeugflotte zu modernisieren, wurde Boeing aktiv. Die Geschäfte waren flau, Entlassungen schienen unabwendbar zu sein. Die hohe Inflationsrate und die wirtschaftliche Rezession bewogen die Kunden in den USA wie anderswo dazu, ihre Bedürfnisse noch einmal zu überdenken und in einigen Fällen schon abgegebene Bestellungen zu stornieren oder auf eine Lieferung zu einem späteren Zeitpunkt zu dringen. Und was genauso schlimm war: Boeing war gerade dabei, den Startschuss für die Fabrikation ihrer neuen Flugzeuge vom Typ 777 mit breitem Rumpf zu geben, ohne dass es genügend Kunden gegeben hätte, die das Geld dafür aufbringen konnten.

Alle Käufe von Flugzeugen durch die Saudis – ob es sich um Militär- oder um Zivilflugzeuge handelt – müssen von der königlichen Familie genehmigt werden, und die leitenden Angestellten von Boeing wussten schon aus vergangenen Erfahrungen, dass sie einen Mittelsmann benötigten, der den Kontakt zum König und seinem Gefolge einschließlich Prinz Sultan herstellte. Die Suche nach einem Berater, der über Einfluss bei den richtigen Stellen verfügte, führte den Flugzeughersteller zu Khalid bin Mahfus. Mahfus war damals stellvertretender Generalmanager und oberster *operating officer* der National Commercial Bank (NCB), eines der größten Finanzinstitute Saudi-Arabiens (die Famile Mahfus hielt die Mehrheit der Aktien der NCB). Khalid bin Mahfus genoss in Saudi-Arabien den Ruf, der »Bankier des Königs« zu sein, was eine Eintrittskarte von unschätzbarem Wert war.

Mahfus traf sich wegen des Geschäfts mit Saudi-Arabien im Jahr 1991 mit leitenden Angestellten von Boeing. Um den Amerikanern die Angst zu nehmen, dass seine weltweiten Holdings ihn von der für sie zu erledigenden Arbeit ablenken könnten, willigte Mahfus ein, eine Partnerschaft mit jemandem einzugehen, der die alltägliche Arbeit überwachen könnte, die die Beratertätigkeit erforderlich machte. Dieser jemand sollte Tahir Bawasir sein, ein in Saudi-Arabien ansässiger Jemenit. Der Mahfus-Clan unterhielt schon seit mehreren Jahrzehnten vielfältige geschäftliche Verbindungen zu der Familie Bawasir.

Im März 1992 erklärte Boeing sich mit dem Team Mahfus-Bawasir einverstanden und unterzeichnete den ersten einer Reihe jeweils auf ein Jahr befristeter Beraterverträge. Die Entlohnung für diese Tätigkeit sollte auf Gewinnbeteiligungsbasis erfolgen: Die Berater würden eine Art Provision erhalten, deren Höhe sich nach dem Preis des Flugzeugs bei Lieferung errechnete – mindestens fünf Prozent vom Verkaufspreis, wie Gerichtsunterlagen vermuten lassen, wahrscheinlich jedoch zehn bis zwölf Prozent davon, was der bei solchen Deals mit den Saudis übliche Satz ist.

Nicht lange nachdem dieser Vertrag unterzeichnet worden war, bekam Khalid bin Mahfus Schwierigkeiten – und dabei lassen wir mal seine Verbindungen zu Wohltätigkeitsorganisationen beiseite, deren Gelder womöglich bei Osama bin Ladens Al Kaida und anderen terroristischen Vereinigungen gelandet sein könnten. Zu Mahfus' Holdings gehörte auch eine größere Beteiligung an der Bank of Credit and Commerce International, die bald als BCCI berüchtigt sein sollte.

Im Juli 1991 erhob eine New Yorker *grand jury* Anklage wegen Betrugs gegen die Bank, vier ihrer Tochtergesellschaften und zwei ihrer leitenden Angestellten. Eine damit in Zusammenhang stehende Anklage wurde ein Jahr später auch gegen Mahfus persönlich erlassen und ein Haftbefehl ausgestellt. Beinahe gleichzeitig strengte das US-Federal Rerserve Board eine Zivilklage wegen Verstoßes gegen staatliche Bankgesetze gegen ihn an. Am 8. Juli 1992 erließ der Bezirksrichter Kimba Wood eine Verfügung gegen den Scheich, mit der ihm untersagt wurde, »innerhalb des Gebiets, das der US-amerikanischen Rechtsprechung unterstellt ist, [...] Vermögenswerte in Form von Geld oder anderes Eigentum, das er besitzt oder kontrolliert, zu entnehmen, zu transferieren, abzuheben, auszugeben oder abzustoßen«. Zu den Personen und Unternehmen, die von dieser Verfügung in Kenntnis gesetzt wurden, gehörte auch Boeing; außerdem wurde der Firma mitgeteilt, dass man alle Einnahmen, die sich aus dem Beratervertrag mit Khalid bin Mahfus ergeben würden, beschlagnahmen würde.

Unbeeindruckt von der Tatsache, dass ihr führender Berater in Sachen Saudi-Arabien unter Anklage stand und die USA nicht besuchen konnte, weil er sonst fürchten musste, festgenommen zu werden, dass er seine Vermögenswerte weder außer Landes bringen noch innerhalb der USA transferieren durfte und dass er zutiefst in einen weltweiten Finanzskandal verwickelt war, erneuerte Boeing im Mai 1993 den Beratervertrag und tat dies dann nach Ablauf von jeweils einem Jahr noch insgesamt viermal. Boeing wusste offenbar genau, warum man gerade Mahfus angeheuert hatte.

Im Dezember 1993 legte Mahfus rund 225 Millionen US-Dollar auf den Tisch, um Forderungen, die in Amerika an ihn gestellt wurden, zu begleichen, und weitere 245 Millionen US-Dollar, um ähnliche Probleme in Europa aus der Welt zu schaffen. In beiden Fällen wurde nicht von ihm verlangt, irgendwelche Verfehlungen einzugestehen. Doch zu diesem Zeitpunkt gab es schon andere Dinge, um die er sich sorgen musste. Dem von Bawasir angestrengten Verfahren zufolge übte ein hochrangiges Mitglied der saudischen Königsfamilie im Frühjahr 1993 Druck auf Mahfus aus, sich aus seiner Beratertätigkeit für Boeing zurückzuziehen, damit ein anderes Mitglied der königlichen Familie seinen Platz einnehmen – und kassieren – konnte, wenn der Deal durchgezogen sein würde. Bawasir behauptete, dass *er*, nicht Mahfus die Strategie ersonnen habe, mit der man sich den königlichen Eindringling vom Leib zu halten vermochte; *er*, nicht Mahfus habe die ganze Arbeit erledigt, und *er*, nicht Mahfus habe die Verhandlungen zwischen den Saudis und Boeing am Leben erhalten.

Das alles glaubt man Bawasir gern. Khalid bin Mahfus muss mit seinen eigenen Holdings schon genug beschäftigt gewesen sein, sogar ohne den BCCI-Mühlstein an seinem Hals, und saudische Royals sind berühmt oder berüchtigt dafür, sich in die Geschäfte von normalen Bürgern einzumischen, wenn diese fette Beute abzuwerfen versprechen.

Ob nun Mahfus Tahir Bawasir tatsächlich um seinen gerechten Anteil betrogen hat, nachdem der Vertrag mit Boeing zustande gekommen war – so lautete jedenfalls die Anklage, auf der das von Bawasir gegen Mahfus betriebene Verfahren gründete –, ist unklar. Der Oberste Gerichtshof von Washington lehnte es ab, in diesem Fall eine Entscheidung zu fällen, und zwar mit der Begründung, dass Washington nicht die Rechtshoheit besitze, was dies betreffe. Aus den Gerichtsunterlagen geht hervor, dass Boeing zu dem Zeitpunkt, als die Angelegenheit vor Gericht kam, Mahfus schon mehr als 15 Millionen US-Dollar überwiesen hatte – seinen Anteil an der Anzahlung, mit der die Saudis den Vertragsabschluss besiegelten. Was beinahe sicher zu sein scheint, ist, dass danach noch viel mehr Geld in Mahfus' Taschen floss. Ich habe die Summe von 700 Millionen US-Dollar nennen hören, doch Gerüchten zufolge, die sowohl in Amerika als auch in Saudi-Arabien in Umlauf waren, sollen Mahfus und seine Verbündeten die Kleinigkeit von einer Milliarde US-Dollar eingesackt haben.

Boeing war in jedem Fall glücklich und zufrieden mit den von ihm geleisteten Diensten. Khalid bin Mahfus flog am 24. Mai 1994 nach Seattle – mittlerweile konnte er wieder legal in die USA einreisen – und landete auf dem *Boeing Field*, wo er von CEO Frank Shrontz und anderen willkommen geheißen wurde. Es folgte eine Besichtigungstour durch die Fertigungshallen für die 777, und auch die Politiker waren glücklich und zufrieden. Tom Foley, damals Kongressabgeordneter und Sprecher des Hauses, feierte den Verkauf der Boeings als »einen großen Tag für das Land«. Clinton pries erneut die große Zahl von Arbeitsplätzen, die der Geschäftsabschluss mit den Saudis erhalten würde. Es gab nur ein winziges Problem, was den ganzen Deal betraf: Die Saudis konnten ihn sich nicht leisten.

Am 13. November 1995 – achtzehn Tage, nachdem der Vertrag zwischen Boeing und Saudia Airlines im Weißen Haus unterzeichnet worden war – explodierte vor einer US-amerikanischen Ausbildungsstätte in Riad eine Autobombe: Sieben Menschen, darunter fünf Amerikaner, wurden getötet und zweiundvierzig weitere verletzt. Die Explosion – eigentlich handelte es sich um zwei in einem Abstand von fünf Minuten aufeinander folgende Detonationen – zerstörte die Front eines Gebäudes, in dem fast vierhundert Amerikaner die saudische Nationalgarde in der Verwendung von Waffen ausgebildet hatte, die bei US-amerikanischen Herstellern eingekauft worden waren. Eine Gruppe, die sich Islamische Bewegung für Wandel nannte, übernahm die Verantwortung für den Anschlag.

In der Zeit danach verhafteten die Saudis Dutzende von Verdächtigen. Am 31. Mai 1996 wurden vier von ihnen hingerichtet, obwohl bis zum Schluss ein gewisser Zweifel an ihrer Schuld nicht ausgeräumt werden konnte. Amnesty International beschuldigte Saudi-Arabien, das Attentat zum Vorwand genommen zu haben, sich politischer Oppositioneller zu entledigen. Das FBI hatte noch mit den vier Verurteilten sprechen wollen, bevor sie hingerichtet wurden, doch die saudischen Behörden lehnten dies ab. Ohne eine gründliche, vorurteilslose Untersuchung des Vorfalls konnte niemand sicher sein, dass nicht Osama bin Laden hinter dem Anschlag steckte.

Die Wahrscheinlichkeit, dass das Bombenattentat etwas mit dem Boeing-Vertrag zu tun hat, ist so gut wie null, doch die zeitliche Nähe und die Abfolge beider Ereignisse blieb nicht unbemerkt. Osama bin Laden ist durchaus schon von solchen Verträgen zu Aktionen motiviert worden. Er bezichtigte die königliche Familie, die Lauterkeit des Islam und Saudi-Arabiens als Ort seiner beiden heiligsten Stätten um des schnöden Profits willen geopfert zu haben. Und falls Bin Laden sich nicht hinter diesem Attentat verborgen haben sollte, so zollte er ihm doch mit Sicherheit Beifall.

Saudi-Arabien ist der fortschrittlichste Wohlfahrtsstaat der Welt, eine Art antimarxistisches Arbeiterparadies ohne einheimische Werktätige. Die Saudis erhalten freie medizinische Versorgung und können sich zinslose Darlehen für die Schaffung von Eigenheimen oder die Gründung von Geschäften geben lassen. Die Ausbildung an Colleges ist innerhalb des Königreichs kostenlos, und diejenigen, die ins Ausland gehen, um dort zu studieren, erhalten großzügige Beihilfen. In einem der trockensten Länder der Welt kostet das Wasser so gut wie gar nichts. Für Strom, Flugreisen innerhalb des Landes, Benzin und Telefoneinrichtungen muss man weit weniger bezahlen, als der jeweilige Unkostenpreis beträgt. In Anbetracht der Tatsache, dass sie Bürger eines Landes sind, das im Grunde der Dritten Welt angehört, reisen die Saudis erster Klasse – sie sind so verwöhnt, das es vielen von den klügsten, am besten ausgebildeten Einwohnern des Landes, die von der Theorie her in idealer Weise für die Arbeitswelt gerüstet sind, widerstrebt, überhaupt einer Beschäftigung nachzugehen.

Ungefähr ein Viertel der Einwohnerschaft und mehr als ein Drittel der Bürger im Alter zwischen fünfzehn und vierundsechzig sind ausländische Staatsangehörige, die ins Königreich hereingelassen werden, um die schmutzigen Arbeiten auf den Ölfeldern zu verrichten und als Hausangestellte zu schuften, aber auch um Computer zu programmieren und die Raffinerien zu leiten. Sieben von zehn Arbeitsstellen – im privaten Sektor wahrscheinlich sogar neun von zehn – werden von Ausländern okkupiert, und zwar aus dem einfachen Grund, dass Saudis sich weigern, diese Aufgaben zu übernehmen.

Was die männliche Bevölkerung betrifft, so ist die Rate derer, die lesen und schreiben können, bewundernswert hoch – vor allem für ein Land, das noch vor drei Generationen vorwiegend von Nomadenstämmen besiedelt war. Ungefähr fünfundachtzig Prozent aller männlichen Saudis, die fünfzehn und älter sind, können lesen und schreiben, während weniger als siebzig Prozent aller weiblichen Angehörigen derselben Altersgruppe dazu in der Lage sind. Weil aber ein so großer Sektor des saudischen Erziehungssystems den wahhabitischen Fundamentalisten anvertraut wurde, sind dessen Zöglinge im Allgemeinen schlecht dafür gerüstet, erfolgreich im technologischen Zeitalter und im globalen Wirtschaftssystem zu bestehen. Zwei von drei Doktortiteln, die Saudis in ihrem eigenen Land erwerben, werden im Fach Islamische Studien vergeben. Doktortitel in Computerwissenschaften, Ingenieurwissenschaften und anderen weltlichen Fächern sind so selten wie Zähne in einem Hühnerschnabel.

Das ist das erste Problem. Jüngere Saudis werden dazu ausgebildet, an der Gestaltung einer Welt mitzuwirken, die nur Realität werden wird, wenn es den wahhabitischen Gotteskriegern und den mit ihnen verbündeten Moslemischen Brüdern gelingt, die Uhr um ein paar Jahrhunderte zurückzudrehen. In einer zunehmend liberaler, »offener« werdenden Welt sieht die große Masse der Saudis die Ereignisse durch eine zunehmend enger werdende Optik. Nachrichten aus dem Westen können nur in zensierter Form empfangen werden – oft werden sie auch einfach unterdrückt. Die Saudis leisteten Pionierarbeit auf dem Gebiet von Internet-Filtern und -Blockadesystemen. Die meisten Saudis müssen sich darauf beschränken, lokale Zeitungen zu lesen oder Fernsehsender wie Al Dschazira zu empfangen, den Osama bin Laden dazu auserwählt hat, seine Communiqués zu verbreiten.

Das zweite Problem kommt in vielen Entwicklungsländern vor. Es ist demografischer Natur: Saudi-Arabien hat möglicherweise die höchste Geburtenrate außerhalb Afrikas. Im Jahr 2002 entfielen auf je 1000 Einwohner ungefähr 37,25 Geburten, womit die Rate ziemlich genau doppelt so hoch war wie im Land des Erzfeindes Israel. Beinahe einer von zehn Israelis ist fünfundsechzig oder älter; 97 Prozent aller Saudis sind vierundsechzig oder jünger, und die Hälfte der Bevölkerung ist noch keine achtzehn. Wenn man einmal die Folgerungen für die regionale Sicherheit, die sich aus diesen Zahlen ableiten lassen, beiseite lässt (und was die Israelis betrifft, so sind diese beträchtlich, da die für Saudi-Arabien geltenden Zahlen auch für Palästina und andere Regionen gelten), dann übt allein die Menge der erwerbsfähigen – oder kurz vor der Erwerbsfähigkeit stehenden – Menschen enormen Druck auf eine Wirtschaft aus, die a) nicht länger fähig ist, diejenigen, die arbeiten wollen, aufzunehmen, oder b) denjenigen den Lebensunterhalt zu bieten, die sich eher einem intensiven Studium des Koran verschreiben möchten.

In der Regel ist es die Mittelklasse, die eine Gesellschaft stabilisiert. Die saudische Mittelklasse befindet sich aber genau in dem Augenblick in Auflösung, in dem sie eigentlich Form und Festigkeit annehmen sollte.

»Etwas Unerwartetes hat sich ereignet«, sagte ein ehemaliger Diplomat aus dem Westen, der in Riad stationiert gewesen war, dem *Time Magazine*: »Statt in einer wunderbaren Idealwelt zu leben, in der junge Menschen beruhigt ihren akademischen Studien nachgehen können, um alles über den Islam zu erfahren, sah man sich plötzlich mit einer Welt konfrontiert, in der Tausende von Menschen mit einem Abschluss in Theologie herumliefen, ohne eine geeignete Stelle zu finden.«

Das bringt uns zu Problem Nummer drei. Der fortschrittlichste Wohlfahrtsstaat der Welt gründet seinen Reichtum auf jene Ölpreise, die Mitte und Ende der 1970er-Jahre sowie Anfang der darauf folgenden 1980er-Jahre erzielt werden konnten – als das Sozialsystem eingeführt wurde –, nicht aber auf den Ölpreisen, die seit Mitte der 1980er-Jahre und danach vorwiegend gegolten haben.

Im Jahr 1981, als das gesamte Königreich praktisch »stempeln gehen« musste, wurde Rohöl zu beinahe 40 US-Dollar pro Barrel verkauft und das Pro-Kopf-Einkommen lag bei 26 000 US-Dollar. Ein Jahrzehnt später, kurz bevor die Iraker Kuweit besetzten, sank der Preis auf ungefähr 15 US-Dollar pro Barrel. Der Golfkrieg ließ die Preise wieder steil ansteigen, auf ungefähr 33 US-Dollar pro Barrel, doch im Jahr 1994, als Bill Clinton sich auf die Aufträge stützte, die man in Riad der Firma Boeing erteilen würde, kostete das Barrel Rohöl nur noch 12,50 Dollar. Im Jahr 2001 zahlte man für ein Barrel dann etwas mehr als 20 US-Dollar, und das Pro-Kopf-Einkommen der Saudis war auf 10 600 Dollar jährlich gesunken. Gleichzeitig steuerte aber der Babyboom auf seinen Höhepunkt zu – ein Zusammentreffen von Ereignissen, das sich katastrophal auf die soziale Harmonie im Land auswirken musste.

Rund 85 Prozent der staatlichen Einnahmen Saudi-Arabiens kommen aus dem Ölgeschäft, eine Senkung des Ölpreises um einen US-Dollar bedeutet, dass rund drei Milliarden Dollar weniger in die Staatskasse fließen. Es fällt nicht schwer, von diesem Punkt aus weiterzurechnen: In den frühen 1980er-Jahren konnte das Königreich voller Stolz eine Geldreserve in der Größenordnung von etwa 120 Milliarden US-Dollar vorweisen. Im Jahr 1994 war diese Reserve auf ungefähr 15 Milliarden geschrumpft (Anfang des Jahres 2003 wurde ihre Höhe auf rund 21 Milliarden US-Dollar geschätzt.) Ein Jahr zuvor hatte Saudi-Arabien sich einen Kredit in Höhe von 4,5 Milliarden Dollar von J.P. Morgan gesichert, der unter anderem dazu dienen sollte, einen Teil der 55 bis 60 Milliarden Dollar zurückzuzahlen, mit denen das Land an den Kosten für die Operation *Desert Storm* beteiligt ist. Während Clinton Überstunden einlegte, um die Saudis dazu zu bringen, den Vertrag über den Ankauf der Boeing-Maschinen abzuschließen, waren die Saudis mit ihren Zahlungen an Boeing McDonnell Douglas und andere Firmen für Militärflugzeuge und Ausrüstungsgegenstände im Verzug.

Für Clinton – wie für so gut wie jeden anderen US-amerikanischen Politiker, der darauf angewiesen war, dass der saudische Honigtopf bis zum Rand gefüllt blieb – schien auf der Hand zu liegen, zu welcher Maßnahme Riad greifen musste. PMO = Pumpt Mehr Öl, lautete die Devise, die man ausgab. Die Export-Import-Bank erklärte sich bereit, Kredite zu niedrigen Zinssätzen in Höhe von mehr als sechs Milliarden US-Dollar zu garantieren. (Die Export-Import-Bank scheint manchmal nur zu dem Zweck zu existieren, Überbrückungskredite für Öl produzierende Länder bereitzustellen, sodass US-amerikanische Konzerne rechtzeitig das ihnen zustehende Geld erhalten.) Doch »Peter auszurauben, um Paul bezahlen zu können« war nicht so einfach, wie es schien, weil man noch mit einer anderen »Bevölkerungsexplosion« fertig werden musste: innerhalb des Hauses Saud. Auch die Mitgliederzahl der Königsfamilie stieg nämlich sprunghaft an – ein saudischer Prinz hat normalerweise mehrere Frauen und zeugt in seinem Leben fröhlich-unbekümmert vierzig bis siebzig Kinder. Gleichzeitig schrumpften die Ressourcen, mit denen man die immer größer werdende Sippe unterhielt, immer mehr. Junge Royals drängten nach und rieben sich an einer Führungsspitze, deren Mitglieder sich schon in den hohen Siebzigern und den Achtzigern befand. Der schwer kranke König Fahd wurde im

Jahr 2002 neunundsiebzig, Kronprinz Abdallah ist ein Jahr jünger. Viele weitere Mitglieder des Hofs sind ebenfalls über siebzig.

Während ihre Urgroßväter noch gelernt hatten, sich in der Wüste zu behaupten, waren die Prinzen, Prinzchen und Prinzlein sowie andere Royals der jüngeren Generationen mit Kamelhaarmänteln weitaus vertrauter als mit Kamelen – und vorwiegend damit beschäftigt, sich zu zerstreuen. Oder sie gingen semikriminellen Aktivitäten nach, indem sie zum Beispiel ehrbare Ladeninhaber bedrohten und darauf hofften, dass irgendwann die ganz große Gelegenheit für sie kommen würde. In einer immer intensiver werdenden Fin-de-siècle-Stimmung gefangen, grapschten die älteren Royals nach allem, was sie von einem ständig kleiner werdenden Kuchen noch zu fassen bekommen konnten. Auf diese Weise entstand das Bild einer königlichen Familie, die ganz und gar dem Glücksspiel verfallen war, sich dem Alkohol hingab, mit Prostituierten vergnügte, eine Party nach der anderen feierte und, wo sie nur konnte, dem Geld hinterher jagte, um ihren Lastern frönen zu können.

Währenddessen multiplizierte sich da draußen vor dem Palast die Menge der jüngeren und nicht so ranghohen Royals ständig weiter, und die potenziellen Nachfolger im Unruhestand starrten wie ein riesiger islamischer Raubvogel hungrig in die Fenster hinein. Das Haus Saud zählt inzwischen bereits 30 000 Mitglieder, und einfache Berechnungen lassen vermuten, dass diese Zahl in zwanzig bis dreißig Jahren doppelt so hoch sein wird, vielleicht auch höher. Wie hoch aber müsste der Preis für ein Barrel Öl im Jahr 2015 sein, damit sichergestellt wäre, dass die Royals auch nur die primitivsten Privilegien weiter genießen könnten, an deren Genuss sie sich gewöhnt haben? Wenn die königliche Familie erst einmal sechzig- oder handerttausend Köpfe zählte – wäre dann in einer Maschine der Saudia Airlines noch Platz für einen ganz normalen Bürger? Reformer in den Kreisen der Royals sprechen davon, dass man ihre Vergünstigungen beschneiden sollte. Aber dieser Vorschlag lässt sich den anderen Familienmitgliedern nur schlecht verkaufen.

*

Ein anderes Land, das sich wie die Saudis einerseits mit schrumpfenden Staatseinkünften und gewaltigen Verbindlichkeiten konfrontiert sähe, aber andererseits eine so sichere und wertvolle Reserve wie die größten bekannten Ölreserven des Planeten besäße, würde sich an die Weltbank wenden und um ein Darlehen ersuchen, mit dem man die schlechten Zeiten so lange überbrücken kann, bis der Ölpreis wieder ansteigt oder die Bilanzen auf andere Weise ausgeglichen werden können (niemand redet im Fall Saudi-Arabiens von einem unmittelbar bevorstehenden Bankrott). Doch die Weltbank verlangt ein Mindestmaß an Transparenz, was die Geschäfte betrifft, in die sie einsteigt. Saudi-Arabien würde also seine Bücher prüfen lassen müssen, und damit riskierte man, dass der eigenen Bevölkerung enthüllt würde, wie viele Milliarden US-Dollar an Staatseinkünften vom Haus Saud in die eigenen Taschen abgezweigt wurden und werden.

Wie sollte man zum Beispiel, die 7,2 Milliarden Dollar für die Boeing-Verkehrsflugzeuge und das ganze Zubehör erklären?

Buchführung ist auf der ganzen Welt zu einer kreativen Kunst geworden, doch irgendjemandem müsste wohl zwangsläufig auffallen, dass zumindest zehn Prozent des Kaufpreises, auf den sich die Saudis mit Boeing geeinigt hatten, für Provisionen draufgingen. Wenn man auch nur den Anfang des Weges verfolgte, den das Geld genommen hat, würde bald offenbar werden, wohin es am Ende geflossen ist: aus der Staatskasse auf die Konten von Khalid bin Mahfus und anderen sowie von dort wohl teilweise auch zurück zu den Royals.

Offiziell verschlingen die Ausgaben für das Militär 13 Prozent des Bruttoinlandsprodukts Saudi-Arabiens. In Israel – einem Land, das sich in ständigem Kriegszustand befindet, bis an die Zähne bewaffnet und von Feinden umgeben ist – beanspruchen die Ausgaben für das Militär nur neun Prozent des Bruttoinlandsprodukts. Es ergibt sich also zwangsläufig die Frage, warum die Saudis so viel mehr von ihrem Bruttoinlandsprodukt für die Landesverteidigung ausgeben als die Israelis – noch dazu, wo die USA doch die Saudis vor ihren äußeren Feinden schützen. Jahrzehntelang haben die saudischen Royals und ihre Untertanen sich an die Devise »Frag nichts, erzähl nichts« gehalten; beides ist aber viel einfacher, wenn die Geldvorräte unerschöpflich zu sein scheinen.

Eine zweite Methode, das Problem anzugehen, bestünde in der alten Erkenntnis, dass man manchmal den Gürtel enger schnallen und sich für Gewehre *oder* Butter entscheiden muss. Aber wenn man sich für die Gewehre entscheidet, also die Versorgung mit Butter einschränkt, dann verstößt man gegen den Sozialvertrag, der es den Al Saud gestattet hat, an der Regierung zu bleiben, obwohl die Herrscherfamilie von den theokratischen Prinzipien der Wahhabiten abgewichen ist. Deshalb wird der Wohlfahrtsstaat am Leben erhalten – koste es, was es wolle. Deshalb werden die Koranschulen weiter unterhalten. Deshalb gibt es heute überall im Königreich erstklassige Krankenhäuser, die eine hervorragende kostenlose Versorgung leisten könnten – wenn nur die Mittel da wären, um für das nötige Personal zu sorgen und die Krankenhäuser dann auch zu eröffnen.

Reduziert man dagegen die Zahl der Gewehre, so riskiert man den Zorn der amerikanischen Beschützer ebenso wie den der Briten, die ebenfalls zu den bedeutenden Waffenlieferanten zählen. Und das würde das ganze Geflecht privater und öffentlicher Interessen zerstören, das man im Westen über einen so langen Zeitraum hinweg mit großer Mühe ausgebaut und am Leben erhalten hat. Außerdem würde man noch einige der mächtigsten Mitglieder des eigenen herrschenden Clans vor den Kopf stoßen, die auf die Einnahmen aus Waffengeschäften und ihrer begleitenden Aktivitäten – der Errichtung von Stützpunkten und so weiter – angewiesen sind, um sich ihre Harems, Schlösser, Gulfstream-Jets, Yachten, Lagerhäuser voller Anzüge und dergleichen mehr weiter leisten zu können.

Also bleibt nur noch eine andere Wahl: weiterhin das Staatsvermögen zu vergeuden und die öffentliche Verschuldung noch mehr in die Höhe zu treiben, indem man nach wie vor Gewehre einkauft und trotzdem dafür sorgt, dass Butter auf dem Tisch steht; indem man die Gotteskrieger mit allen Mitteln besänftigt – ihnen Geld gibt, Unterschlupf gewährt sowie ein Netzwerk von Koranschulen liefert, in denen die nächste Generation von Terroristen herangezogen werden kann (von denen dir einige mit Sicherheit die Kehle durchschneiden wollen), Ausbildungslager für zentralasiatische Abenteurer einrichtet und so weiter – und bei jeder Gelegenheit zu Allah betet, dass der Tag der Abrechnung nicht so bald kommen möge. Genau *das* aber scheint der Pfad zu sein, den die königliche Familie beschreiten will.

Im Jahr 1979 starben 127 saudische Soldaten und 117 saudische Aufständische in einem erbitterten zweiwöchigen Kampf, der entbrannte, nachdem wahhabitische Fanatiker die Große Moschee in Mekka besetzt hatten. Die Aufständischen verbreiteten die gleiche Botschaft, die auch wahhabitische Geistliche heutzutage in den Moscheen verkünden: Das Haus Saud ziehe die islamische Religion in den Schmutz. (Kein Wunder also, dass ein saudischer Diplomat nach dem 11. September die denkwürdige Bemerkung machte: »Was mich am meisten schockiert, ist, dass sie Amerika angegriffen haben und nicht uns.«)

König Khalid saß auf dem Thron, als die Große Moschee besetzt wurde. Weil König Fahd keine ähnliche Erfahrung machen wollte wie sein Vorgänger, spendete er 25 Milliarden US-Dollar für die Erweiterung und Modernisierung der Anlagen um die Heiligtümer in Mekka und Medina sowie weitere Milliarden für die neuen Universitäten, in denen Islamisten herangezogen werden, auf die keine andere Arbeit wartet als zu agitieren und die Menschen gegen den Westen aufzuhetzen.

Von den umfangreichen öffentlichen Bauvorhaben in Mekka und Medina profitierte ganz unmittelbar vor allem die Familie Bakr bin Laden, die den Bau neuer Einrichtungen wie die Restaurierung der alten leitete und dabei Milliarden einstrich. Ein Teil von dem Geld – vielleicht ein großer – fand zweifelsohne seinen Weg zu Vetter Osama, zur Al Kaida und zu anderen gewalttätigen fundamentalistischen Gruppen. Saudi-Arabien ist im wahrsten Sinne des Wortes im *End*spiel. Die Frage ist nur: Wann wird der Schlusspfiff ertönen.

Der Westen und vor allem die USA haben den Al Saud kaum eine andere Wahl gelassen. Während die meisten saudischen Royals wegsehen und hoffen, dass die Zukunft niemals kommt, trödelt Washington herum und behauptet, dass Riad nicht brennen wird. Washington schaut tatenlos zu, wie wohlhabende Saudis radikalen Gruppen Hunderte von Millionen US-Dollar zuschanzen in der Hoffnung, sich so Schutz kaufen zu können. Washington gibt vor, dass all die Lautsprecher im Königreich, aus denen die gegen den Westen gerichtete Hassbotschaft dröhnt, nicht mit Beiträgen des Königshauses gekauft worden sind, das die Vereinigten Staaten von Amerika so bereitwillig zu seinem besten Freund und Verbündeten im Nahen Osten erklärt. Die USA heißen führende Royals wie Prinz Salman auf eigenem Boden willkommen, obwohl man weiß, dass dieser mit eiserner Hand die Verteilung von Geldern der International Islamic Relief Organisation überwacht und dass diese Organisation in dem dringenden Verdacht steht, eine führende Rolle bei der Finanzierung der Terroristen gespielt zu haben, die schon mehr als acht Jahre vor Al Kaida (ein weiter Empfänger von IIRO-Geldern) versuchte, das World Trade Center in die Luft zu sprengen.

Führende US-amerikanische Konzerne wie Boeing McDonnell Douglas heuern unter Anklage stehende Saudis an, ihre Interessen wahrzunehmen, damit sie die Aufträge an Land ziehen und Provisionen kassieren können, den saudischen Staatshaushalt weiter schröpfen und die Kluft zwischen der herrschenden Klasse und der Unterschicht immer größer werden lassen. Ehemalige CIA-Direktoren sitzen in Aufsichtsräten, deren Mitglieder sich die Nasen zuhalten müssen, um Verträge mit saudischen Unternehmen schließen zu können – so kommt man eben ins Geschäft, so wird das eben gemacht. Ex-Präsidenten, ehemalige Premierminister, frühere Senatoren und Kongressabgeordnete ebenso wie Kabinettsmitglieder spazieren mit ausgestreckten Händen in der Gegend herum, ohne sich selbst Einhalt zu gebieten, weil sie fast alle genau wissen, dass diese Scharade nicht ewig so weitergehen kann. Man muss clever genug sein, um an Bord des letzten mit Gold beladenen Flugzeugs zu gelangen, bevor überall um den Riad International Airport herum die SAM-Raketenwerfer in Stellung gebracht werden. Der Status quo ist zu verlockend, und die möglichen Einnahmen sind zu groß, um sich anders verhalten zu wollen.

Ausnahmen bestätigen da nur die Regel: Wurde John O'Neill, der bei dem Attentat vom 11. September auf das World Trade Center ums Leben gekommene ehemalige Leiter der Antiterrorismus-Abteilung des FBI, beruflich vernichtet, weil er sich weigerte, vor den Saudis, ihrem Öl und ihrer Fünften Kolonne in Amerika einen Kotau zu machen?

Ich weiß es nicht. Ich habe all die Geschichten gelesen – etwa die, dass das State Department ihm untersagt haben soll, in den Jemen zu reisen, obwohl er die Untersuchung des Anschlags auf die *U.S.S. Cole* leitete. O'Neill wusste, dass er sowohl vom State Department als auch von den Saudis hintergangen wurde, und als er begann, sich darüber zu beschweren, dauerte es nicht lange, bis die Messer gezückt wurden. Das Management des FBI begann, Details aus seiner Personalakte an die Presse durchsickern zu lassen, und als er erkannte, dass er diesen perfiden Machenschaften nicht gewachsen sein würde, ging er in Pension und nahm die Stelle als Sicherheitschef des World Trade Center an – eine Ironie ohne Ende.

Als ich O'Neill einmal begegnet bin, merkte ich sofort, dass ich jemanden vor mir hatte, der bereit war, sich mit dem offiziellen Washington anzulegen. Hätte ich damals gewusst, was ich heute weiß, so hätte ich ihm sofort sagen können, dass er sein eigenes Todesurteil unterschrieb, wenn er gegen das allgewaltige Schweigegebot verstieß.

Damals, im Jahr 1997, in meinen letzten Monaten bei der CIA versuchte ich zwanzig oder mehr Angehörige des National Security Council (NSC) dazu zu bewegen, sich mit dem zu befassen, was ich im Fergana-Tal, in Duschanbe und in Kokand gesehen und erlebt hatte: Moslemische Extremisten eröffneten genau dort ihre Filialen, wo ihnen am dringendsten Einhalt geboten werden musste – in den ehemaligen zentralasiatischen Sowjetrepubliken, die so reich an Öl sind. Und wir, die USA, sahen tatenlos zu.

Natürlich schenkte man mir keine Beachtung. Das Einzige, um das der NSC sich scherte, was das kaspische Erdöl: »Big Oil« hatte während der Ära Clinton gewissermaßen einen permanenten Sitz im National Security Council, und nachdem die Ölindustrie ihre Deals mit den Saudis eingeschränkt hatte sowie Partnerschaften eingegangen war, um die Energievorkommen Zentralasiens auszubeuten, wollte sie nicht, dass meine Botschaft irgendwo in Hörweite des Weißen Hauses wiederholt wurde.

Ich kann mir auch nicht vorstellen, dass der Sitz von »Big Oil« im nationalen Sicherheitsrat jetzt, während der Amtszeit von Condoleezza Rice, weniger fest ist – einer Dame, die vormals im Aufsichtsrat von Chevron saß (wo man bezeichnenderweise einen Öltanker nach ihr benannte, wie ich an anderer Stelle bereits erwähnt habe) und die seit zwei Jahrzehnten eine enge Freundin und Vertraute der Familie Bush wie ihrer Kumpels aus der Ölbranche ist.

Wonach es »Big Oil« mehr als nach allem anderen verlangt, das sind Pläne, Projekte, die man nicht so leicht über den Haufen werfen kann. Dabei geht es nicht um *peanuts* – dass Henry Kissingers Klientendatei keinen Schaden nehmen darf oder die Partner der Carlyle-Gruppe sich nicht mit dem Holiday Inn von Riad begnügen wollen, anstatt in einem 4,6 Milliarden US-Dollar teuren Palast vor der Stadt zu residieren; dass Colin Powell wieder Gulfstream-Jets verhökern kann, sobald er seine Zeit im State Department hinter sich gebracht hat. Nein, es geht nicht nur um die Leute der Regierung Clinton, um die der Regierung Bush. Es geht um mehr: Saudi-Arabien entwickelt sich zu einem atemberaubend irrationalen Staat – zu einem Land, das globalen Terrorismus hervorbringt, während es gleichzeitig einem uralten und tief verwurzelten Isolationismus erliegt, und das von einer Königsfamilie gelenkt wird, die sich von ihrer Habgier nicht zu befreien vermag.

Wollen wir wirklich, dass dieses Land der Dreh- und Angelpunkt der Weltwirtschaft ist?

# 11 – Drück ihm den Abschiedskuss auf

Wenn ich einen bestimmten Tag angeben sollte, an dem die saudische Staatsmaschinerie definitiv kaputtzugehen begann, dann würde ich den 29. November 1995 nennen – den Tag, an dem König Fahd seinen beinahe tödlichen Schlaganfall erlitt. Denen, die ihm nahe standen, war klar, dass er nie wieder über Saudi-Arabien regieren würde. Da er aber – rein klinisch gesehen – noch lebte, konnte Kronprinz Abdallah nicht an seine Stelle treten.

Ohne einen König, der das Land lenkte, driftete Saudi-Arabien in ein Chaos. Die innerhalb der königlichen Familie grassierende Korruption entwickelte sich zu einem unverhohlenen Diebstahl in einer Größenordnung, wie man es in der Geschichte des Landes noch nie erlebt hatte. Die Staatsfinanzen traten einen freien Fall an. Militante Wahhabiten, die sich alle Osama bin Ladens gewalttätiger Auslegung des Islam angeschlossen hatten, verließen ihr Reservat und schwärmten überallhin aus. Die Regierung in Riad beendete jede vernünftige Zusammenarbeit mit Washington im Kampf gegen den Terrorismus. Und Washington tat, was es immer tat, wenn es um Saudi-Arabien ging: Es gab vor, dass dort alles in Ordnung sei. Es nutzte sogar König Fahds Erkrankung aus, um noch mehr Geld aus dem Königreich herauszupressen.

*

Sobald die königliche Familie von Fahds Schlaganfall erfuhr, ging sie in Kampfstellung. In Riad hörte man aus allen Himmelsrichtungen das Schwirren von Hubschrauberrotoren, und durch die Straßen gellten die Sirenen der Begleitfahrzeuge mehrerer Wagenkolonnen, die zu der Klinik rasten, in die man Fahd eingeliefert hatte.

Zu den Ersten, die dort eintrafen, gehörten seine engsten Angehörigen – seine Lieblingsfrau Jawhara (sie ist seine Gattin Nummer vier) und Azouzi. Fahd war mittlerweile völlig von Jawhara abhängig, und Azouzi galt als sein Augapfel. Fahd vergötterte ihn, verwöhnte ihn nach Strich und Faden und sah ihm alles nach. Jedermann hatte davon gehört, wie Azouzi auf einem Motorrad im Palast seines Vaters herumgebraust war, die Diener vor sich hergescheucht und das Mobiliar zuammengefahren hatte. Die meisten der Al Saud fanden es merkwürdig, dass der König seinem Sohn alles verzieh, denn Azouzi war ein pickeliger, feiger und etwas retardierter Bursche. Doch Fahds Lieblingswahrsager hatte dem König angeblich erzählt, solange Azouzi an seiner Seite stehe, werde er ein erfülltes, glückliches Leben haben. Azouzi war also der Glücksbringer seines Vaters.

Nach Azouzi und seiner Mutter trafen die leiblichen Brüder Fahds in der Klinik ein, die zu den wichtigsten Pfeilern von Fahds Regentschaft gehörten, seit er im Jahr 1982 auf den Thron gekommen war: Verteidigungsminister Sultan, Innenminister Naif und der Gouverneur von Riad, Salman. Außenstehenden kamen sie wie eine verschworene Gemeinschaft vor. Ihre Mutter, die der Sudayri-Sippe entstammte, hatte ihnen schon in frühester Jugend beigebracht, dass sie zusammenhalten müssten, weil sie sonst Gefahr liefen, von den anderen vierzig Söhnen Ibn Sauds, ihren Halbbrüdern, verdrängt zu werden. Sie hatten sich die Warnung zu Herzen genommen, und obwohl sie einander nicht sonderlich mochten, standen sie immer geschlossen beieinander, wenn es schwierig wurde. Alle drei Brüder trafen ungefähr zur gleichen Zeit am Krankenbett des Königs ein.

Andere Prinzen kamen von überall her im Königreich und aus allen möglichen Ecken der Welt. Auf dem Flughafen von Riad sah man eine lange Reihe geparkter Privatflugzeuge, Flügelspitze an Flügelspitze. Zwar kamen diese Leute nicht wirklich an Fahd heran – doch in der Nähe zu sein reichte schon aus, um zuverlässigere Informationen zu erhalten und, was noch wichtiger war, seine Treue und Ergebenheit unter Beweis zu stellen. Fahds Gesundheit war für sie auch keine unwichtige Frage: Die meisten lebten von seiner Großzügigkeit – von königlichen Apanagen, die bis zu 270 000 US-Dollar monatlich betrugen. Da es nicht weniger als 12 000 Menschen waren, die solche Apanagen erhielten, musste den Empfängern klar sein, dass diese Zahlungen die Staatskasse ruinierten. Was aber vermutlich nicht ihre vordringlichste Sorge war, sondern die Frage: Würde Kronprinz Abdallah ihnen nun ihre Bezüge beschneiden oder die Zahlungen am Ende ganz einstellen? Also mussten sie in Fahds Nähe bleiben, um es in Erfahrung zu bringen.

Sobald klar war, dass Fahd überleben würde, hängten sich

seine drei Brüder ans Telefon, um sich mit Ärzten in den USA und in Europa zu beraten. Ihre Fragen wirkten einigermaßen bizarr: Was würde nötig sein, um Fahds Herz am Schlagen zu halten und seinen Körper vor dem Erkalten zu bewahren? Es schien ihnen gleichgültig zu sein, ob er seine geistigen Fähigkeiten wiedererlangen oder was für ein Leben er von nun an führen würde. Sie wollten ihn bloß im klinischen Sinn am Leben erhalten, und Geld war für sie natürlich kein Problem. Wenn nötig, so erklärten sie den Medizinern, würden sie so viele Boeing-747-Frachtmaschinen leasen, wie man brauchte, um mobile Kliniken und Spezialistenteams nach Riad zu holen.

Da die ausländischen Mediziner nichts von der saudischen Politik verstanden, begriffen sie nicht, warum die Brüder so verzweifelt darum bemüht waren, Fahd am Leben zu erhalten. Sie wussten auch nicht, dass Kronprinz Abdallah irgendwo da draußen in der Wüste lauerte: ein Wolf, bereit dazu, über die Herde herzufallen, sobald der Hirte tot ist. In Schach halten konnte man ihn nur, indem man dafür sorgte, dass Fahds Herz weiterschlug und seine Hirnströme weiterhin stark genug waren, um gemessen werden zu – und dies für so lange wie möglich; mit Allahs Willen vielleicht sogar bis nach Abdallahs Tod.

Abdallah war unter den Prinzen immer der Außenstehende gewesen. Zum einen gehörte seine Mutter zum Stamm Shammar, dessen Angehörige seit alters Feinde der Al Saud waren. Ibn Saud hatte sie geehelicht, um ein Waffenstillstandsabkommen mit den Shammar zu untermauern; doch obwohl die saudi-arabischen Mitglieder des verfeindeten Stammes jetzt alle loyale Untertanen des Königs waren, begegneten die drei leiblichen Brüder Fahds Abdallah immer noch mit Misstrauen. Beinahe als Einziger aus der obersten Schicht der Königsfamilie hatte Abdallah bewusst das Leben eines Wüstenbewohners gewählt und den mit Luxusgütern angefüllten Palästen in Riad, Dschidda, Taif den Rücken zugewandt. Er fuhr nie nach Europa, um sich dort zu erholen. Wenn es ihm möglich war, hauste er lieber in einem Zelt, trank Kamelmilch und ernährte sich von Datteln. Er spickte seine Gespräche mit Redewendungen und Aphorismen der Beduinen. Alle seine Kinder wurden gemäß den Bräuchen und Sitten der Wüstenbewohner aufgezogen, unter den ein rauer Egalitarismus galt und die sich einem kargen, bescheidenen Leben verschrieben hatten. Der schlimmste ketzerische Akt, den Abdallah sich jemals hatte zuschulden kommen lassen, bestand aber vielleicht darin, dass er es seinen Söhnen untersagte, sich die fetten Provisionen zu verschaffen, hinter denen so viele Royals der jüngeren Generation herjagten.

Die Al Saud hassten es, daran erinnert zu werden, dass sie sich von ihren Beduinenursprüngen entfernt hatten. Aber noch mehr hassten sie es, dass Abdallah die Korruption der königlichen Familienmitglieder bekämpfen und deren Vorrechte beschneiden wollte.

Abdallah machte auch kein Geheimnis daraus, dass er – sollte er einmal König werden – der ganzen Dieberei und Betrügerei ein Ende setzen würde. Denn längst war alles außer Kontrolle geraten: Die ranghohen Mitglieder der Familie nachäffend, entwickelten auch die entfernter verwandten Prinzen völlig überzogene Vorstellungen davon, welcher Lebensstil ihnen zustand, und ihre Bezüge reichten nicht dazu aus, diese Vorstellungen zu realisieren. Zwar erhielten selbst die Prinzen der dritten Generation noch Apanagen um die 19 000 US-Dollar im Monat, aber das war nur ein Bruchteil dessen, was sie für die Befriedigung ihrer maßlos überzogenen Bedürfnisse benötigt hätten. In der Tat: Allein für den Liegeplatz einer bescheiden dimensionierten Yacht an der französischen Riviera inklusive Wartung und Pflege musste man schon eine Million Dollar im Jahr aufbringen. Was sollten die armen Burschen nur tun?

Um zurechtzukommen, stiegen sie in immer krummere Geschäfte ein: Sie stahlen Grundeigentum und bedienten sich aus dem Staatsvermögen, verkauften Einreisevisa und dealten mit Heroin.

Ein Trick, auf den sie besonders stolz waren, bestand darin, bei einer Privatbank einen Kredit aufzunehmen und sich dann einfach zu weigern, ihn zurückzuzahlen. Ein Schamgefühl kannten sie dabei kaum: Es gab ja so viele Prinzen, dass sie einander nicht einmal alle kannten.

Eine Zeit lang sah es so aus, als ob Abdallah sich schon durchsetzen würde, noch bevor er der neue König wurde. Mitte der 1990er-Jahre, als Saudi-Arabien sich mit katastrophalen finanziellen Schwierigkeiten konfrontiert sah, konnte er Fahd dazu bewegen, eine Hand voll reformwilliger Minister zu ernennen. Abdallah setzte sie auf die Praxis der willkürlichen Beschlagnahme und Aneignung von Immobilien an – was mittlerweile so verbreitet war, dass die traditionelle Kaufmannsklasse und die gerade aus dem Ei schlüpfende Mittelklasse davon völlig verprellt wurden. Ein Prinz marschierte zum Beispiel in ein Restaurant, sah, dass das Geschäft florierte, und schrieb einen Scheck aus, um das Lokal zu kaufen – gewöhnlich für eine Summe weit unter dem Marktpreis. Und es gab nichts, was der Besitzer dagegen tun konnte: Wenn er sich weigerte, sein Restaurant zu dem angebotenen Preis zu verkaufen, landete er im Gefängnis.

Die ranghohen Prinzen nutzten ihre Regierungsposten aus, um die gleichen Gaunereien in viel größerem Maßstab zu betreiben. Einer von ihnen spähte zum Beispiel ein wertvolles Grundstück aus – das sich vielleicht besonders gut für ein Einkaufszentrum eignete oder von dem er wusste, dass es für eine neue Straße benötigt werden würde –, wies dann ein Gericht an, es im Namen des Staates zu beschlagnahmen, und ließ es sich anschließend vom König übereignen. Die Summen, die dabei ins Spiel kamen, waren atemberaubend hoch, und die ranghohen Prinzen waren fast schon darauf angewiesen, um ihre gewaltig angeschwollenen persönlichen Ausgaben bestreiten zu können. Deshalb scharten sie sich nun zusammen und begannen Abdallahs Reformminister einen nach dem anderen vom Hof zu hacken.

Der Erste, der gestürzt wurde, war im Jahr 1994 Ali Shair. Shair, der seine Pflichten als Minister und Abdallahs Reformkampagne ernst genommen hatte, versuchte ein von Prinz Talal in die Wege geleitetes Geschäft zu blockieren. Talal hatte darauf hingearbeitet, dass ein Gericht ein besonders wertvolles Grundstück beschlagnahmte, dessen Besitzer ein prominenter Geschäftsmann war. Talal schrie natürlich Zeter und Mordio, als das vereitelt wurde, und er bezichtigte Shair, ihn seiner »von Gott verliehenen« Rechte beraubt zu haben. Dann zog Talal den Gouverneur von Riad, Salman, und Innenminister Naif auf seine Seite, und schließlich ließ Fahd Talal das Grundstück zukommen und entließ Shair.

Im Jahr 1995 stieß etwas ganz Ähnliches einem Minister für städtische und ländliche Angelegenheiten namens Abd Al Asis Al Sheikh zu, als dieser versuchte, eine Enteignung zu unterbinden, die einer von Sultans Söhnen betrieb. (Al Sheikh vertraute einem Freund an, dass »das einzige Territorium, nach dem die königliche Familie nicht die Hand ausgestreckt habe, um es an sich zu bringen, der Mond sei«.) Sultan drehte vollkommen durch. Es machte ihm eigentlich nicht so viel aus, dass sein Sohn ein bisschen Geld einbüßte, aber er erkannte nun, bis zu welchem Punkt Abdallah seine Reformen treiben würde. Heute war es sein Sohn, morgen würde er es selbst sein. Abdallah verlor den Kampf, und Al Sheikh wurde gefeuert.

Sultan lag ganz richtig, als er vermutete, dass Abdallah ihn ins Visier genommen hatte. Für den Kronprinzen waren diese schmutzigen Immobiliengeschäfte nur kleine Teilchen des Mosaiks korrupter Machenschaften. Die größere Brocken waren die *Off-budget*-Deals – Ankäufe von Dingen, die nicht aus der Staatskasse finanziert wurden. Sie trieben das Land in den Bankrott, und keiner war so über beide Ohren in sie verwickelt wie Prinz Sultan.

Bei solchen Geschäften gingen die staatlichen Einkünfte aus dem Verkauf von Öl direkt auf irgendwelche Sonderkonten, das heißt, sie wurden am Staatsbudget vorbeigeschleust. Das Geld wurde dann für irgendwelche Lieblingsprojekte verwendet, für die weitere Stärkung der Landesverteidigung oder für Bauvorhaben. Da es keine Anhörungen vonseiten der Regierung gab und keinerlei Rechenschaft über den Verbleib der Gelder abgelegt werden musste, wurden Kommissionen und Schmiergelder in enormer Höhe kassiert.

Der berüchtigste *Off-budget*-Deal wurde als Yamama-Projekt bekannt – nach dem Palast in Riad, in dem er abgeschlossen wurde. Das war im Jahr 1985, und zwar sollte British Aerospace Saudi-Arabien achtundvierzig Tornado-Kampfflugzeuge für sechshunderttausend Barrel Öl am Tag liefern, es sollte aber nicht bei diesem einmaligen Austausch von Waren bleiben. Das Yamama-Projekt sah die kontinuierliche Modernisierung der Hardware, die Lieferung von Ersatzteilen und so weiter vor. Den Werbebroschüren von BAE zufolge war der Deal für alle Beteiligten rundherum günstig. British Aerospace hatte einen garantierten Absatzmarkt für seine Hardware und Saudi-Arabien für sein Öl. Doch das Yamama-Projekt war eine riesige Provisionen produzierende Maschine. British Aerospace verlangte zu viel für seine Hardware und seine Ersatzteile. Saudi-Arabien verlangte zu wenig für sein Öl. Die Differenz ging an Sultan, an seine Familie und an eine Legion von Mittelsmännern. Einigen Schätzungen zufolge sollen die abgezweigten Gelder fast 45 Prozent der Summe, um die es insgesamt ging, erreicht haben.

Man braucht wohl nicht eigens zu sagen, dass Fahd seinen Anteil erhielt. Da er sich nicht selbst die Hände an dem Geld schmutzig machen wollte, ließ er alles von Jawharas Brüdern und

Halbbrüdern abwickeln. Die Ibrahims, wie sie genannt wurden, verstanden sich sehr gut auf so etwas. Sie hatten derart hohe Provisionen eingestrichen, wie man seit dem Bestehens des Königreichs selten gesehen hatte. Während der 1980er- und der darauf folgenden frühen Neunzigerjahre musste man, wenn man ein Waffengeschäft abschließen wollte, die Ibrahims kontaktieren. Wenn die eigene Baufirma schwächelte und man unbedingt an einem öffentlichen Projekt der Regierung beteiligt werden sollten, zog man los, um mit den Ibrahims zu reden.

Normalerweise kommt man nur schwer an Fakten heran, wenn es um die mithilfe der Ibrahims zustande gekommenen Deals geht. Doch am 12. Dezember 1997 strengte Abd Al Asis Al Ibrahim in London ein Verfahren gegen Rolls-Royce an; er behauptete, dass die Firma, die die Turbinen für die Tornados lieferte, nicht die mit seinem eigenen Unternehmen, Aerospace Engineering Design, vereinbarten Provisionszahlungen geleistet habe. Wie die Unterlagen des Prozesses gegen Boeing stellen auch die des Verfahrens gegen Rolls-Royce eine faszinierende Lektüre dar, wenn man sich dafür interessiert, wie das im Nahen Osten mit der Korruption eigentlich so läuft.

Für Abdallah ging es nicht so sehr darum, wer aus dem Yamama-Projekt wie viel für sich herausgeholt hatte. Er wollte nur, dass das Geld – die Einnahmen aus den sechshunderttausend Barrel täglich – wieder der Kontrolle des Staates unterstellt würde, sodass es für die Schakale schwieriger sein würde, an es heranzukommen. Im September 1996 glaubte Abdallah, dass er eine Chance habe, seine Absicht zu verwirklichen. Durch all die Beteiligungen am Gewinn aus dem Geschäft war das Yamama-Projekt zu einer unerträglichen Belastung für die Staatsfinanzen geworden. Anfang 1996 war Saudi-Arabien nicht mehr in der Lage, das Kapital von Yamama aus den Einnahmen aus dem Ölgeschäft wieder aufzustocken, und British Aerospace sah sich gezwungen, einen Kredit von 400 Millionen US-Dollar aufzunehmen, damit der saudische Partner solvent blieb. Dennoch war Yamama ein schlechtes Geschäft für die Saudis: Sie bekamen – effektiv – viel weniger für ihr Öl als üblich, und schlimmer noch: Eines Tages würden sie British Aerospace das Darlehen zurückzahlen müssen. Sie trauten sich aber nicht, sich aus dem Deal zurückzuziehen. Damit hätten sie auch den Challenger-2-Tank-Deal vermasselt: Dabei ging es um ein weiteres British-Aerospace-Paket, das sie noch in den Yamama-Folder hineinschieben wollten. Es war ein Teufelskreis. Kein Yamama – kein neuer Deal. Kein neuer Deal – keine neuen Provisionen. Wenn Yamama einschlafen sollte, würde Abdallah das Schritt für Schritt erkämpfen müssen. Als Erstes unterzeichnete Abdallah eine Anweisung an die saudische Aramco, das Geld, das an Yamama ging, um die Hälfte zu reduzieren. Das funktionierte nicht. Bei einer Kabinettssitzung, die am 5. September 1996 stattfand, versuchte Abdallah dann die Minister dazu zu bewegen, den Yamama-Deal per Abstimmung für aufgelöst zu erklären. Sultan unternahm sofort eine hitzige Verteidigung. Da er nicht damit argumentieren konnte, dass hunderte Millionen US-Dollar an Provisionszahlungen verloren gehen würden – das war genau das, was Abdallah erreichen wollte –, verteidigte Sultan Yamama, indem er ausführte, dass die saudischen Streitkräfte zu sehr auf die britische Hardware angewiesen seien, als dass man etwas ändern könnte. Er sagte auch, wenn man das Abkommen mit British Aerospace für beendet erklärte, würde Saudi-Arabien, was die Ausrüstung seiner Armee betraf, nur noch abhängiger von den Vereinigten Staaten werden, was politisch nicht zu akzeptieren sei.

Sultan durfte Yamama schließlich behalten, und Yamama zapfte weiterhin die Finanzen des Landes an. Im Juni 1997 übte Sultan Druck auf die saudische International Bank aus, 473,1 Millionen US-Dollar zur Verfügung zu stellen, damit der Yamama-Deal noch einmal solvent erhalten werden konnte. Bei seinem Antrag auf das Darlehen erwähnte er vermutlich nicht, dass diese Finanzspritze nötig war, weil er selbst Yamama schröpfte.

Ein anderes *Off-budget*-Projekt, das Abdallah wieder der Kontrolle der Schatzamts unterstellen wollte, war die geplante Erweiterung der heiligen Moscheen, die unter anderem vorsah, dass die alten Moscheen in Medina und Mekka niedergerissen und dann wieder aufgebaut wurden. Wie bei dem Yamama-Deal kam ein großer Teil der veranschlagten 25 Milliarden US-Dollar aus dem Direktverkauf von Öl. Die Bin-Laden-Familie war für die Ausführung der Baumaßnahmen verantwortlich und kümmerte sich um die Schmiergeldzahlungen an Mitglieder der königlichen Familie, die ihrerseits dafür sorgten, dass immer genügend Kapital für das Projekt zur Verfügung stand. Die Bin Ladens kümmerten sich auch um die US-amerikanischen Freunde des Königreichs, vor allem um amerikanische Baufirmen, die in Washington Einfluss besaßen. Die Firma York konstruierte die größte Klimaanlage der Welt für dieses Projekt.

Mitte bis Ende der 1990er-Jahre betrug die Gesamtmenge von Öl, das in solche *Off-budgets*-Projekte floss, ungefähr eine Million Barrel am Tag, was einem Sechstel der Menge entsprach, die täglich exportiert wurde. Bei den damals gültigen Preisen bedeutete das, dass der finanzielle Aderlass ungefähr 30 Millionen US-Dollar am Tag betrug. Wenn das Geld der Kontrolle von Saudi Aramco entzogen war, konnte jeder so viel davon für sich abzapfen, wie er wollte. So geschah dies im Fall des Alt-Mekka-Projektes. Die wichtigsten, einflussreichsten Kabinettsminister wie ihre wahhabitischen Verbündeten entschieden, dass ein weiterer Teil der geschichtsträchtigen Stätte abgerissen und wieder aufgebaut werden musste. Die Regierung wies dann Aramco an, sagen wir einmal, 100 Millionen US-Dollar abzuzweigen, die königliche Familie schickte der Bakr-bin-Laden-Gruppe einen Scheck und gab die Arbeiten in Auftrag. Allerdings wurden keineswegs die ganzen 100 Millionen Dollar für die Baumaßnahmen verwendet – an die 90 Prozent flossen an die ranghöheren Prinzen zurück, gingen an wohltätige Organisationen oder an wahhabitische Geistliche. Jeder profitierte von diesem Projekt. Oder beinahe jeder. Der Mann von der Straße bekam keinen Penny, aber er konnte natürlich nach Mekka pilgern oder eine der tausend anderen Moscheen besuchen, die die Familie Bakr-bin-Laden gebaut hatte. Dort konnte er dann (gratis) um bessere Zeiten beten.

Abdallah wollte diesem Treiben ein Ende setzen. Zumindest wollte er einiges von dem Geld, das für den Wiederaufbau der Moschee von Mekka ausgegeben wurde, dafür verwenden, neue Arbeitsplätze für junge Arbeitslose zu schaffen, damit sie nicht weiterhin den ganzen lieben Tag lang in der Moschee herumhingen.

Wenn man alles zusammennahm, war Abdallah so etwas wie der Fleisch gewordene schlimmste Albtraum der Al Saud. Sogar Fahd war seinetwegen beunruhigt. Im Oktober 1995 wurde er plötzlich von der Vorstellung verfolgt, dass Abdallah versuchen könne, die Kontrolle über das Land an sich zu bringen, indem er sich möglicherweise mit Außenminister Saud al Feisal verschwor. Fahd hatte mitbekommen, dass Saud sich jedesmal, wenn er in Schwierigkeiten war, an Abdallah um Hilfe wandte. Später verständigten sich Sultan und Fahd darauf, niemals zur gleichen Zeit das Land zu verlassen: Einer von ihnen musste auf Abdallah aufpassen.

Abdallah wurde aus dem engen Kreis, der sich nach Fahds Schlaganfall um den König bildete, ausgeschlossen. Man konnte ihn nicht aus der Liste der Thronfolger streichen, doch man konnte ihm etwas über Fahds Gesundheitszustand vorschwindeln. Als Fahd sich neun Monate später einer Operation am Knie unterziehen musste, wurde Abdallah nicht in die Debatte darüber einbezogen, ob es besser für den König sei, weiterhin ans Bett gefesselt zu bleiben, oder das Risiko einzugehen, unter dem Chirurgenskalpell zu sterben. Abdallah erfuhr noch nicht einmal die Namen der Ärzte, die die Operation ausführen würden.

Innerhalb der Familie war der Groll gegen Abdallah so groß, dass man ihm sogar die Schuld an Fahds Schlaganfall gab. Einer Geschichte zufolge, die man sich im Kreis der Royals erzählte, stritten sich Fahd und Abdallah am Telefon darüber, wer von ihnen beiden an einem Treffen des Gulf Cooperation Council in Oman teilnehmen sollte. Es war zwar eine völlig unbedeutende Entscheidung, aber ihre Auseinandersetzung wurde so hitzig, dass eine Ader in Fahds Kopf platzte.

Einer anderen Geschichte zufolge hatten Fahd und Abdallah sich wegen etwas gezankt, dessetwegen sie sich immer zankten: wegen des drohenden finanziellen Kollapses des Landes. Man munkelte, dass Abdallah Fahd absichtlich gereizt habe, in dem Wissen darum, dass dessen Gesundheitszustand ein hitziges und schreiend ausgetragenes Wortgefecht nicht zuließ. Aber wir werden wohl nie erfahren, wie es wirklich war, weil keiner von beiden darüber spricht.

Anderthalb Jahre, nachdem Fahd seinen Schlaganfall erlitten hatte, war Abdallah Sultan so zuwider geworden, dass er an Kabinettssitzungen, bei denen sein Gegner den Vorsitz hatte, nicht mehr teilnahm. Abdallah erwiderte seine Gefühle. Im Juli 1997 umging er den Ministerrat und versuchte Fahd dazu zu bringen, Erlasse und Gesetze zu unterzeichnen, die seiner Meinung nach verabschiedet werden sollten. Diesmal taten sich Jawhara und Azouzi zusammen, um ihm mal wieder einen Strich durch die Rechnung zu machen.

*

Es war keinesfalls so, dass unter den anderen Mitgliedern der Fahd-Sippe eitel Eintracht herrschte. Sultan, Salman und Naif waren zwar umgehend zu der Klinik geeilt, in die man Fahd eingeliefert hatte. Möglicherweise wollten sie damit aber nicht nur große Solidarität bekunden, sondern auch sicher gehen, dass niemand ihnen zuvorkam. Doch sobald sie durch die Eingangspforte gestürmt waren, wartete ein Schock auf sie: Jawhara und Azouzi hatten bereits ihr Lager in Fahds Krankenzimmer aufgeschlagen und entschieden darüber, wer vorgelassen wurde und wer nicht. Unter denen, die nicht vorgelassen wurden, befanden sich Minister, ranghohe Prinzen und Ärzte; die beiden sorgten aber auch dafür, dass bestimmte Petitionen und Verfügungen den König nicht erreichten. Mit anderen Worten: Es hatte *de facto* ein *coup d'état* stattgefunden.

Fahds Brüder waren außer sich vor Wut. Aber sie konnten nichts dagegen tun. Sie hätten Jawhara und ihren Sohn nicht verhaften lassen können, und die andere Alternative – Abdallah zum Regenten zu ernennen – kam überhaupt nicht infrage. Ihr einziger Trost war, dass Jawhara und Azouzi sich mehr oder weniger auf ihrer Seite befanden. Jawhara würde nicht so leicht zu bändigen sein, doch sie sagten sich selbst, dass sie mit Azouzi fertig werden würden. Sollte er doch mit einer seiner Harleys durch den Palast donnern und hier und da jemandem ein bisschen Grundbesitz wegnehmen. Sie mussten dafür sorgen, dass Fahd Abdallah überlebte, damit Sultan den Thron besteigen konnte und die Sudayri wieder die Macht innehaben würden. Aber wie sich herausstellte, hatten sie Azouzi ganz falsch eingeschätzt.

Zunächst rechneten anscheinend nicht einmal sie mit dem Ausmaß seiner Habgier: Azouzi war der größte Blutsauger in der Geschichte des Landes. Nicht umsonst hatte er zu Füßen der Meister auf diesem Gebiet – der Ibrahims, der Verwandten seiner Mutter – gesessen und von ihnen alles über das Geschäftemachen gelernt. Bei dem 4,1 Milliarden US-Dollar schweren AT&T-Kontrakt steckte Azouzi nicht nur die atemberaubende Summe von 900 Millionen Dollar an Vergütungen ein, sondern stach dabei auch noch seinen eigenen Bruder Muhammed bin Fahd – genannt »der Bulldozer« – aus, der die Firma Ericsson vertrat. Muhammed bin Fahd, der sich seinen Spitznamen aufgrund seiner rüden Geschäftstaktiken erworben hatte – er pflegte alle Konkurrenten einfach niederzuwalzen –, war niemand, der gutmütig lächelnd auf einen vorteilhaften Geschäftsabschluss verzichtete. Doch für den Bulldozer kam es noch viel schlimmer, als jemand aus seinem Gefolge ihn um 22 Millionen Dollar betrog und dann auch noch seine Yacht klaute. Muhammed konnte nichts gegen den Mann tun, weil Jawhara und Azouzi die Sache zu kalt ließ, um den Versuch zu unternehmen, etwas von dem entwendeten Geld oder die Yacht zurückzubekommen.

Azouzi musste sich um seine Ausgaben kümmern, darunter um die für den legendären Palast außerhalb Riads. Von dem Augenblick an, als die erste Marmorplatte verlegt worden war, war klar gewesen, das er mit seinem Palast alles in den Schatten stellen wollte, was die Al Saud jemals gebaut hatten. Man betritt den Palast, indem man durch vier aufeinander folgende Torbögen schreitet – und das ist erst der Auftakt.

Im September 1997, als Jawhara ihren Gatten eine Petition unterzeichnen ließ, dass mehr Mitglieder des Ibrahim-Clans auf die staatliche Gehaltsliste gesetzt werden sollten, stellte Azouzi sich hinter sie und wich und wankte nicht.

Sultan und den anderen leiblichen Brüdern machte Jawhara das Leben nicht einfach. Sultan sah sich um Mittel für das Militär gebracht, musste sogar auf sein exklusives Jagdfliegergeschwader, seine Eliteeinheit, verzichten. Am 20. August 1996 versuchte er verzweifelt, Fahd dazu zu bringen, einige Rüstungsaufträge zu unterzeichnen, von denen er wusste, dass sie schon genehmigt worden waren. Niemand im königlichen Palast reagierte auf seine Telefonanrufe. Schließlich bekam er Jawharas Bruder Walid al Ibrahim zu fassen, der ihm versprach, sich um die Angelegenheit zu kümmern, und Jawhara sorgte dann auch dafür, dass die Verträge unterzeichnet wurden – aber zu dem Zeitpunkt, den sie selbst für angemessen erachtete.

Sultan und beinahe jeden anderen trieb es fast in den Wahnsinn, dass nun eine Königin das Zepter schwang – ausgerechnet in einem Land, das von seiner ganzen Struktur her so männlich-chauvinistisch ist wie kein anderes auf der Welt.

Im März 1997 war die Situation unerträglich geworden, sogar für die Familie Fahds. Sultan schloss sich mit Salman bei einem Versuch zusammen, eines von Azouzis Immobilienprojekten zu blockieren. Ich bin nicht sicher, wie die Sache ausging, doch wenn Sultan und Salman Erfolg hatten, dann war es ein Pyrrhussieg. Azouzi sollte immer öfter Diebstähle begehen und bald auch ganz dreist nach der Macht greifen.

*

Die Thronfolge in Saudi-Arabien richtet sich nicht danach, wer von den Nachkommen zuerst geboren wurde. Traditionsgemäß kommen die ranghohen Prinzen zu einem – auf ihrer Erfahrung und ihrem Wissen beruhenden – Konsens, wer der Thronanwärter ist. Dieses System hatte der königlichen Familie immer gute Dienste geleistet. Die Unfähigen waren aus der Thronfolge ausgeschlossen worden, und jeder hatte seine Chance bekommen. Nach König Khalids Tod im Jahr 1982 und Fahds Inthronisierung hatten die Prinzen Abdallah zum neuen Kronprinzen gemacht – vielleicht deswegen, weil er die mächtige Nationalgarde kommandierte.

Azouzi begann damit, sich selbst immer mehr in alles einzumischen, was die nationale Sicherheit tangierte: in die Außenpolitik ebenso wie in die Tätigkeit des Geheimdienstes. Das fiel sogar den Amerikanern auf. Als der Kommandant der US-Streitkräfte im Nahen Osten, General J.H. Binford Peay, nach Riad kam, um am 13. Juli 1997 mit Fahd zusammenzutreffen, war er überrascht, Azouzi an der Seite seines Vaters zu sehen, und mitzuerleben, wie dieser dem König immer wieder etwas ins Ohr flüsterte. Wo war Abdallah? Was war aus Sultan geworden? Peay musste bei einer separaten Zusammenkunft mit Abdallah sprechen, doch sogar bei dieser Unterredung vermied der aufsässige Kronprinz es geflissentlich, die Themen anzuschneiden, die eigentlich hätten diskutiert werden müssen.

Was der Familie wirklich Sorgen machte, war die Tatsache, dass Azouzi Projekte der radikalen Wahhabiten finanzierte. Er schien seinen Glauben wiedergefunden zu haben und versuchte sich offensichtlich bei den Wahhabiten lieb Kind zu machen, weil er wusste, dass er eines Tage ihre Unterstützung benötigen würde, um König zu werden. Indem er den Radikalen großzügige Spenden zukommen ließ, erkaufte er sich ihr Schweigen – das heißt, er konnte gewiss sein, dass sie wegen seines maßlos überdimensionierten Vergnügungsparks den Mund halten würden.

Im Dezember 1993 genehmigte Azouzi eine Spende in Höhe von 100 000 US-Dollar für eine Moschee in Kansas. Am 15. September 1995 eröffnete er in Bonn die König-Fahd-Akademie, und am 17. September 1995 weihte er dort eine neue Moschee ein. Neun Tage später lud er das Oberhaupt der Islamischen Gesellschaft Spaniens, Manur Abd-al-Salam, nach Riad ein. Im Mai 1996 sorgten Azouzi und Jawhara dafür, dass König Fahd Muhammed Al Fasi aus dem Gefängnis entließ. Fasi war inhaftiert worden, weil er gegen den Golfkrieg und die Anwesenheit US-amerikanischer Soldaten auf saudischem Territorium protestiert hatte. Mit anderen Worten: Er sprach sich genau wie Osama bin Laden dafür aus, die Amerikaner aus der Golfregion hinauszuschmeißen. Abdallah wehrte sich energisch gegen Fasis Freilassung, weil er wusste, dass der Mann, sobald er wieder auf freiem Fuß war, den Al Saud nichts als Ärger bereiten würde.

Sogar der Innenminister Naif musste zugeben, dass Saudi-Arabien ein Problem mit militanten Islamisten hatte. Im November 2002 sagte er: »Alle unsere Probleme rühren von der Moslemischen Bruderschaft her. Wir haben dieser Gruppe zu viel Unterstützung gewährt. Die Moslemische Bruderschaft hat die arabische Welt zerstört.«

Naif gestand ein, dass Saudi-Arabien, zumindest zu einem geringen Teil, für das Erstarken des militanten Islam verantwortlich war. »Immer wenn sie in ihren eigenen Ländern in Schwierigkeiten gerieten oder ihre Freiheit dort eingeschränkt sahen, fanden die Aktivisten Unterschlupf im Königreich, wo ihr Leben geschützt war«, meinte Naif und beeilte sich hinzuzufügen: »Auch wenn sie sich später gegen das Königreich wandten.« Er unterließ es aber, von dem unzerreißbaren Band zwischen den Wahhabiten, die Saudi-Arabien auf eigenem Boden gezüchtet hatte, und den Moslemischen Brüdern zu sprechen.

Abdallah bereiteten die Radikalen auf viel unmittelbarere Weise Probleme. Im September 1996 hatte der neu ernannte Oberbefehlshaber der Luftwaffe fünf Anhänger Osama bin Ladens eingestellt. Innerhalb des Ministeriums für Verteidigung und Luftfahrt herrschte bereits offen bekundetes Missvergnügen über die Präsenz amerikanischer Truppen in der Region. Offiziere jeden Ranges meinten, dass die USA die von Saddam Hussein ausgehende Bedrohung übertreibe, um eine Begründung für die Stationierung eigener Soldaten in Saudi-Arabien und anderen Ländern der Region zu haben. Die Offiziere sprachen sich sogar gegen eine Lagerung von militärischen Ausrüstungsgegenständen in ihrem Land aus. Die Einstellung der fünf islamischen Radikalen musste die Situation zwangsläufig verschlimmern, doch niemand war dazu bereit, die Entscheidung des Oberbefehlshabers rückgängig zu machen; auch Abdallah und Sultan waren dies nicht.

Über die nächsten fünf Jahre hinweg sickerten weiterhin militante Wahhabiten in die Streitkräfte und in den Geheimdienst des Landes ein. Im Oktober 2002 informierte die Polizei des Königreichs Kontaktpersonen aus der saudischen Exilantengemeinde in den USA, dass man nicht länger auf die Loyalität von niederrangigeren Offizieren, die bei den Streitkräften dienten oder beim Geheimdienst tätig waren, zählen konnte. Die Verhaftung mehrerer Offiziere der Armee Bahreins im Februar 2003, die Verbindung zur Al Kaida hatten, schien zu zeigen, dass die Ängste der Saudis begründet waren.

Die zunehmende Unterwanderung des Militärs durch islamische Radikale ermutigte Azouzi nur, den Radikalen für ihre diversen Zwecke mehr Geld zu spenden. Im September 1997 koordinierte er ein Paket von Hilfsmaßnahmen für die Taliban, das nicht weniger als 100 Millionen US-Dollar kostete. Dabei war es für ihn anscheinend ohne jede Bedeutung, dass die Taliban bin Laden schützten – einen Mann, der geschworen hatte, die Al Saud zu stürzen. Azouzi lag nur daran, sich um jeden Preis die Unterstützung der Wahhabiten zu sichern.

Im Dezember 1999 bekam die Presse etwas von Azouzis Zusammenarbeit mit den militanten Islamisten mit. Es stellte sich heraus, dass er einen Weggefährten Bin Ladens finanziell unterstützt hatte, einen Mann mit Namen Sad Al Burayk, der das Geld wiederum an islamistische Gruppen in Tschetschenien weitergab, damit sie dort Russen abschlachten konnten, Militärangehörige wie Zivilisten. Das übrig bleibende Geld stellte Burayk für andere kriegerische Unternehmungen von Islamisten zur Verfügung. Bei all der negativen Presse blieb Naif keine andere Wahl als zu verkünden, dass er Azouzi, was sein wildes Geldausgeben betraf, Einhalt gebieten und seine wohltätigen Aktivitäten wieder einer Kontrolle unterstellen werde. Er versprach auch, Burayk unter Hausarrest zu stellen, tat aber nichts von alledem, und Azouzi lud seine Millionen weiter dort ab, wo es ihm passte.

Erinnern Sie sich? Dies war derselbe Naif, der Louis Freeh demütigte und damit ungeschoren davonkam, derselbe Naif, der ganz klar gemacht hatte, dass er keine Absicht habe, mit den Amerikanern zusammenzuarbeiten, als es um die Untersuchung der Anschläge auf die Kasernen in Al Khobar ging. Wenn die Amerikaner ihn deswegen nicht zur Rechenschaft zogen – Wie groß war dann die Gefahr, dass sie auf ihn einhacken würden, weil er Azouzi nicht zügelte?

Es war nicht etwa nur so, dass Naif Burayk still und heimlich außer Landes schlüpfen ließ. Der Mann durfte sogar im April

2002 Kronprinz Abdallah begleiteten, als dieser zu einem Staatsbesuch in die USA reiste und in Crawford, Texas, mit George W. Bush zusammenkam. Bush, wie immer ein perfekter Gastgeber, stellte keine Fragen zu Tschetschenien, Osama bin Laden oder Burayks jüngsten öffentlichen Verlautbarungen, in denen er moslemische Männer dazu angehalten hatte, jüdische Frauen zu versklaven. Ich nehme an, *das* ist es, was das State Department unter »Ehrerbietung« gegenüber dem Ausland versteht.

*

Wie für Naif war es auch für die anderen leiblichen Brüder Fahds unmöglich, Washington auf die Palme zu bringen. Die ganzen 1990er-Jahre hindurch finanzierte Verteidigungsminister Sultan weiter Abdallah Al Ahmar, den Anführer von Islah, wie die Moslemische Bruderschaft im Jemen heißt. Washington ignorierte alle Beweise dafür, dass die Islah bei dem Attentat auf die *U.S.S. Cole* die Hände im Spiel gehabt hatte.

Als der Gouverneur von Riad, Prinz Salman, Mitte der 1990er-Jahre zum fundamentalistischen Islam konvertierte, schenkte Washington auch dieser Tatsache keine Beachtung, obwohl Salman für die Wohlfahrtsorganisationen verantwortlich war, die angefangen hatten, Osama bin Laden und den Moslemischen Brüdern Geld zuzuschanzen. Fahd, Naif, Sultan und Salman waren Aufsichtsratsmitglieder des Großkonzerns Washington. Sie waren über das Gesetz erhaben.

Doch eigentlich hatte Washington auch keine Wahl. Es war ja nicht so, als ob Regierungsvertreter mit einer Sammelbüchse in der Hand durch Riad ziehen und um das Geld für Boeing bitten sowie im gleichen Atemzug die königliche Familie dafür zurechtweisen könnten, dass sie Leute finanzierten und deckten, die amerikanische Staatsbürger umbrachten. Und gewiss war Washington nicht in der Position, die Saudis dafür zu tadeln, dass sie Verschwender waren. Die USA hatten sie dazu verführt, auf dieses infernalische Karussell aufzuspringen. US-amerikanische Rüstungsunternehmen lebten von den Verträgen, die sie mit den Saudis abschlossen. Die USA erhielten den Löwenanteil von dem, was das Land für seine Verteidigung aufwendete, und diese Aufwendungen wiederum machten die Hälfte von dem aus, was die saudische Regierung im Laufe eines Jahres ausgab. Die USA hatten die Saudis dazu überredet, viele Milliarden für den Golfkrieg auszugeben. Dies war eine Dollar-Diplomatie, die mit Besessenheit oder zumindest rückhaltloser Hemmungslosigkeit betrieben wurde.

Man braucht kein Hellseher zu sein, um zu erkennen, dass die Saudis sich den 7,2 Milliarden US-Dollar schweren Auftrag an Boeing nicht leisten konnten. In dem Vertrag wurde gefordert, dass nach seiner Unterzeichnung eine erste Zahlung von 500 Millionen geleistet werde. Die Saudis vermochten aber nur 60 Millionen auf den Tisch zu legen. Im Jahr 1997 schuldeten sie Boeing bereits 2,8 Milliarden Dollar für die Flugzeuge, doch kein einziger Rial aus dem Staatsbudget konnte für die Begleichung dieser Schuld bestimmt werden.

In besseren Zeiten hätte Sultan das Geld vielleicht aus dem Topf von Yamama gestohlen, doch dort stand man auch mit einer Milliarde in der Kreide. Er hätte auch seine eigenen Quellen anzapfen können, allerdings hatte er schon 67 Millionen US-Dollar für die Sache rausgerückt.

Im Juli 1997 führte Sultans hektische Suche nach Geld ihn zu seinem eigenen Ministerium. Er verfügte, dass die Zahlung an Boeing aus dessen Budget erfolgen müsse. Um sich das leisten zu können, musste das Ministerium den Ankauf von Ersatzteilen und die Lieferung neuer Flugzeuge verschieben. Das wiederum kostete Saudi-Arabien am Ende Millionen US-Dollar an Konventionalstrafen, während es gleichzeitig die Verteidigungsfähigkeit des Landes unterminierte. Die USA mussten diese Schwäche mit ihrer Flotte im Persischen Golf ausgleichen.

Ende September 1996 war Abdallah so beunruhigt über die immer mehr in Gefahr geratende finanzielle Solvenz des Königreichs, dass er versuchte, der Regierung Clinton eine Botschaft zukommen zu lassen. Abdallah konnte die US-amerikanische Botschaft in Riad nicht dazu bewegen, ihm zuzuhören – ihre einzige Mission schien darin zu bestehen, die Saudis dazu zu bringen, pünktlich ihre Rechnungen zu bezahlen. Abdallah hatte auch kein Vertrauen zu Prinz Bandar als Mittelsmann, weil der Botschafter letztendlich seinem Vater, Verteidigungsminister Sultan, gegenüber loyal war. Das Beste, was Abdallah in dieser Situation tun konnte, war, Saudi-Arabiens Probleme dem ehemaligen US-Botschafter Richard Murphy zu unterbreiten, der damals dem *Council of Foreign Relations* angehörte. Murphy war in der arabischen Welt als der kenntnisreichste und vorurteilsfreieste Nahost-Experte der USA bekannt. Abdallah vertraute ihm und mochte ihn. Murphy hatte vor allem auch keine Verbindungen zu Israel – zumindest keine, von denen Abdallah wusste. Das Problem war nur, dass der Amerikaner seit fast sieben Jahren nicht mehr in Regierungsdiensten stand und in Washington nur noch wenig Einfluss hatte. Trotzdem meinte Abdallah, dass Murphy der Einzige war, der ihm weiterhelfen konnte.

Bei einem Treffen am 23. September 1996 erklärte Abdallah Murphy, dass die USA sich mit Saudi-Arabien beraten müssten, bevor sie in der Golfregion neue Initiativen unternähmen. Dann kam er auf den Golfkrieg zu sprechen. Die Regierung Bush, sagte er, habe Saudi-Arabien hinsichtlich der Kosten irregeführt. Es koste zusätzliche Milliarden, die US-Stützpunkte in Saudi-Arabien mit zu finanzieren. In der finanziellen Lage, in der das Königreich sich gegenwärtig befinde, könne es sich den Auftrag an Boeing einfach nicht leisten. Dann ging Abdallah zu regionalen Problemen über und erklärte, dass die Regierung Clinton Saddam Hussein unverzüglich aus dem Weg räumen oder aber für immer darauf verzichten müsse. Man dürfe aber nicht zulassen, dass sich in der arabischen Welt der Glaube ausbreite, die Amerikaner führten Krieg gegen das irakische Volk. Und schließlich sagte er noch, die USA müssten einen *modus vivendi* mit Teheran finden. Es koste die Araber einfach zu viel, in einem ständigen Kriegszustand mit dem Iran zu liegen.

Man braucht wohl gar nicht erst zu sagen, dass Abdallahs Bitten in Washington auf taube Ohren stießen. Clinton bemühte sich gerade um seine Wiederwahl. Im Weißen Haus war man nur daran interessiert, dass die Schecks aus Saudi-Arabien in Seattle eintrafen und dass niemand, der bei Boeing an den Montagebändern stand, entlassen wurde.

Währenddessen kaufte Prinz Sultan weiter Waffen ein, die sich das Land nicht leisten konnte. Im Dezember 1996 schloss Saudi-Arabien einen neuen Kaufvertrag über kostspieliges – und überflüssiges – Kriegsgerät ab und bestellte vierundvierzig Augusta-Helikopter vom Typ 412, die mithilfe von Yamama-Öl bezahlt werden konnten; was bedeutete, dass sich noch mehr grotesk hohe Provisionen vor dem Mann auf der Straße verbergen ließen. Einen Monat später schlenderte Sultan schon wieder über den Marktplatz und handelte den Preis für 102 F-16-Vielzweck-Kampfflugzeuge aus. Später im selben Jahr ließen die Saudis sich auf die Bestellung einer sündhaft teuren Fregatte in Frankreich ein. Es machte anscheinend nichts aus, dass allein, was Yamama betraf, das Königreich mit Zahlungen in Höhe von vier bis fünf Milliarden US-Dollar im Rückstand war.

Der wirkliche Hammer kam dann am 18. Dezember 1996, als Verteidigungsminister William Perry, Außenminister Warren Christopher und Vizepräsident Al Gore Bandar ins Weiße Haus bestellten. Sie wollten sich keineswegs nach dem Fortschritt der Untersuchungen des Khobar-Attentats erkundigen, sondern sie ließen Bandar nicht eher wieder von dannen ziehen, bis er eingewilligt hatte, Bosnien Hilfsgelder in Höhe von zwei Millionen US-Dollar im Monat zukommen zu lassen.

*

Je mehr man zur Amtszeit Clintons im Weißen Haus von Abdallah sah, desto weniger mochte man ihn dort. Der Mann drohte nicht nur damit, weniger Verträge über den Ankauf von Militär- und Zivilflugzeugen auszustellen, sondern legte auch unverkennbar unabhängiges Denken an den Tag, was die Außenpolitik seines Landes betraf. So wiederholte er immer wieder die Botschaft, die er schon durch Richard Murphy hatte übermitteln lassen: Man müsse entweder Saddam Hussein umgehend stürzen oder aber den Mann für alle Zeit in Ruhe lassen und die Sanktionen aufheben.

Clintons Hinhaltepolitik, was den Irak betraf – Saddam in seine eigene Kiste einzusperren oder ihn »in Schach zu halten«, wie das Weiße Haus es euphemistisch formulierte –, kostete die USA und Saudi-Arabien eine Menge Geld, zehrte aber auch das letzte bisschen Wohlwollen auf, das man im Nahen Osten den Amerikanern und dem saudischen Königshaus noch entgegenbrachte. Der durchschnittliche saudische Staatsbürger begann sich jetzt eher auf die Seite Saddams als auf die der königlichen Familie zu stellen; militante Moslems waren in den Reihen des saudischen Militärs keine Ausnahme mehr. Abdallah war so verzweifelt darum bemüht, seinem Land wieder aus der Patsche herauszuhelfen, dass er im Juni 1997 eigene Abgeordnete zu Gesprächen mit Saddam aussandte und so eine Hintertür aufstieß, von der die USA nicht erfahren sollten. Seine Bemühungen führten zu nichts – abgesehen davon, dass das Misstrauen, das man Abdallah in Washington entgegenbrachte, noch weiter wuchs.

Der Kronprinz irritierte die US-amerikanische Regierung auch, als er mit dem Iran und mit Mexiko ein Abkommen traf, die Ölpreise anzuheben. Im Jahr 1996 erzielte Öl im Schnitt etwas weniger als 21 US-Dollar pro Barrel. Wenn die Preise so blieben, würden alle drei Länder in einen finanziellen Abgrund stürzen. Abdallah leitete alles in die Wege, um zusammen mit Akbar Hashami Rafsandschani, dem Sohn des ehemaligen iranischen Staatspräsidenten, eine Pilgerfahrt nach Mekka zu absolvieren. Dort einigte man sich auf die Einzelheiten der neuen Preisgestaltung. Im Jahr darauf kletterte der Preis für ein Barrel Öl auf 23 US-Dollar, was einem Preisanstieg von nahezu zehn Prozent entsprach. In den USA bemerkte das kaum jemand – nur der NASDAQ spielte verrückt –, doch dem Weißen Haus gefiel es überhaupt nicht, dass Abdallah auf diese Weise einen Präzedenzfall geschaffen hatte.

Als ganz und gar unverzeihlich sah das Weiße Haus es an, dass Abdallah die Osloer Abkommen im Jahr 1993 als genau das bezeichnete, was sie waren: als eine Lüge. Man hatte den Arabern diese Verträge mit dem Argument schmackhaft gemacht, dass die Palästinenser eine Art Staat auf der West Bank und in Gaza erhalten würden, dass also die UN-Resolution 242 mehr oder weniger erfüllt werden würde. Es wurde jedoch keine einzige israelische Siedlung den Osloer Vereinbarungen gemäß aufgelöst – im Gegenteil: Die Zahl der jüdischen Siedler auf der West Bank stieg von 250 000 auf 380 000; 5000 jüdische Siedler im Jordan-Tal verbrauchten weiter 75 Prozent des dort zur Verfügung stehenden Wassers und ließen zwei Millionen Palästinensern den kläglichen Rest.

Abdallah wusste, dass Zahlen wie diese die militanten Moslems in seinem eigenen Land in Rage bringen würden, doch die Regierung Clinton – und nach ihr die Regierung Bush – ignorierten das alles mit einem seligen Lächeln: Die Vereinigten Saaten von Amerika hatten einen Pakt mit dem Teufel geschlossen und würden sich bis an das katastrophale Ende an ihn halten. Solange Sultan weiter US-amerikanische Waffen kaufte und Aramco das Öl für die USA hütete, interessierte sich niemand in Washington dafür, was im Königreich vor sich ging.

# 12 – Wer im Krieg gegen den Terrorismus lügt, stirbt

Ein paar Monate, bevor ich aus der CIA ausschied, begann ich mich zu fragen, ob es in Washington irgendetwas gab, das *nicht* käuflich war. Wenn ich auch immer ein Außenseiter gewesen bin, so musste mir doch zwangsläufig auffallen, dass in Washington die Bandars und die Boeings, die Carlyle Groups und die Exxons die Fäden in der Hand hielten. Ich hatte den Skandal um die Finanzierung des Wahlkampfs aus einem Sitz in der ersten Reihe mitverfolgt und gesehen, dass ein paar hunderttausend US-Dollar einen sofortigen Zugang zum Präsidenten erkauften. Ich hatte auch gesehen, wie irgendein mittlerer Angestellter in der Ölbranche nur den Telefonhörer in die Hand zu nehmen brauchte, um für sich genauso schnell ein Zusammentreffen mit dem National Security Council in die Wege zu leiten, wie Bandar eines mit dem Präsidenten arrangierte.

Es sollte aber auch in Washington doch Grenzen geben, oder nicht? Ironischerweise musste ich in den Nahen Osten zurückkehren, um eine Antwort auf diese Frage zu erhalten.

Als ich am 4. Dezember 1997 meinen Abschied von der CIA nahm, empfand ich tiefes Bedauern. Ich schritt zum letzten Mal über den Parkplatz und verließ die Institution, in der ich mein bisheriges Leben als Erwachsener verbracht hatte. Mein einziger Trost – wenn Sie es so nennen wollen – bestand darin, dass die Agency, aus der ich austrat, nicht mehr die war, in die ich [redacted] eingetreten war. Sie hatte den Kontakt zu einem großen Teil der Welt verloren, vor allem zu jener Region, der meine Leidenschaft galt: dem Nahen Osten. Zwei Vorfälle, die nichts miteinander zu tun hatten, hatten mich davon überzeugt.

*

Anfang Oktober 1994, als Verantwortlicher für die Aktionen im Irak, schnappte ich von einem Agenten in Amman das Gerücht auf, dass Saddam Hussein wieder Panzereinheiten an die kuweitische Grenze verlege. Saddam war angeblich des Embargos überdrüssig und plante, Kuweit erneut zu besetzen. Ich glaubte das nicht. So dumm konnte der Mann doch nicht sein. Aber kaum war ich wieder zurück in Washington, registrierten unsere Satelliten das Vorrücken irakischer Panzertruppen in Richtung Süden, zur kuweitischen Grenze hin. Diese Satelliten leisteten bis zu einem gewissen Punkt großartige Dienste. Was sie uns aber nicht verraten konnten, war genau das, was das Weiße Haus wissen wollte: ob Saddam tatsächlich vorhatte, seine Truppen ins Nachbarland eindringen zu lassen. Um das in Erfahrung zu bringen, waren wir auf einen menschlichen Informanten angewiesen. Das Problem bestand aber darin, dass wir keinen hatten – weder in der Nähe Saddams noch in den Kreisen des irakischen Militärs, wo man uns zum Beispiel hätte verraten können, ob die Armee schon logistische Planungen unternommen hatte – was ein Zeichen dafür gewesen wäre, dass es Saddam ernst war.

Der erste Anruf für mich aus dem Weißen Hauses kam um 8.34 Uhr. Ein Marinefähnrich informierte mich, dass der Präsident in Erwägung ziehe, einen Flugzeugträger zum Golf zu entsenden, aber zuerst hören wollte, was das *directorate of operations* der CIA zur Lage zu sagen hatte, bevor er einen entsprechenden Befehl gab. Jetzt wehte also ein scharfer Wind.

Da wir keinen Informanten hatten, musste ich also in aller Eile einige abstrakte Überlegungen anstellen. Ich ging das Risiko ein und rief die für Saudi-Arabien zuständige Abteilung an, um mich zu erkundigen, ob sie irgendwelche ungewöhnlichen Aktivitäten im Irak bemerkt habe. Beduinen überquerten ständig die irakisch-saudische Grenze; vielleicht hatte einer von ihnen ein Gerücht aufgeschnappt. Der Dienst habende Offizier, eine Frau, sagte ohne eine Sekunde zu zögern: »Da gibt es nichts. Gar nichts.«

Ich wusste, dass sie die Wahrheit sagte, es war aber trotzdem schwer, es zu glauben. Saudi-Arabien war angeblich unser Verbündeter. Wir hatten dort Truppen stationiert. Eine unserer Flotten kreuzte ständig im Golf, und unsere F-15-Maschinen überwachten dort den Luftraum – wegen der Saudis. Bevor ich fragen konnte, ob wir unseren lieben Freunden in der Wüste nicht eine Botschaft zukommen lassen könnten, sagte die Diensthabende: »Und es hat keinen Sinn, sich zu erkundigen. [redacted]«

Da Saudi-Arabien also *out* war, konnte ich meine Hoffnung nur noch auf Kuweit setzen. Ich rief unseren dortigen Chef auf einem abhörsicheren Telefon an. Wir kannten uns beide, seitdem wir Ende der 1970er-Jahre zusammen in Indien Dienst getan hatten. Als er damals dort eintrudelte, war er noch feucht hinter den Ohren gewesen, jetzt aber gehörte er zum Management und war auf dem Weg nach oben.

»Die Kuweitis haben nicht die geringste Ahnung, was Saddam im Schilde führt«, sagte er. »Ich kann sie die Grenzstationen anrufen lassen, um herauszufinden, was da vor sich geht.« Es war nichts anderes als ein Gehangele nach Strohhalmen, aber was anderes blieb uns nicht.

Fünfzehn Minuten später rief er mich zurück und erzählte, ein kuweitischer Grenzposten könne durch sein Fernglas einen irakischen Panzer und die Besatzung sehen. »Sie machen weiter nichts«, sagte der Chef schließlich. »Sie hauen nur rein, essen ihre Rationen.«

Zufällig hatte ich zwei Minuten später George Tenet an der Strippe; er rief vom Weißen Haus aus an. Damals war er der Leiter der Nachrichtendienstprogramme beim National Security Council und verantwortlich dafür, den *situation room* über die neuesten Entwicklungen im Zusammenhang mit der Krise auf dem Laufenden zu halten. »Was zum Teufel ist im Irak los?«, brüllte er.

Ich gab das weiter, was unser Mann in Kuweit mir erzählt hatte. Tenet war ganz klar nicht zufrieden damit, grunzte abschätzig und hängte auf.

So ging es den ganzen Tag weiter, und am nächsten war es nicht anders. Ich rief in Kuweit an und blieb am Telefon, bis jemand den kuweitischen Grenzposten mit dem Fernglas zu fassen bekommen hatte. Während ich so wartete, schoss mir der Gedanke durch den Kopf: »Ist das alles, was das viele Geld im Jahr für den Nachrichtendienst uns einbringt? Ein einziges Fernglas?«

An diesem Punkt begann ich mich zu fragen, was wir wohl sonst noch alles nicht über die nördliche Golfregion wussten. Es stimmte schon, Saddam hatte sich selbst und sein Land vom Rest der Welt abgekapselt. Es war schwer, an Informationen über das, was im Irak passierte, heranzukommen. Was war aber mit unseren Freunden in Kuweit und vor allem in Saudi-Arabien los – jenem Land, das doch gewissermaßen das Herz war, das unsere Wirtschaft mit Lebensblut versorgte?

Ich fing an, die aus Riad eintreffenden Berichte zu lesen. Im Grund stand nichts in ihnen drin. Immer ging es darin um die

Reise irgendeiner Delegation von Kongressabgeordneten, um kulturelle Ereignisse, Buchmessen, alles nur heiße Luft, nur Knochen, kein Fleisch. Kein Wort über Streitigkeiten innerhalb der königlichen Familie oder über die Beziehungen der Royals zu den fanatischen Wahhabiten. Wenn man den Berichten der Botschaft vertraute, trafen sich die Armeeoffiziere noch nicht einmal mit den wahhabitischen Geistlichen, die immer mächtiger zu werden schienen, mächtiger sogar als die Al Saud.

Ich ging die Datenbanken bis ins Jahr 1986 zurück durch. Es gab wenig, das man nicht auch in Zeitungen und wissenschaftlichen Zeitschriften finden konnte. Es war so wie mit Kuweit und dem Fernglas: Was den Golf betraf, waren wir blind. Wenn die ganze Region in Flammen aufging, würden wir es erst erfahren, wenn es schon zu spät war.

Als ich an diesem Tag im Dezember 1997 über den Parkplatz lief, dachte ich mir, dass ich auf mich allein gestellt mehr erreichen könnte, vor allem wenn ich im Nahen Osten lebte. Und tatsächlich flog ich noch am selben Nachmittag nach Beirut.

*

Ich brauchte nicht lange, um zu merken, dass das Beirut, in dem ich landete, nicht das gleiche Beirut war, das ich im Jahr 1988 verlassen hatte. Damals war es eine vom Bürgerkrieg zerrissene Stadt gewesen, jetzt war es ein einziger riesiger, sich in alle Richtungen erstreckender Bauplatz. Premierminister Rafik Hairi war dabei, das alte Geschäftsviertel wieder aufbauen zu lassen, und hatte zu diesem Zweck die besten Architekten der ganze Welt verpflichtet. Er hatte sogar einen Teil des antiken römischen Beirut ausgraben lassen. Ein hypermoderner Tunnel wurde unter der Stadt hindurchgeführt, um ihre notorische Verstopfung durch den Autoverkehr ein für alle Mal zu beseitigen. Ein neuer Zubringer führte zum Flughafen. Wenn man der Stadt ein paar Jahre Zeit ließe, würde sie Paris und London Konkurrenz machen.

Dennoch: Beirut war immer noch eine Stadt des Nahen Ostens, und eine Menge Wunden mussten genäht werden, damit alles wieder heilen konnte. Der Taxifahrer, der mich am Heiligen Abend vom moslemischen Westen in den christlichen Osten brachte, sagte, dass dies das erste Mal sei, dass er die *Green Line* überquert habe – jenen Streifen Niemandsland, den der Bürgerkrieg hatte entstehen lassen. Ich würde bald wieder daran erinnert werden, dass die Dinge im Nahen Osten nicht so waren, wie sie auf der Oberfläche zu sein schienen.

Es fing an, als ein Freund daheim in Washington mich bat, einmal ein Auge auf die Oppositionellen aus Katar zu werfen, die in Beirut und Damaskus Zuflucht gesucht hatte. Er war an Informationen über einen Prinzen interessiert, einen recht aufsässigen Menschen und nahen Verwandten des derzeitigen Emirs. Sein Name war Hamad bin Jasim bin Hamad Al Thani. Ich nenne hier den vollständigen Namen, weil es so aussieht, als ob jeder Prinz aus Katar ein Hamad oder ein Jasim in seinen Namen hat. Der Außenminister zum Beispiel heißt Hamad bin Jasim bin Jabir Al Thani, der Emir Hamad bin Khalif. Der Einfachheit halber werde ich den in Beirut im Exil lebenden Hamad bin Jasim den Schwarzen Prinzen nennen.

Der Schwarze Prinz war früher Wirtschaftsminister und Polizeichef seines Landes gewesen. Er hatte im Februar 1996 versucht, den Emir zu stürzen, und zwar mit der Unterstützung von dessen Vater Khalifah, der selbst im Jahr 1995 von seinem Sohn gestürzt worden war. Wenn das verwirrend klingt, dann deswegen, weil es verwirrend ist. Es geht aber vor allem darum, dass Katar das Zentrum aller Intrigen ist, die am Golf gesponnen werden. Saudi-Arabien, Ägypten und Syrien unterstützten allesamt den Umsturzversuch vom Februar 1996 und versuchten auch danach weiter, die katarische Regierung zu unterminieren. Katar stand nicht nur auf schwankenden Füßen und wurde von allen fasziniert beobachtet, denen die Politik in der Golfregion am Herzen lag, es war auch eine fette Beute für die großen Ölgesellschaften der Welt. Außer seinen Ölreserven besaß Katar noch die größten Erdgasfelder des ganzen Erdballs. Das Land flirtete mit den Israelis, was zur Folge hatte, dass der Schwarze Prinz für viele Leute in Washington von nicht unbeträchtlicher Bedeutung war.

Herauszufinden, wo genau der Schwarze Prinz eigentlich untergekommen war, würde schon nicht einfach sein. Ich nahm die Sache in Angriff, indem ich meine alten Freunde in Beirut kontaktierte. Nach mindestens fünfzig Treffen in verräucherten Kaffeehäusern erfuhr ich endlich von jemandem, dass der Prinz in Damaskus lebte, in einer ranghöheren Offizieren der Armee und des Geheimdienstes vorbehaltenen Wohnanlage. Damit war er außerhalb meiner Reichweite. Ich konnte ja nicht einfach losziehen und an seine Tür klopfen – da wäre ich gar nicht erst an den Wachen am Eingangstor vorbeigekommen. Also zog ich mein Rolodex aus der Tasche und hängte mich wieder ans Telefon, bis ich schließlich zu einem der »Geschäfts«-Partner des Prinzen durchdrang, der sich bereit erklärte, ein Treffen im Libanon in die Wege zu leiten. Die einzige Bedingung war, dass dieses Treffen im Bekaa-Tal stattfinden müsse, und zwar im Park Hotel. Das außerhalb der Stadt Shtawrah gelegene Hotel wurde von dem syrischen Nachrichtendienst betrieben. Der Schwarze Prinz muss sich gedacht haben, dass ich es niemals wagen würde, ihn mir in diesem Hotel zu schnappen, falls dies meine Absicht sein sollte. Schließlich waren Katar und die Vereinigten Staaten von Amerika eng miteinander befreundet, und der Weltanschauung des Schwarzen Prinzen nach wäre es nur logisch gewesen, wenn sein Cousin, der Emir, einen Amerikaner losschickte, um die schmutzige Arbeit für ihn zu erledigen.

Ein Kriminalschriftsteller könnte keine passendere Nacht für unser Treffen erdacht haben. Schauer von eiskaltem Regen fegten über das Bekaa-Tal hinweg und brachen Äste von den Bäumen ab. Shtawrah war wie ausgestorben und finster wie ein Grab. Sogar die Kontrollpunkte der Syrer am der Überlandstraße zwischen Damaskus und Beirut waren verlassen.

Im Park Hotel brannte kein einziges Licht. Ohne den Fahrer hätte ich es nicht gefunden. Als wir vorfuhren, sah ich ein Dutzend hagerer und bärtiger Männer unter dem Vordach des Gebäudes stehen. Jeder von ihnen hatte ein AK-47 im Arm. Sie sagten kein einziges Wort, als ich aus dem Wagen kletterte, nickten noch nicht einmal zur Begrüßung. Als ich in das Gebäude hineinging, folgten sie mir.

Ein einsamer Portier wartete schon in der Empfangshalle auf mich. Er bedeutete mir mit Gesten, ihm in den ersten Stock zu folgen. Mit den Leibwächtern im Schlepptau gingen wir einen langen pechschwarzen Flur hinunter. Der Portier klopfte an eine Tür, die genauso wie alle anderen aussah. Der Schwarze Prinz öffnete sie. Er war ein bisschen beleibt, trug einen militärisch aussehenden Drillichanzug sowie Kampfstiefel und hatte eine schwarz-weiße *Kefijah* um den Hals gewunden. Er sah wie ein palästinensischer Freiheitskämpfer aus und nicht wie ein Prinz aus einem der Golfstaaten. Das Zimmer war dunkel bis auf den Schein eines Gaskochers in einer Ecke. Als der Schwarze Prinz uns Tee zubereitete, sagte er: »Wissen Sie, ich war bei Arafat in den frühen Tagen, ganz am Anfang des Bürgerkriegs. Ich bin in seinen Lagern ausgebildet worden, habe Seite an Seite mit ihm gekämpft.«

Ich wusste das bereits, doch es war wichtig, das aus seinem eigenen Mund zu hören. Er versuchte mir deutlich zu machen, dass ich ihn nicht mit einer seiner verweichlichten Cousins aus der Al-Thani-Sippe oder aus der saudischen Königsfamilie verwechseln dürfe. Er war ein Kämpfer, ein Revolutionär – jemand, bei dem ich mir besser keine Mätzchen erlaubte.

Es dauerte nicht lange, bis er damit herausrückte, warum er eigentlich eingewilligt hatte, mit mir zu sprechen. Er wollte wissen, wie es tatsächlich um das Verhältnis zwischen Washington und dem Außenminister seines Landes, Hamad bin Jasin bin Jahir Al Thani – dem »Guten Hamad«, wie der Lobbyist Katars in Washington ihn nannte – bestellt war. Der Außenminister war in Washington allgemein beliebt, da er mehrere Wirtschaftsgipfel der arabischen Saaten ausgerichtet hatte, zu denen auch Vertreter Israels eingeladen worden waren. Er hatte auch Israel erlaubt, eine Handelsmission in Doha zu eröffnen, was ein erster Schritt in Richtung diplomatischer Anerkennung war. Zudem stellte er die Abhaltung demokratischer Wahlen in Aussicht, und Frauen durften jetzt den Führerschein machen. Enron war vor kurzem an einem viele Milliarden US-Dollar schweren Erdgas-Deal beteiligt worden. Und um das Ganze zu krönen: Der Außenminister war gesellschaftlich zumindest genauso akzeptabel wie Bandar – er besaß ein geschmackvolles Anwesen an der Foxhall Road, in der vielleicht teuersten Wohngegend Washingtons. Mit solchen Bonuspunkten ausgestattet, konnte er im Weißen Haus ein und aus gehen. Der Schwarze Prinz aber wollte wissen, ob der Außenminister das Weiße Haus wirklich in der Tasche hatte.

»Hat mein Cousin also einen Sitz in eurem National Security Council gekauft?«, fragte er mich.

»Niemand kann in Washington etwas kaufen oder verkaufen«, schoss ich zurück. »Er ist der gottverdammte Außenminister, und er ist reich. Er kann so tun, als ob ihm ganz Washington gehört, aber er kann es nicht kaufen.«

»Hm, Sie müssen noch eine Menge lernen, mein Freund. Wir müssen uns mal unterhalten.«

*

Der Schwarze Prinz und ich blieben in Kontakt. Als es im Frühjahr wärmer geworden war und er mir mehr vertraute, trafen wir uns in Restaurants in den Bergen oberhalb Beiruts. Für gewöhnlich saßen wir bis spät in der Nacht im Freien und schmauchten unsere Wasserpfeifen.

Wir sprachen vor allem über Katar. Es war sofort klar, dass der Schwarze Prinz zu einem weiteren Hieb ausholen wollte, um seinen Cousin vom Thron zu fegen und seine Erzfeinde – den Emir sowie den Außenminister – zu entmachten. An einem Punkt fragte er mich, ob ich ihm nicht helfen könnte, ein paar Landungsboote aufzutreiben. Ich spielte mit und rief einen Waffenhändler in Paris an, der mir einige Unterlagen über Landungsboote, die in der Ukraine zum Kauf angeboten wurden, schickte. Das wirkte wie ein Zaubermittel. Der Schwarze Prinz lud mich in sein Haus in Damaskus ein. Er hatte sich ein zweistöckiges Eigenheim in einer von einem Zaun umgebenen Anlage für Militärangehörige nordwestlich von Damaskus gebaut. Zu dem Haus gehörten ein Pool und eine Rasenfläche von den Dimensionen eines Fußballfeldes. Es war nicht gerade ein Palast, aber schließlich stand es auch im sozialistischen Syrien.

Während der ersten Stunden des Nachmittags saßen wir am Pool und tranken Limonade. Seine neue Frau, eine Ägypterin, leistete uns eine Weile lang Gesellschaft. Mir fiel ein Mann auf dem Grundstück nebenan auf, der dabei war, etwas zu grillen. Er hatte eine Schürze umgebunden und eine Baseballkappe auf dem Kopf sitzen. Er hätte einer meiner Onkel sein können.

»Wer ist das denn?«, fragte ich.

»General Khuli«, antwortete der Schwarze Prinz und winkte seinem Nachbarn über den Zaun hinweg zu.

Muhammed Khuli war der Leiter des Geheimdienstes der syrischen Air Force gewesen und Mitte der 1980er-Jahre kalt gestellt worden, nachdem er in den Versuch verwickelt war, eine Maschine der israelischen Fluggesellschaft El Al beim Start auf dem Londoner Flughafen Heathrow in die Luft zu jagen. Damals war eine Bombe im Koffer einer völlig ahnungslosen Irin versteckt worden, einer jungen schwangeren Frau. Ich würde nicht gerade sagen, dass es ein geheimdienstlicher Coup war, Khuli dabei zu beobachten, wie er einen Hamburger grillte, doch mir entging die Ironie nicht, die sich hinter der Tatsache verbarg, dass ich erst aus der CIA ausscheiden musste, bevor ich einen so leichten Zugang zu den bösen Jungs erhielt. Doch ehe ich zu sehr ins Grübeln verfallen konnte, sagte der Schwarze Prinz: »Machen wir eine kleine Ausfahrt.«

Wir hockten uns in seinen neuen US-amerikanischen Jeep und

brachen in Richtung israelischer Grenze auf, zum syrischen Teil der Golan-Höhen. Wir fuhren von der Hauptstraße herunter und den Hang hinauf. Mittlerweile war es dunkel, hin und wieder musste der Leibwächter, der mit von der Partie war, aus dem Wagen klettern, um einen Felsbrocken wegzuschieben, der auf die Straße gerutscht war. Schließlich fuhren wir auf ein Gelände, das von Bulldozern geebnet worden war.

»Dieses wunderschöne Grundstück gehört mir«, sagte der Schwarze Prinz. »Ich habe es gerade erworben. Eines Tages werde ich hier ein Haus bauen, von dem aus man auf das befreite Palästina blicken wird.« Offenkundig meinte er damit Israel.

Während wir in der Gegend herumspazierten, schichteten der Fahrer und der Leibwächter Holzscheite auf, die wir mitgebracht hatten, und entzündeten dann ein Feuer. Sie stellten zwei Campingstühle auf und hängten einen Wasserkessel über das Feuer, um Tee aufzubrühen. Obwohl das Frühjahr schon sehr weit vorangeschritten war, war es kalt, und es blies ein frischer Wind. Funken von unserem Feuer wurden in einem lang gezogenen Bogen über den Hang geblasen. Der Schwarze Prinz war sicher nicht nur mit mir hier herausgefahren, um mit mir Tee zu trinken. Als wir bequem auf den Campingstühlen saßen, in dicke Wolldecken gehüllt, fragte er mich: »Wissen Sie etwas über meinen Cousin Hamad bin Jasim bin Jahir?«

Ich hatte mittlerweile das Gefühl, offen mit dem Schwarzen Prinzen reden zu können. Er würde verstehen, was ich sagte. Ich erzählte ihm, dass ich seinem Cousin, dem Außenminister, zufällig im Büro von Leon Feurth begegnet war, dem nationalen Sicherheitsberater von Al Gore. In diesem Zusammenhang erwähnte ich auch, dass ich damals aufgefordert worden war zu gehen, damit Gore ein vertrauliches Gespräch mit seinem Besucher führen konnte.

Der Schwarze Prinz drehte den Kopf ein bisschen, um mich genauer anschauen zu können. Ich nehme an, er wollte sehen, ob ich die Wahrheit erzählte. War das wirklich alles, was ich über den Außenminister wusste?

»Sehen Sie, mein Freund. Ich weiß nicht, ob Sie aufrichtig zu mir sind oder nicht. Aber Ihre Regierung hat sich auf ein sehr gefährliches Spiel eingelassen.«

Ich fragte ihn, was er damit meinte.

»Fangen wir mal bei Bin Laden an. Der Außenminister ist einer seiner größten Förderer, und er hasst die Saudis. Er würde ein Geschäft mit dem Teufel abschließen, um die Al Saud erledigen zu können.«

Das wusste ich bereits. Als ich noch bei der CIA war, hatte ich gehört, dass Sultan und die anderen Prinzen den Außenminister nur »den Hund« nannten. Ich war auch auf Informationen gestoßen, denen zufolge Sultan den Schwarzen Prinz und den früheren Emir bei ihrem Umsturzversuch im Februar 1996 tatsächlich unterstützt hatte. Da die Saudis sich jedoch geweigert hatten, mit uns über die Angelegenheit zu sprechen, waren wir nicht völlig sicher gewesen, ob das stimmte.

»Was meinen Sie damit, dass er Bin Laden fördert?«

Ich wusste, dass der Innenminister Abdallah bin Khalid am 10. August 1996 mit Osama bin Laden zusammengekommen war, aber das bedeutete gar nichts. Viele Araber machten Pilgerfahrten nach Khartoum, um mit Bin Laden zusammenzutreffen. Irakische Geheimdienstleute hatten mehrfach Gespräche mit ihm geführt. Wir konnten es nicht genau in Erfahrung bringen, nahmen aber an, dass diese Abgesandten nur versuchten, Bin Laden einzuschätzen, um sich zu vergewissern, dass er sich nicht gegen sie wenden würde.

»Ich meine damit, dass er ihn unterstützt. Wissen Sie, wer Khalid Sheikh Hammed ist?«

Im katarischen Arabisch wird die Silbe »mu« im Namen »Muhammed« nicht gesprochen; der Schwarze Prinz sprach offensichtlich von Khalid Sheikh Muhammed.

»Nein«, antwortete ich und wartete darauf, dass er mir die ganze Geschichte von Anfang bis Ende erzählte.

»Er ist Bin Ladens Chef für alle terroristischen Operationen. Sein beliebtestes Ziel sind Flugzeuge. Ich war Polizeichef, als er im Jahr 1995 in Katar landete. Er kam von den Philippinen, wo ein paar seiner Handlanger verhaftet worden waren. Der Innenminister, Abdallah bin Khalid, nahm ihn sofort unter seine Fittiche; der Mann ist ein fanatischer Wahhabit. Der Emir befahl mir, Abdallah zu unterstützen. Das Erste, um was er mich bat, waren zwanzig katarische Pässe – blanko, wohl gemerkt. Ich weiß, dass er sie an Khalid Sheikh weitergab, der dann die Namen eintrug.«

»Haben Sie Beweise dafür?«

»Ja. Ich habe immer noch eine Liste der Ausweisnummern in meinem Safe in Damaskus und noch eine Menge anderes Zeug.«

Der Schwarze Prinz gab mir diese Informationen sicher nicht ohne Grund. Mittlerweile hatte er mich wohl überprüfen lassen und herausgefunden, dass ich ein ehemaliger CIA-Officer war. Wie die meisten Araber glaubte er bestimmt, dass ich immer noch für den Verein arbeitete, und ich hatte nicht vor, ihn über seinen Irrtum aufzuklären. Ich wollte den Rest der Geschichte hören.

»Wo befindet sich Khalid Sheikh jetzt?«, fragte ich. (Khalid Sheikh Muhammed war damals noch in Freiheit – ein absoluter Star auf der FBI-Liste der meistgesuchten Personen, auf dessen Kopf zwei Millionen US-Dollar ausgesetzt waren.)

»Ausgeflogen. Abgehauen. Sayonara. Das wissen Sie genauso gut wie ich. Spielen Sie nicht den Dummen.«

»Ich möchte gerne hören, was Sie gehört haben.«

Ich war nicht sicher, unter welchen Umständen Khalid Sheikh Muhammed Katar im Jahr 1996 verlassen hatte.

»Sobald das FBI sich in Doha blicken ließ, befahlen der Emir und der Außenminister Abdallah, ihn aus seiner Wohnung zu holen und in Abdallahs Anwesen am Strand zu schaffen. Währenddessen räumten Mitarbeiter des Innenministeriums Khalid Sheikhs Büros aus – die ehemalige Polizeiakademie, eine Farm und das so genannte Nord-Depot.«

Der Schwarze Prinz sah, dass ich ihm kaum zu glauben vermochte. Er rief seinen Leibwächter herbei und ließ mir einen Stift und Papier reichen. Dann meinte er: »Sie schreiben das alles auf und fragen in Washington nach, ob das stimmt.«

»Wo sind die damals hingegangen?«, fragte ich.

»Vielleicht nach Prag. Ich weiß, dass zumindest Muhammed Shawki Islambuli da hingegangen ist.«

Das war der Bruder von Khalid Shawki Islambuli – jenem Moslemischen Bruder, der im Jahr 1981 das ganze Magazin seiner AK-47 in Anwar Sadats Brust gejagt hat. Muhammed selbst wurde in Ägypten wegen Mordes gesucht.

Ich schwieg, während ich mir ein paar Notizen machte. Als ich fertig war, fragte ich: »Haben Sie Beweise für das alles?«

»Und für noch viel mehr. Denken Sie daran, ich war der Wirtschaftsminister. Immer wenn die Zeit gekommen war, Geld in die Wahlen in den USA zu investieren, habe ich das getan.«

*

Es war mir egal, ob ausländische Regierungen Geld in die Wahlen in den USA investierten. Ganz und gar nicht egal war mir aber Khalid Sheikh Muhammed, und ich wusste schon von der so genannten Bojnika-Verschwörung – Khalid Sheik Muhammeds Plan, Sprengstoffattentate auf US-amerikanische Linienmaschinen zu verüben. Ich musste daher alles, was der Schwarze Prinz sagte, ernst nehmen.

Wie konnte ich aber die Informationen, die er mir gegeben hatte, an die CIA weiterleiten?

Anders als der Schwarze Prinz dachte, war es so, dass man, wenn man erst einmal aus dem Verein raus war, wirklich raus war.

Ich tat das Einzige, was ich tun konnte. Ich schickte eine E-Mail an einen Freund, der noch bei der CIA war, und bat ihn, die Informationen an das Counter Terrorist Center weiterzugeben. Das war zwar kein direkter Draht, aber ich schickte trotzdem alle Daten, die ich hatte, und nannte auch den Schwarzen Prinzen: Sein Name sollte denen in Washington klar machen, dass an der Sache ewas dran war. Ich hoffte, dass man jemand losschicken würde, um mit dem Prinzen zu reden und das an sich zu nehmen, was er in seinem Safe aufbewahrte. Es würde nicht schaden, sich anzuhören, was der Bursche alles zu erzählen hatte.

In der darauf folgenden Woche traf die Antwort meines Freundes ein. Sie war kurz und bündig: Kein Interesse.

Ich war noch nie jemand, der schnell aufgab. Ich rief Jim Risen von der *New York Times* an. Wenn die Story des Schwarzen Prinzen sich als wahr erwies – und wenn vor allem auch seine Dokumente echt waren –, dann würde die Zeitung eine Geschichte darüber bringen, und irgendjemand wäre gezwungen, sich mal unserer Verbündeten am Golf anzunehmen, die Bin Laden unterstützten, inzwischen einer der gefährlichsten Terroristen der Welt.

Als Risen genug Material hatte, um die Sache zu überprüfen, war ich bereits nach New York übergesiedelt. Der Schwarze Prinz zeigte sich immer noch willens, auszupacken. Doch just in dem Moment, als Risen zu ihm fliegen wollte, um mit ihm zu sprechen, wurde er in Beirut gekidnappt und zurück nach Doha verschleppt. Jetzt, da ich dieses schreibe, sitzt er in einer fensterlosen Zelle und erhält nach den Berichten seiner Familie Injektionen, die ihn schwächen. Sobald er in dem Schwarzen Loch verschwunden war, das die ganze Golfregion darstellt, war es fast unmöglich geworden, an Fakten heranzukommen.

*

Aber auch nachdem der Schwarze Prinz von der Bildfläche verschwand, war die Geschichte für mich noch nicht erledigt. In New York suchte ich einen seiner alten Verbündeten auf. Der Mann war in Sri Lanka geboren worden, hatte einst für die Mission Katars bei den UN gearbeitet und betrieb jetzt ein Skihotel in Vermont. Er scheute davor zurück, mit mir zu sprechen: »Meine Familie und ich haben schlimme Probleme mit der Regierung gehabt. Ich will keinen weiteren Ärger.«

Nachdem ich ihn davon überzeugt hatte, dass ich ein Freund des Schwarzen Prinzen war, erzählte er mir seine Geschichte: Im Jahr 1995, als der gegenwärtig regierende Emir seinen Vater vom Thron gestürzt hatte, beging er, der Mann aus Sri Lanka, den taktischen Fehler, sich auf die Seite des Vaters und des Schwarzen Prinzen zu stellen, wodurch er zum Feind des Außenministers und des Emirs geworden war. Eines Tages erschien der Außenminister bei ihm in New York und sagte ihm, wenn er nicht bereit sei, die Seiten zu wechseln und den Schwarzen Prinzen zu denunzieren, riskiere er es, dass man ihn den US-Behörden übergeben werde.

»Aber warum denn?«, hatte er gefragt. »Ich habe kein Gesetz gebrochen.«

Doch der Außenminister antwortete: »Das macht nichts; Sie werden es in Kürze sehen.«

Bald danach erschienen Leute vom FBI in dem Apartmenthaus in der Bronx, wo er wohnte. Einige Agenten gingen von Tür zu Tür und fragten die Nachbarn des Mannes aus Sri Lanka, ob sie wüssten, dass er ein Terrorist sei. Andere Agenten präsentierten sich zur gleichen Zeit in der New York University und befragten seine Kinder, die dort eingeschrieben waren. Die Verhöre fanden in einem Mannschaftswagen statt, den man genau vor einem Universitätsgebäude geparkt hatte, sodass andere Studenten alles genau mitbekommen konnten. Schließlich ließ man die Kinder des Mannes ziehen, nachdem man sie zutiefst gedemütigt hatte. Er selbst und seine Frau wurden zwölf Stunden lang im Manhattaner Büro des FBI festgehalten und danach noch mehr als einen Monat lang observiert. Sogar ihr Hotel in Vermont wurde überwacht.

Für mich ergaben die einzelnen Puzzleteilchen noch kein erkennbares Ganzes. Offensichtlich war nur, dass der Außenminister in Washington eine Menge Einfluss besaß. Mit dem Geld, das er in den Jahren 1997 bis 1999 sowohl Lobbyisten als auch Public-Relations-Agenturen zukommen ließ – 24 628 799 US-

Dollar und 36 Cents, um ganz genau zu sein –, kaufte er sich einen Teil des amerikanischen Justizsystems. Dieses Geld ermöglichte es Katar, das FBI-Team, das im Februar 1996 nach Doha geschickt wurde, um Khalid Sheikh Muhammed gefangen zu nehmen, hinters Licht zu führen. Mit diesem Geld wurde auch das FBI dazu eingespannt, die katarischen Oppositionellen einzuschüchtern; darunter vielleicht sogar einen Informanten, der dazu hätte beitragen können, die Attentate vom 11. September zu verhindern. Nicht schlecht für ein Land, das von den US-amerikanischen Mineralölkonzernen lebt.

Aber das war noch nicht das Ende der Geschichte. Im Jahr 1998, als ich in Frankreich lebte, erhielt ich einen Anruf von einem jungen Reporter des *Wall Street Journal* namens Danny Pearl. Wir trafen uns in Genua. Der drahtige Mann mit den intensiv blickenden Augen ist einer der gründlichsten, verbissensten und ehrlichsten Reporter, denen ich jemals begegnet bin. Man wusste sofort, dass er sich niemals eine lohnende Story entgehen lassen würde. Ich erzählte ihm von Khalid Sheikh Muhammed und Katar. Er hörte aufmerksam zu, machte ein paar Notizen und versprach, der Sache eines Tages nachzugehen. Danach trafen wir uns von Zeit zu Zeit in Washington. Immer wieder kam er auf die Khalid-Sheikh-Muhammed-Story zu sprechen, doch keiner von uns beiden hatte etwas Neues hinzuzufügen.

Zwei Tage nach dem 11. September 2001 bekam ich folgende E-Mail von Pearl:

> *Hi, wie geht's, wie steht's? Ist Ihr Buch erschienen? Ich hoffe, Sie waren am Dienstag nicht in der Nähe des Pentagon.*
> *Wie die Hälfte von uns beim* Journal *bin auch ich eingespannt worden, über Bin Ladens Netzwerk zu berichten …, einige der Verdächtigen hatten angeblich Pässe der Vereinigten Arabischen Emirate, und ich erinnere mich, wie Sie mal erzählt haben, dass Fujairah der richtige Fleck für Fundis sei.*

Am Tag danach rief Pearl mich an. Ich erinnerte ihn an unsere Gespräche über KSM und Katar. Seine Antwort: »Lohnt sich, darüber nachzudenken.«

Ich weiß nicht, ob Pearl nach Karatschi fuhr, um dort Nachforschungen über Khalid Sheikh Muhammed anzustellen. Die Verantwortlichen des *Wall Street Journal* sagen Nein; er sei mit dem Fall des Schuhbombers befasst gewesen.

Das letzte Kapitel der Story erreichte mich auf indirektem Weg: über einen Freund in London, der mir erzählte, dass Pearl ein paar Tage nach dem 11. September im Außenministerium von Katar anrief, um zu fragen, ob Khalid Sheikh Muhammed sich hinter den Anschlägen verberge. Mein Freund brauchte mir gar nicht erst zu erzählen, dass die Kataris heftig abstritten, irgendetwas über den 11. September oder KSM zu wissen. Und ich bin ziemlich sicher, dass niemand in Washington eine Antwort aus Katar fordern wird, unserem neuen besten Verbündeten in der Golfregion. Allerdings frage ich mich, ob die Kataris sich nicht mit KSM in Verbindung gesetzt und ihm erzählt haben, dass Pearl ihm auf der Spur war.

Tatsache ist jedenfalls, dass Danny während seiner Recherchen gekidnappt und auf brutalste Weise umgebracht wurde: vor laufender Kamera. Kurz zuvor hatten er und seine Frau erfahren, dass sie schwanger ist. Auf dem Videoband, von dem später Ausschnitte im Fernsehen gezeigt wurden, sieht man nur die Hand des Mannes, der ihm den Hals durchgeschnitten hat. Aber im Herbst 2003 verdichteten sich die Hinweise auf seine Person: Khalid Sheikh Muhammed.

*

Auf eine ganze Menge Fragen werden wir die Antworten – von denen Leben und Tod abhängen kann – nicht finden, bevor unsere Regierung das Terrorismus-Problem ernst nimmt und Länder wie Katar und Saudi-Arabien drängt, endlich die Wahrheit offen zu legen. Und glauben Sie mir, seit dem 11. September gibt es mehr Fragen als Antworten.

Ein Katari erzählte mir, dass in den späten 1990er-Jahren Ayman Zawhari, Osama bin Ladens Stellvertreter, ein ägyptischer Molemischer Bruder, und ein Dutzend weiterer Verbündeter Bin Ladens allesamt Unterschlupf in Katar fanden – mit Wissen der Regierung. Was Saudi-Arabien betrifft, so haben wir immer noch keine Antwort auf die Frage, wie Omar Bayyumi mit Hunderttausenden von US-Dollar in San Diego erscheinen und helfen konnte, dort zwei saudische Hijacker zu etablieren. Er befindet sich heute außerhalb der Reichweite des FBI und lebt ganz ruhig irgendwo in Saudi-Arabien.

Ich frage mich oft, ob das Geld, mit dem man Colin Powell für seine Rede an der Tufts University bezahlte, nicht aus demselben Sonderkonto des saudischen Verteidigungsministeriums stammte, aus dem auch Omar Bayyumi finanziert wurde. Das ist zwar wenig wahrscheinlich, aber dennoch nicht unmöglich angesichts der Natur jener jetzt schon Jahre währenden Ehe Washingtons mit dem Königreich. Doch wir sollten uns nicht um Vergangenes Sorgen machen, sondern darum, dass wir nicht die Wahrheit wissen. Bevor wir nicht anfangen, von Saudi-Arabien zu verlangen, dass man uns die Wahrheit erzählt – und uns auch selbst die Wahrheit eingestehen –, wird es weitere 11. September geben und mehr Tragödien wie die Ermordung Danny Pearls. Darauf können Sie sich verlassen.

# Epilog

*Eine tückische Krankheit erfordert eine riskante Medizin*
– Guy Fawkes, 1570–1606

Die Antwort, die Washington Saudi-Arabien gibt – abgesehen von der endlos wiederholten Versicherung, dass doch eigentlich alles in Ordnung sei –, ist die gleiche, die sie auch für den Rest des Nahen Ostens bereithält: Demokratie wird alles heilen. Überredet die königliche Familie dazu, zumindest einen Teil ihrer Autorität abzutreten, helft den auf Reformen sinnenden Prinzen, richtet ein niedliches kleines Modellparlament ein, besticht die Hitzköpfe, indem ihr ihnen ein, zwei Pöstchen im Kabinett gebt, ein paar politische Parteien zulasst und Geld gebt, damit alles ins Laufen kommt, schickt Jimmy Carter los, damit er die ersten Wahlen, die abgehalten werden, überwacht – macht das alles, und es wird nicht lange dauern, bis Riad wie Ankara sein wird oder vielleicht sogar wie Stockholm. Die Regierungsmaschinerie wird vielleicht nicht besonders gut laufen, doch die Leute, die die alltäglichen Regierungsgeschäfte betreiben, haben sich in der Mehrheit mit Körper, Geist und Seele der Aufgabe verschrieben, die Korruption auszurotten, Terroristen zusammenzutreiben und dem Recht der Bürger des Landes auf Selbstbestimmung zur Anerkennung zu verhelfen.

Ein Artikel in der Ausgabe des *National Journal* vom 6. Oktober 2001 – ein verlässlich darüber informierendes Organ, was man in Washington denkt – fasst kurz und bündig zusammen, was das Problem ist und wie man es angeht.

Ned Walker, der ehemalige US-Botschafter in Israel und Ägypten und in den 1980er-Jahren die Nummer zwei der US-Botschaft in Riad, ließ das *Journal* wissen: »Man erzielt keine wirkliche wirtschaftliche Entwicklung ohne Demokratisierung. Der langfristigen Stabilität der Regierungen jener Region zuliebe sollten wir Demokratisierungsprozesse fördern, was bedeutet, dass wir ihnen helfen müssen, im Kontext ihrer Kulturen zivile Gesellschaften aufzubauen.«

Charles W. Freeman, der als Botschafter in Saudi-Arabien tätig war, gab ein zuversichtlich-beruhigendes Statement ab: »Al Kaida zielt zuerst und vor allem auf die Abschaffung der saudischen Monarchie. Man kann verdammt sicher sein, dass jeder Aktivist von Al Kaida auf der Fahndungsliste der Saudis steht und dass jeder ranghohe Angehörige der Organisation hoch oben auf der Liste verzeichnet ist.«

Anthony Cordesman, der früher beim Verteidigungsministerium war und heute als Nahost-Experte beim Center for Strategic and International Studies tätig ist, fügte hinzu: »Saudi-Arabien hat seine eigenen Kämpfe gegen den Terrorismus ausgetragen. Es ist in einem Prozess umfassenden gesellschaftlichen und wirtschaftlichen Wandels befangen. Das ist ein Wandel, der eine kleine Minderheit dazu veranlasst hat, zu Mitteln der Gewalt zu greifen.«

Dieses Lied kann man in ganz Washington hören. Es wird vom State Department ebenso gesungen wie von den Mitgliedern der *think tanks*, schallt einem aber auch von den Herausgeberseiten der lokalen Zeitungen entgegen und ist sogar in der CIA zu vernehmen – einer Organisation, die sich nie in angewandter Sozialwissenschaft hervorgetan hat. Die Demokratie wird da drüben in der Wüste triumphieren, heißt das, so wie sie in Amerika und Europa triumphiert hat. Menschen sind Menschen, und wir wollen alles dasselbe.

Das ist natürlich völliger Blödsinn. Soweit ich es verstehe, reden die Befürworter der Demokratie von freien und gerechten Wahlen in Saudi-Arabien – eine Person, eine Stimme, ein Parlament: das ganze Drum und Dran.

Fangen wir damit an, einen Blick auf die letzte Gelegenheit zu werfen, bei der in einem arabischen Land demokratische Wahlen abgehalten wurde. Das war in Algerien, um die Jahreswende 1991/1992. Als sich deutlich abzeichnete, dass die Fundamentalisten eine überwältigende Mehrheit erzielen und eine islamische Verfassung einführen würden, schritt die Armee ein. Das Land stürzte sofort in einen Bürgerkrieg, der Hunderttausenden von Menschen das Leben kostete und bis heute noch nicht beendet ist.

Warum sollten wir davon ausgehen, dass Saudi-Arabien anders ist? Einer im Oktober 2001 durchgeführten Umfrage zufolge stehen 95 Prozent aller gebildeten Saudis zwischen fünfundzwanzig und einundvierzig Jahren hinter Osama bin Laden. Es gibt vielleicht keinen zwingenden Grund dafür, dass wir diese Ergebnisse tatsächlich als harte Fakten akzeptieren sollten, doch in Ermangelung anderer Informationen bleibt uns zuerst einmal wohl kaum etwas anderes übrig.

Im Oktober 2002 fragte ich den inoffiziellen Führer der saudischen Opposition, Muhammed Al Masari, nach seiner Meinung dazu. Für ihn bestand kein Zweifel daran, dass eine islamische Regierung das Regime der Al Saud ablösen würde, wenn die Saudis die Freiheit besäßen, ihr politisches Schicksal selbst zu bestimmen.

Ich konnte nicht widerstehen, ihm die Frage zu stellen, was er über Demokratie in Saudi-Arabien denkt. Masaris Antwort: »Niemand von irgendeiner Regierung hat mich jemals so etwas gefragt.«

*

Die Umfrage vom Oktober 2001 lieferte keine Antwort auf die Frage, *warum* die Saudis hinter Osama bin Laden stehen. Möglicherweise liegt es daran, dass Bin Laden es wagt, das zu tun, was die USA sich zu tun weigern: den Dieben, die ihr Land regieren, die Stirn zu bieten. Vielleicht stimmt aber auch, was die Neokonservativen in Washington sagen: dass die normalen Saudis einfach den Westen und dessen Werte hassen. Was auch immer der Grund ist – in der Praxis würde es sich, wie gesagt, so auswirken, dass eine demokratische Wahl in Saudi-Arabien eine islamische Regierung an die Macht brächte, die den USA feindlicher gesinnt wäre, als die iranische Regierung unter Khomeini es war. Adieu billiges, subventioniertes Öl, hallo Barrel zu 144 US-Dollar – genauso, wie Osama bin Laden es uns versprochen hat.

Der einzige Grund dafür, dass dieses Märchen vom Triumph der Demokratie in der Wüste weiterlebt, ist – so weit ich es sehe – darin zu suchen, dass es denjenigen, die in Washington den Ton angeben, weiterhin erlaubt, in ihren Stadtwohnungen in Georgetown wie in ihren Mini-Herrenhäusern und Pseudo-Châteaus in den Vororten tief und fest zu schlafen. Wenn Riad nur um eine Wahl von einer parlamentarischen Demokratie europäischen Stils entfernt ist, dann ist es in Ordnung, nach den Petrodollars zu grapschen; dann ist es auch in Ordnung, die Provisionen in Milliarden-Dollar-Höhe bewusst zu ignorieren, der Bequemlichkeit halber zu vergessen, dass der Botschafter-Prinz, der alle und alles in Washington mit Geschenken überschüttet und mit Pöstchen versorgt, genauso tief im Sumpf drin steckt wie die Prinzen zu Hause, die Tatsache zu ignorieren, dass die Al Saud, als die Sudanesen ihnen das Haupt Osma bin Ladens auf einem Tablett anboten, »nein, danke« sagten; dann ist es auch in Ordnung, eine Klientendatei aufzubauen und die Leute anzurufen, um Privatjets zu verkaufen, damit man siebenstellige Summen als Profit aus Aktienbezugsrechten einstreichen kann.

Ned Walker, der ganz und gar dafür ist, dass es in Saudi-Arabien zu einer Demokratisierung kommt, ist Präsident des Middle East Insitute, das zum Teil von saudischen Prinzen finanziert wird, die eher auf Knien nach Mekka rutschen würden, als still zu sitzen und eine demokratische Wahl über sich ergehen zu lassen.

Charles Freemann, der so sicher ist, dass das saudische Königshaus bei seiner Suche nach den Al-Kaida-Leuten keinen Stein unumgedreht lässt, ist Präsident des Middle East Policy Council, zu dessen Aufsichtsratsmitgliedern beim letzten Mal, als ich nachschaute, Frank Carlucci und Fuad Rihani gehörten. Letzterer ist der Leiter der Forschungs- und Entwicklungsabteilung der Bin-Laden-Gruppe.

Und das sind nur die kleinen Fische, bei Gott, die Harmlosen – diejenigen, die sich von den Brosamen nähren, die alle jene Consulting-Firmen, die von ehemaligen CIA-Direktoren und früheren Staatsministern geleitet werden, ihnen übrig lassen.

Zur gleichen Zeit, als das Defense Policy Board das offizielle Washington schockierte, indem es suggerierte, dass Saudi-Arabien in Bezug auf den weltweiten Terrorismus die wirkliche »Achse des Bösen« darstellen könne, war Richard Perle, der Vorsitzende dieses Ausschusses, als *managing partner* für Trireme Partners tätig, ein Venture-Capital-Unternehmen, das in Gesellschaften investiert, die sich auf Technologie sowie auf Waren und Dienste spezialisiert haben, die für die Verteidigung und Sicherheit des Landes relevant sind. Während Perle die Saudis heftig kritisierte und zu einem Krieg gegen den Irak drängte, trafen seine Partner mit führenden saudischen Geschäftsleuten zusammen, um sich darum zu bemühen, 100 Millionen US-Dollar für neue Investitionen zu erhalten.

Dies war jedenfalls einem Artikel von Seymor Hersh im *New Yorker* vom 17. März 2003 zufolge so: Hersh schreibt, dass der Hauptvermittler, der für das Zustandekommen dieser Treffen gesorgt hatte, niemand anderer als Adnan Khashoggi war – derselbe

Mann, der damals nach einem Treffen mit Richard Nixon in San Clemente vergaß, die mit einer Million US-Dollar voll gestopfte Aktentasche wieder mitzunehmen. Hersh berichtete, dass Perle selbst an einer der Zusammenkünfte teilnahm – Anfang Januar 2003 in einem Restaurant in Marseille –, aber ihm versichert habe, dass er niemals seine öffentliche Rolle mit der, die er als Privatmann spiele, verwechseln werde.

Ich weiß nicht, ob diese Story stimmt oder nicht. Perle behauptet, dass sie es nicht tut, und seine Weste ist vielleicht weißer als frisch gefallener Schnee. Zu denken gibt allerdings, dass er nachdem seine Verquickung mit Trireme bekannt wurde, als Vorsitzender des Defence Policy Board zurücktrat.

Das Verhaltensmuster, das Seymor Hersh in seinem Artikel darstellt, wird in jedem Fall in der US-amerikanischen Hauptstadt immer wieder aufgenommen. Man bittet die Saudis um Geld, und wenn sie es nicht herausrücken, macht man ein bisschen Druck. Man löst eine Krise aus, bringt sie zum Brodeln und überlegt sich dann, wie man Kapital daraus schlagen kann.

Diese Fantasievorstellung von einer Demokratie in Saudi-Arabien ist närrisch und richtet nur Schaden an. Wir alle wissen, was für eine Abart von »Demokratie« das State Department mit Beziehung auf Saudi-Arabien im Sinn hat. Denken Sie an Kuweit. Es ist beleidigend, wenn sie uns weiszumachen versuchen, dass es sich um die authentische Sache handelt – genauso wie es entwürdigend für alle Mitarbeiter und offiziellen Sprecher der verschiedensten exekutiven Organe ist, wenn sie öffentlich vorgeführt werden, damit sie den Mythos mit Worten am Leben erhalten. Wenn man lange genug sagt, dass irgendetwas anderes als die Wahrheit die Wahrheit ist, vergisst man, was wirklich die Wahrheit ist.

Die Wahrheit ist, dass es an die siebzehn Millionen Saudis gibt. Mehr als fünf Millionen »Gastarbeiter« bringen die Gesamtbevölkerungszahl auf über zweiundzwanzig Millionen. Der durchschnittliche Saudi ist zu arm, zu unterdrückt und zu verängstigt, um seine aufrichtige politische Meinung zu bekunden. Also versucht er mit dem auszukommen, was die Al Saud ihm geben: Moscheen, Gratisexemplare des Koran, subventionierte Nahrungsmittel, Fahrkarten (nur hin, nicht zurück) nach Afghanistan. Das sind aber nicht die Leute, von denen ich spreche. Ich spreche von den Menschen, die das Land regieren und lenken, die das Ölgeld kontrollieren, die Schmiergelder einstreichen und die Schutzgelder zahlen, die mal eben nach Marokko hinüberfliegen, wenn sie mit einer anderen Frau ins Bett steigen wollen als mit einer ihrer elf Gattinnen. *Das* sind die Leute, denen es lieber wäre, wenn Saudi-Arabien im neunten Jahrhundert stecken bliebe, und die lieber das ganze Ölgeld für das eigene Vergnügen auf den Kopf hauen würden, als mit seiner Hilfe ein stabiles Land aufzubauen.

Washington leistete der ganzen Sache Vorschub, ja, es ermutigte die Al Saud dazu, ihre Kleptokratie aufrechtzuerhalten. Das Ergebnis ist ein Königreich, das auf Diebstahl gründet, das Terroristen säugt, die Entstehung einer Mittelklasse mit verbrieftem Anrecht auf eigenen Besitz verhindert und Sklaverei sowie Prostitution fördert.

Wir kommen einfach nicht um die Tatsache herum, dass das Haus Al Saud die Koranschulen einrichtet und unterhält, die die Gotteskrieger ausbilden, genau wie es die Wohlfahrtsorganisationen verwaltet, die die Gotteskrieger finanzieren. Es kanalisiert die Wut der Gotteskrieger und leitet sie gegen den Westen, um sie von der Fäulnis in seinem eigenen Inneren wegzulenken.

Und übrigens – für den Fall, dass ich mich weiter oben nicht klar genug ausgedrückt habe: Dieses Herrscherhaus würde eine wirkliche Volksabstimmung nur dann erlauben, wenn man die Royals mit Semtex umhüllte und eine brennende Zündschnur gerade lang genug daran befestigte, um es ihnen zu erleichtern, ihre Meinung zu ändern.

Saudi-Arabien ist, um es kurz zu sagen, ein Tollhaus, in dem ein gottverdammtes Durcheinander herrscht, und *wir* sind es, die dieses Durcheinander angerichtet haben. Die Vereinigten Saaten haben Saudi-Arabien zum privaten Lagerschuppen für ihre Ölreserven gemacht. Wir haben die Vorteile aus einer ununterbrochenen Erdöl-Versorgung zum Discountpreis geerntet und nach jedem saudischen Petrodollar gegriffen, an den wir herankommen konnten. Wir haben die Saudis durch unser Beispiel gelehrt, was von ihnen erwartet wurde, und dann das, was wir selbst geschaffen haben, vernachlässigt. Und »wir« sind in diesem Fall alle Regierungen seit Nixon, unabhängig von ihrer parteipolitischen Ausrichtung: Saudi-Arabien zugrunde zu richten, ist möglicherweise die erfolgreichste, von beiden US-amerikanischen Parteien getragene Unternehmung des letzten Jahrhunderts gewesen.

Das Saudi-Arabien von heute erstreckt sich in einer direkten, ununterbrochenen Linie von Adnan Khashoggis angeblich im Jahr 1968 »vergessener« Million über die von Boeing ausgesprochene Wiederbestätigung von Khalid bin Mahfus als Berater bei dem Geschäft mit Saudi-Arabien bis zu all jenen Händen, die immer noch wie wild in die saudische Kasse langen, obwohl dort eine Implosion kurz bevorsteht.

Vor den moralischen Folgen unserer Handlungen können wir vielleicht davonlaufen, nicht aber vor den ökonomischen. Wir blöken etwas von Demokratie und sprechen davon, dass wir uns eines Tages des ausländischen Öls entwöhnen, uns von ihm unabhängig machen werden; doch in der ganzen Geschichte der Abhängigkeit Amerikas von solchem Öl hat es nie einen einzigen aufrichtigen, energischen Versuch gegeben, den Erdölverbrauch in den USA dauerhaft zu reduzieren oder ernsthaft über alternative Brennstoffe nachzudenken.

Alles Wünschen und alles Hoffen wird an der grundlegenden Situation, an ihrer Realität nichts ändern:

- Die industrielle Welt hängt von den Ölreserven der islamischen Welt ab und wird das noch für die kommenden Jahrzehnte tun, ob es sich nun um die schon weitgehend erschlossenen Ressourcen vor allem der arabischen Staaten handelt oder um die in Zentralasien, die bald erschlossen sein werden.
- Von den islamischen Ölstaaten ist keiner wichtiger als Saudi-Arabien, weil das Land a) sich über den größten nachgewiesenen Reserven befindet, b) als Marktregulator für die Weltölindustrie dient und c) das Geld, den politischen Willen sowie den religiösen Eifer hat, nach der Kontrolle über die zentralasiatischen Reserven zu streben.
- Von allen Öl verbrauchenden Staaten konsumiert keiner mehr als die Vereinigten Staaten von Amerika, genießt keiner in einem solchem Ausmaß den Status eines favorisierten Landes, wie die USA es bei den Saudis tun, und daher ist keiner in stärkerem Maß auf saudisches Öl angewiesen, um seinen Appetit zu stillen – und das zu herabgesetzten Preisen.
- Wenn Saudi-Arabien in politischer Hinsicht den Bach runtergeht und die anderen vier schon im Zerfall begriffenen Familien in der Golfregion mitreißt, die zusammen 60 Prozent der nachgewiesenen Ölreserven der Welt besitzen, zieht es die Wirtschaften der Industriestaaten mit, einschließlich der Wirtschaft der Vereinigten Staaten von Amerika.

⋆

Ob es einem nun gefällt oder nicht – die USA und Saudi-Arabien sind an der Hüfte miteinander verbunden wie Siamesische Zwillinge. Die Zukunft der Saudis ist unsere Zukunft.

Was also kann Amerika tun?

Wenn es auch auf den ersten Blick verrückt zu sein scheint: Syrien könnte uns einen Weg aus dem Schlamassel heraus weisen. Vor zwanzig Jahren war Syrien wie Saudi-Arabien: nicht weil dort ähnlich riesige Geldsummen im Spiel gewesen wären (Syrien gehört nicht zu den größeren Ölproduzenten), auch nicht etwa deswegen, weil dort eine ähnliche Kleptokratie geherrscht hätte, sondern weil das Land das Epizentrum des islamischen Terrorismus war.

Als ich im Jahr 1980 zum ersten Mal nach Damaskus kam, gab ich Hafis Al Assad vielleicht drei bis vier Jahre, bevor er wieder untergehen würde. Die Moslemischen Brüder regierten die Straßen. Die Religionsschulen predigten den Dschihad genauso, wie die saudischen *madrase* es heute tun. Die Lautsprecher an den Moscheen plärrten eine Botschaft des Hasses und forderten zur Rache auf, genau wie sie es heute in Arabien tun. Der benachbarte Libanon war ein Basar, auf dem man Waffen aller Art kaufen konnte: Man brauchte nur seinen Wunsch auszusprechen – irgendjemand hatte das, wonach man suchte.

Assad brachte sich im Jahr 1970 mithilfe eines Militärputsches an die Macht. Was nach oben gelangt, gelangt wie bei einem Rad auch wieder nach unten, dachte ich. Der Bursche wird an einem Laternenpfahl im alten Geschäftsviertel von Damaskus enden, wie es schon vielen anderen Syrern geschehen ist. Stattdessen starb der Mann mit siebzig im Schlaf, von seiner Krankheit ausgezehrt, aber ein Herrscher bis zum Schluss. Warum das so war, habe ich bereits ausgeführt: der erbarmungslose Angriff auf Hama; die Art und Weise, in der Assad die Kontrolle über die Religionsschulen an sich brachte und jeden Dissens zum Schweigen brachte oder brutal erstickte, wenn er nicht verstummen wollte, seine völlige Kontrolle über die Streitkräfte und so weiter. Das war nicht »hübsch«, und »Demokratie« war es gewiss nicht. Doch Hafis Al Assad legte dem syrischen Volk rechtsstaatliche Prinzipien auf – und das ist genau das, was die Al Saud ihrem Volk und vor allem sich selbst nicht auferlegt haben. Als Assad die Herrschaft an seinen Sohn weitergab, war Syrien eine so stabile Diktatur, wie es sie im Nahen Osten überhaupt nur geben kann.

Ob es in den Reihen der Al Saud jemanden gibt, der willens ist, in dem Königreich so etwas wie Rechtsstaatlichkeit einzuführen, weiß ich nicht. Ob irgendjemand den Mumm oder die Entschlossenheit besitzt, überhaupt den Versuch dazu zu unternehmen, darüber bin ich mir nicht im Klaren. Von dem her, was ich über ihn weiß, könnte Kronprinz Abdallah es vielleicht tun: Er ist durch Heirat mit Assad verwandt, und vielleicht hat etwas von der Entschiedenheit des syrischen Machthabers auf ihn abgefärbt. Abdallah wird aber bald achtzig sein, und er besitzt so viele Feinde in seiner Familie, dass alles blockiert werden könnte, was er sich vielleicht erträumt.

Was wir in Saudi-Arabien und im ganzen Nahen Osten brauchen, ist ein rechtsstaatliches System. Ich rede nicht von einer *Bill of Rights*, von einer *Magna Charta*, einer freien Presse, Religionsfreiheit oder dem Recht, Waffen zu tragen. Ich rede von etwas viel Grundlegenderem – von dem Verbot angeblich rechtmäßigen Mordes, vom Verbot des *Dschihad*, vom Verbot der Moslemischen Bruderschaft. Das wäre ein Anfang. Danach könnte man dazu übergehen, groteske Provisionen, Diebstahl und Bestechung mit einem Verbot zu belegen. Nur wenn man diese Probleme angeht, kann man anfangen, über andere Bürgerrechte oder die Einführung einer wahren Demokratie nachzudenken.

Es wäre auch sehr hilfreich, wenn wir uns selbst solche rechtsstaatlichen Prinzipien auferlegten und uns an sie hielten, also zum Beispiel dem Foreign-Corrupt-Practices-Act Geltung verschaffen würden, der Zahlung von Schmiergeldern ein Ende setzten und auch mit der Praxis aufräumten, dass Mitarbeiter der US-Regierung, die am Freitag aus ihren Ämtern scheiden, am Montag anfangen, für eine ausländische Regierung tätig zu werden. Ein wenig Dezenz in Washington – und in Europa sowie dem Rest der Welt; überall dort, wo man von dem Ölrausch gelebt hat – würde viel dazu beitragen, dass das ganze Durcheinander in Saudi-Arabien beseitigt werden könnte und man endlich damit anfinge, die Wahrheit darüber zu sagen, was in jenem Land vor sich geht.

Wenn das alles nicht klappt, dann gibt es immer noch das 82. Luftlanderegiment.

*

Es ist übrigens nicht so, als ob man in den USA nie darüber nachgedacht hätte, die arabischen Ölfelder zu okkupieren. Am 21. August 1975 legte der Recherchendienst des Kongresses (CCRS) dem Sonderuntersuchungs-Unterkomitee ein Dokument vor, das wie folgt überschrieben war: »Ölfelder als Ziele militärischer Operationen: Eine Untersuchung zur Durchführbarkeit«. Als dieses Dokument in die Akten aufgenommen wurde, war das Ölembargo der OPEC schon seit fast achtzehn Monaten wieder beendet, aber die Erinnerung daran lebte weiter.

Gerald Ford, der nach Nixons Rücktritt das Präsidentenamt übernahm, und der weiter im Amt bleibende Außenminister Henry Kissinger hatten öffentlich von der Möglichkeit gesprochen, Anlagen am Persischen Golf zu besetzen, falls das Embargo eskalieren und das industrielle Leistungsvermögen Amerikas strangulieren sollte. Der Recherchedienst war der Meinung, dass eine solche Besetzung kein Honiglecken sein würde, nicht einmal unter den günstigsten Bedingungen:

> *Auch wenn nichtmilitärische Aspekte uneingeschränkt günstig wären, wäre der Erfolg von Operationen nur dann gewährleistet, wenn unser Land alle Punkte einer fünfteiligen Mission zur Zufriedenheit erfüllen könnte;*

- *wenn es alle benötigten Installationen der Ölindustrie intakt an sich bringen könnte;*
- *sie sich für Wochen, Monate oder Jahre sichern könnte;*
- *zerstörte Bestandteile schnell instand setzen könnte;*
- *alle Installationen ohne Hilfe des Besitzers betreiben könnte;*

[redacted]

Wenn sie alle ihre Ziele erreichen wollten, so der Recherchedienst zusammenfassend, müssten die USA zwei bis vier Divisionen – insgesamt vielleicht nicht weniger als sechzigtausend Soldaten – einsetzen, die »damit für eine längere Zeit gebunden wären«. Um die Ölfelder in Betrieb zu erhalten, könnte es »unumgänglich sein, US-amerikanisches Zivilpersonal zur Ersetzung der ausländischen Fachleute in deren jeweiligen Personen einzuziehen«. Weil die »US-Fallschirmjägereinheiten zahlenmäßig nicht stark genug sind, um alle Ziele schnell zu besetzen [und] die Einheiten, die mit Landungsbooten herangebracht werden, nicht schnell genug eintreffen können«, müsse man erwarten, dass erfahrene örtliche Sabotageteams »Verwüstungen« anrichteten, bevor die Invasionstruppen an Ort und Stelle sein würden. »Kurz gesagt, der Erfolg würde weitgehend von der Erfüllung zweier Voraussetzungen abhängen: davon, dass die wichtigsten Installationen nur geringe Schäden davontragen [und] dass die Sowjets sich einer militärischen Intervention enthalten.«

Selbst wenn man sich bei einer solchen Übernahme der Ölfelder auf die in Saudi-Arabien liegenden beschränkte, könnte man nicht damit rechnen, dass eine solche Operation glatt abliefe. Gleichgültig, ob das Haus Saud noch an der Macht oder durch eine Art von wahhabitischem Putsch abgeschafft worden wäre, wir müssten in jedem Fall gegen alle jene Waffen antreten, die Washington den Saudis verkauft hat, und gegen alle jene Piloten und Infanterieoffiziere, die von US-amerikanischem Militärpersonal und privaten Instrukteuren darin ausgebildet worden sind, die Flugzeuge und die anderen Waffen einzusetzen.

Zum Glück haben die USA schon eine adäquate Operationsbasis in Katar. Außerdem würden von US-Instrukteuren ausgebildete saudische Soldaten die Vergeblichkeit eines Widerstands einsehen – schon weil sie wissen, dass die USA viel mehr Flugzeuge und Raketenwerfer besitzen als sie selbst, und zwar in ihren modernsten Versionen. Außerdem ist die Korruption im Königreich so allumfassend, dass Ersatzteile für Flugzeuge und Panzer bald Mangelware sein würden.

Gewiss, die terroristischen Aktivitäten würden wahrscheinlich zunehmen, sowohl in dem betroffenen Gebiet als auch weltweit. Al Kaida, die Moslemische Bruderschaft, Hamas – sie alle werden nicht kampflos untergehen. Sogar wenn die Saudis im Nahen Osten weit und breit unbeliebt sind – der Feind meines Feindes ist immer noch mein Freund. Die wegen der Invasion im Irak ohnehin schon verteufelten USA würden in internationalen Meinungsumfragen noch mehr Prügel beziehen. Wir würden uns rücksichtslos über internationale Organisationen und unsere eigenen seit langem bewährten Prinzipien hinwegsetzen müssen, wenn auch die neuerdings verbreitete »Doktrin des vorbeugenden Krieges« uns sicherlich Deckung liefern würde.

Würde das alles aber schlimmer sein, als untätig dabeizustehen, während das Haus Saud zusammenbricht und die größten bekannten Ölreseven der Welt der Moslemischen Bruderschaft in die Hände fallen – fanatischen Fundamentalisten, die nichts als den *Dschihad* gegen Israel und den Westen im Sinn haben?

Ich glaube nicht. Einige Dinge sind katastrophaler als die anderen, und wenn die Regierung Bush/Cheney etwas genau weiß, dann doch wohl, wie man ein Ölfeld wieder aufbaut und in Betrieb nimmt.

★

Die erwähnte Studie des Recherchedienstes zur Durchführung einer Okkupation der arabischen Ölfelder ließ man wohl auch deshalb mehr oder weniger in der Versenkung verschwinden, weil es den Kongress in Verlegenheit brächte, mit solchen Plänen in Zusammenhang gebracht zu werden. Andererseits sind Teile dieser Studie aber auch auf eine fast schon peinlicher Weise naiv: »Die vorliegende Studie betrifft nur die unmittelbare Zukunft, den Zeitraum der 1970er-Jahre«, schreiben die Verfasser. »Danach könnten neue Energiequellen der Vereinigten Saaten und der mit ihnen verbündeten Staaten einen bewaffneten Einsatz gegen Öl produzierende Länder irrelevant machen.« Genau das wird aber erst der Fall sein, wenn Schweine zu fliegen anfangen. Doch der Zeitschriftenartikel, auf dem die CRS-Studie aufbaut – »Oil: The Issue of American Intervention« von Robert W. Tucker, erschienen in der Ausgabe von *Commentary* vom Januar 1975 – hat jetzt schon seit mehr als einem Vierteljahrhundert an den Träumen politischer Denker in Washington genagt. Anders als die Bürokraten des CRS redet Tucker nicht lange um den heißen Brei herum: Er fordert schlicht und einfach, dass man die saudischen Ölfelder besetzt:

[redacted]

[redacted]

[redacted]

★

Es gilt noch einen zweiten Faktor zu berücksichtigen: die Spaltung des Islam in Schiiten und Sunniten. Die saudischen Schiiten in den Ostprovinzen, die die Mehrheit der Leute stellen, die bei Aramco arbeiten, sind reif für eine Revolution. Sie stellen eine arme, unterdrückte Minderheit dar, der nicht erlaubt ist, ihrem Glauben ungehindert Ausdruck zu verleihen, deren Angehörige kein wichtiges Regierungsamt bekleiden und nicht in der Armee dienen dürfen. Von Zeit zu Zeit sind sie wahhabitischen Pogromen ausgesetzt. Wenn sie das Glück haben, ein Stück Land zu besitzen, dann wird dies wahrscheinlich über kurz oder lang von den Al Saud requiriert.

Bis US-amerikanische und britische Truppenverbände im März 2003 anfingen, in den Irak einzumarschieren, hätte ich darauf gewettet, dass die Schiiten sofort darauf eingegangen wären, wenn wir ihnen angeboten hätten, die Ostprovinz zu regieren – das Herz der saudi-arabischen Ölindustrie. Jetzt habe ich diesbezüglich eine Menge Zweifel. Die irakischen Schiiten hießen ihre »Befreier« nicht gerade mit offenen Armen willkommen, wie es das Drehbuch der Strategen eigentlich vorsah. Noch während ich dies schreibe, geht der Krieg weiter. Vielleicht wird Amerika, wenn er einmal zu Ende ist, der arabischen Welt nicht mehr so arrogant vorkommen, so intolerant gegenüber jeder Weltanschauung, die anders ist als die eigene. Das würde einen enormen Lernprozess vonseiten der Amerikaner voraussetzen, doch die Schiiten für sich einzunehmen, wäre diese Mühe wert.

Diese Vorstellung ist nicht so weit hergeholt, wie es den Anschein hat. Washington hat schon ein Bündnis mit Ahmad Chalabi geschlossen, dem Oberhaupt des Irakischen Nationalkongresses, einem Schiiten; dieser soll in einem Bagdad ohne Saddam eine Regierung einrichten. Doch selbst wenn er die Regierungsgewalt übernehmen sollte, wird Chalabi höchstwahrscheinlich nicht lange an der Spitze bleiben. Er hat den Irak im Jahr 1958 verlassen, als er noch ein Kind war, und sein Erwachsenenleben im Westen verbracht. Er besitzt im Irak keine politische Basis. Wenige Irakis kennen seinen Namen. Überdies wurde er im Jahr 1989 in Jordanien überführt, seine eigene Bank betrogen zu haben. Wenn wir bereit sind, einen Schiiten, der eine solche Last mit sich herumschleppt, für eine führende Rolle in Betracht zu ziehen, warum sollten wir dann nicht auch einen saudischen Schiiten für eine ebensolche Rolle in Betracht ziehen?

Wenn man diesen Gedankengang weiterführt, könnte man mit der Idee von einer ganzen Kette gemäßigter schiitischer Regierungen spielen, die sich in einem Gebiet, das sich von Teheran über Kuweit und Bahrain bis zur saudischen Ostprovinz erstreckt – das sind alles Länder und Regionen mit einer substanziellen schiitischen Bevölkerung. Vor dem 11. September wäre man aus jeder seriösen politischen Diskussion in Washington ausgeschlossen worden, wenn man von einem *nation building* in diesem Ausmaß gesprochen hätte. Jetzt sind wir mit dem Zerfall des Hauses Saud konfrontiert, und es bleibt uns vielleicht gar keine andere Wahl. Nur eine Invasion und eine Revolution könnten vielleicht den industriellen Westen vor einer lang anhaltenden, lähmenden Depression retten.

War das alles unvermeidlich? Nein. Und diese Antwort bringt mich zu dem, was ich ganz am Schluss dieses Buches noch loswerden möchte: Washington hat uns dazu bewegt, uns neben dem Teufel ins Bett zu legen. Es hat das Bett gemacht, die Überdecke zurückgeschlagen und den Teufel eingeladen hineinzuschlüpfen. Wir haben ihm ins Ohr geflüstert, dass wir ihn lieben. Als die Dinge ein bisschen schief liefen, hat Washington seine Hand gehalten und ihn beruhigt: Es sei alles in Ordnung. Und die ganze Zeit über haben wir seine Brieftasche im Auge behalten, die – vom Mondlicht beschienen – auf dem Nachttisch lag.

# Register

# Sachregister